【文献学基本丛书·第一辑】

吴格 主编

史籍举要

柴德赓 著

復旦大學出版社

本书据北京出版社1982年排印本整理

总　序

源远流长之中华文明，其声教文物及典章制度，历数千年而迄未中断，实赖于文献之记载与传承。晚近以来文化转型，传统文献以外，又加入外邦文化，中国文献学之畛域大为拓展。生于今世而身为文献学人，非仅知识储备应加宽加厚，研究能力尤须加精加细，然而盱衡中外，实际现状则未容乐观。现代学制及其课程之设置，培养目标以通用型人材为急务，专业学科人材之造就，则有待分阶段完成。置身科技日新时代，人文学科人材之培养本已不易，而文献学人材之造就尤觉其难。文献学之范畴甚广，昔人治史，素重史料、史学及史识，若以此指代文献学研究之内容、方法及观念，两者之内涵庶几相近。文献学作为人文、社科研究之基础学科，征文考献，乃为其根本宗旨。有志研习文史者，舍文献学训练而欲解读先民遗存之典籍，进而认识古代社会之生活及文化，自不免举步艰难，所视茫然，而郢书燕说，所在多有。因此常闻人言，对母语及故国文化之荒疏，已为今人之通病及软肋。

文献学研究无所不包，举凡先民创造所遗，莫不可为考释古今文化现象之材料。其内容虽以文字记载为主，亦包含实物文献；其文本以图书典籍为主，亦重视各类非书资料；其取材以本土文献为主，亦关照域外观念及古书。面对林林总总之史料，调查收集，编目整序，研读判断，整理保护，乃至深入揣摩，著书立说，门类既广，专题林立，终生投入，所获依然有限。利用科技信息技术之进步，当代学人虽拥有“穷四海于弹指，缩千里于一屏”之神通，便利远胜于昔人，但传统文献学之基本训练，如前人于目录、版本、校勘、文字、音韵、训诂诸学科之实践经验，仍不可不讲求并勤于借鉴。由识字断文、释读文本始，进而遍识群书，分析综合，加以拾遗补缺，考订遗文，又能删除枝蔓，探明本旨，至于体味古人语境，还原历史场景，应为从事文献研究之基本目标。

文献学训练与研究之主要对象，仍为传承至今之历代典籍。由基本典籍而衍生之各类著述，构成现存古代文献之大海汪洋，其中有关文献研究之专著，所示门径与方法，皆为古人遗惠后世之宝贵遗产。近代以来，文献学前辈董理国故，推陈出新，亦产生大批名家专著，足为今人研修之助。二十世纪至今之文献学名家专著，屡经重版之余，犹未餍读者之求。复旦大学出版社编辑同人有鉴于此，发起编辑“文献学基本丛书”，计划由近及远，选刊久已脍炙人口、至今犹可奉为治学圭臬之要籍，重版以飨读者。选本标准，一则立足于名家专著，选择体量适中、授人以渔，既便文献教学参考，又利于各地初学自修者；二则入选诸书，皆从其朔，尽可能择用初期版本，书重初刻，未必非考镜源流之一助焉。

岁甲辰仲夏古乌伤吴格谨识于复旦大学光华西楼

目　录

上　编

下 编

序

敬爱的柴青峰老师离开我们已经十一年了。这本《史籍举要》主要是根据柴师在江苏师范学院讲授中国历史要籍介绍一课的手稿和部分油印本讲义整理而成。参加整理此书的是他在江苏师范学院历史系教过的学生邱敏、胡天法和许春在三位同志。我只做了一点审订和修补的工作。当我们重新读到柴师字迹飘逸而有神的手稿时，他的风采，他的言谈，他的诲人不倦、时刻关心青年成长和数十年如一日勤奋不休为党工作的形象，又都栩栩如生地展现在我们的眼前。为了纪念柴师，也为了使大家获得更多的史学入门的知识，从而提高自学的能力，为中国历史科学的建设添砖加瓦，我们才不揣冒昧，不顾水平的限制，把这本书奉献给广大的史学爱好者。

柴师在很多方面都是我们学习的榜样。

首先，我们应当学习他忠诚于党的教育事业和全心全意为人民服务的精神。他是陈垣老登堂入室的弟子，是陈垣老的传人之一，如果能留在北京伴随陈老，对于他进一步搞科学研究是非常有利的。他原在北京师范大学任职，是师大历史系的系主任，但在1955年，为了响应党的支援兄弟院校的号召，毫不计较个人的得失，奔赴正在期待着他的江苏师范学院。在那里，党给他很多任务，又是民主党派的工作，又是系行政的工作，还要开设繁重的课程。他对工作极其负责，待人接物，热情洋溢。1962年，我们随翦伯赞老到苏州为《中国史纲要》一书定稿，曾得到柴师大力的协助。他不但给我们以人力和图书的方便，又多次抽暇亲自参加我们的讨论，在讨论中勇于发表自己的意见。这些动人的情景，我至今记忆犹新。翦老请他来北大讲学，蒙他慨然允诺。1963年，在他来北京的短时间内，曾给北大历史系开出了史料与史学一课。这门课与《史籍举要》的内容基本相同，很受同学欢迎。他并且多次到中央党校讲课，还为高教部编写教材，每日工作至深夜。这都是他对人民、对工作负责精神的具体体现，而这些只不过是我所见到的一鳞片爪而已。

其次，柴师坚持认真学习马克思主义，并力图用马克思主义、毛泽东思想来改造学科的治学精神，也是我们应当学习的。就以本书为例，尽管其目的是介绍史学入门知识，但他从未放弃过运用历史唯物主义的观点来评述这些古代的史籍。他对《史记》予以极高的评价，指出司马迁为陈涉立世家，从体例到内容都表现了他对农民起义和起义领袖的充分同情，这在二十四史中是绝无仅有的。他认为范晔《后汉书》增入列女传，所收才行高秀的妇女十七人，“正史”中的列女传自此始，这在封建史书中也是难得的，应当给以肯定。他对刘知幾《史通·人物》篇认为后汉的蔡琰（蔡文姬）因曾改嫁，就不宜为之立传，也表示了不同意见。他还指出，此后“正史”的列女传实际上成为烈女传，反映了士大夫浓厚的夫权思想的发展，这更是十分荒谬的事。本书的政书类还指出，历朝的典章制度，从总的看都是属于维护和巩固封建地主阶级统治的上层建筑的范畴，但杜佑《通典》把食货列在第一，这是前史所没有的，是杜佑的首创，不能不说在一定程度上反映了杜佑思想中的朴素唯物主义的因素，与那些离开实际生活高谈礼乐的观点有显著的不同。又如他在论述《明史》的时候，把《明史》的内容和当时的时代背景紧密联系起来，使人感到在这样复杂条件下发生的史事，已远非《明史》一书所能囊括。以上这些看法和处理方法都是十分中肯而又符合马克思主义的基本原则的。总之，他在讲授此课时，始终是注意怎样把正确的立场、观点、方法介绍给同学，使同学们少走些弯路，尽量做到使历史研究建立在马克思主义科学基础之上。

最后还要提到的是，柴师殚精竭虑地关心和培养青年史学工作者的精神，也是我们需要向他学习的一个重要方面。他对青年们的教导，不仅体现在他的书中，诸如那些深入浅出而细致的叙述和分析，不厌其烦地介绍给青年要读什么书，怎样读书，哪些书要精读，哪些书要浏览，哪些书要参考，哪些书为我们提供第一手资料；还有治学方法要严谨，要尽量避免发生错误，要确切、熟练地掌握史学基本知识和技能，要对具体史实作具体分析。这一切，都对后学有所启发和帮助。即或在他讲课期间，只要同学们有疑难问题向他请教，他又无不做到因势利导，循循善诱，以增强对方学习的信心，提高他们学习的兴趣。更可贵的是，他不但关心那些基础较好，反应较快，思想敏锐，学习拔尖的青年，对学习程度较差，反应较慢，但又有志于学习的人，也同样给以耐心的指导和极大的关注。我在解放前就是他的学生，而且是属于后者之类的，后来我们见面的次数虽不多，但他一遇机会，总是给我以莫大的鼓励和支持。上课前找他，他帮你备课；写文章找他，他教你要摆事实，讲道理，教给你与人商榷时不要火气太重，或出语伤人。1963年他在北大讲课，无论是在课堂上，或是在宿舍里，几乎每天都有很多青年同志把他包围着，有历史系的，也有中文系的，有同学，也有青年和中年教师，去敬听他的谆谆教诲。他平易近人，来者不拒。那时我们都担心会把他的身体累坏。但面对求知心切的青年同志，他是从不考虑自己的健康情况的。

柴师对宋史，对明清之际的历史和清代学术史，都有很深的造诣。他还有《青峰史学论文集》等书即将付印出版。这里所谈的只是就他的《史籍举要》一书而言。即或是《史籍举要》，我们对它价值的了解也是很片面的。今后再也没有向柴师求教的机会了，只有学习他的遗著，学习他的政治品质和治学态度，学习他对青年的无限关怀，为党的教育事业，为攀登历史科学的高峰而继续奋斗。

北京大学历史系　许大龄

1981年9月28日

前　言

本书的目的，在于使高等学校历史系的学生和有志于史学的青年，在自己能初步阅读古代史籍的基础之上，了解中国历史方面有哪些是重要书籍，哪些应该精读，哪些应该参考，哪些仅备检阅；更进一步了解这些书籍是什么人做的，什么时候做的，站在什么立场说话的，什么时候印行的，它里面记载些什么重要史料，它是用什么方法记载的，这些记载和见解对不对，这些书有什么优点，有什么缺点，我们对这些书应该怎样批判和利用。

为了达到这样一个目的，应该设置一些专门学科，像史料学、史学史、目录学这一类功课。可是我们教学计划上课程已经很多，不可能用很多时间来讲这许多内容，也不可能对每一部重要史籍都讲得很详尽，只能选择比较重要的，也是常用的史籍来作扼要的介绍。介绍的方法，以史籍性质分类择要来讲，可分下列四个重点：

（一）作者及著作时代

（二）史料来源及编纂方法

（三）优缺点及在史学上的地位

（四）注解及版本

这只是大概，具体史书，讲法可以变动，不完全以此四点为限。我们的主要对象是初次接触这些书籍的青年学生，因之对这门课的要求应该合乎量力性的原则，我们应该实事求是地来考虑。选书和讲解的出发点有三：一是多讲普通习见的书，少讲太偏僻的书；二是讲解力求系统、明白、扼要，不钻牛角、掉书袋；三是史书源流、史学常识，因事附见，以切实有用为主。

这里，有一个问题必须引起足够的重视，那就是一定要充分认识到掌握史料的重要性。我们知道，研究人类社会过去的历史，为的是了解前人怎样生活，怎样进行生产和阶级斗争，历史怎样发展，得出什么规律。如何了解这些事情，唯一根据是历史事实。没有历史事实的记录，就没有历史研究可言。这些历史事实的记录，通常我们称之曰史料。史料的范围很广，凡是一切古代遗留下来的实物都是头等重要的史料，可是实物不容易流传到后世，用考古发掘等方法所得的究竟还不算太多，我们还要努力。我们通常是靠文字记载的历史书籍。中国史籍数量很多，说明我国史料是十分丰富的，但这些史料是否都可靠呢？这要靠读者的能力去辨别。关于这些，必须明确以下两点：

一是如何搜集史料。研究一个问题，必须把和这个问题有关的史料尽量搜集起来，这是调查研究工作的最基本的条件。掌握史料，当然要平常多读书，多札记，可是史料太多，时间有限，每一个问题的史料要全面了解是不可能的。如能对中国历史书籍的大概情况有一个概括的系统的了解，知道哪些史料散在哪些书中，则是掌握史料的初步工作，这个工作有赖于目录学这一类的知识。王鸣盛《十七史商榷》第一条即说："目录之学，学中第一紧要事，必从此问途，方能得其门而入，然此事非苦学精究，质之良师，未易明也。"张之洞在《书目答问略例》中亦说："读书不知要领，劳而无功。”事实上，了解书籍目录源流，确能帮助解决许多问题，至少可少走许多弯路。至于深入细致的功夫，那是钻研不尽的。不懂目录学的人，也可以找到史料，但是不能有系统、有重点、有门径地去搜集；搜集了来，可能不很完全，甚至很重要的倒遗漏了。经验证明，脚踏实地去学习是最稳当、最有效的。

二是如何审定史料。史料有真有伪，有先有后，有同出一源，转相抄录，有不同来源而事实相反，如何去审定是一件艰巨的工作。孟子说：“尽信书，不如无书。”说明书籍不可尽信。这句话，我们很能体会。一件事情的记载，不深入调查研究，发现不了它的错误。古人有的时候因为立场关系，存心造成错误。因此，凡是一种史料和记载，都必须经过审查考核，从了解写作者的生平和思想，到写作者的环境和地位，各书比对，发现问题。如果用科学的分析，即用辩证方法、唯物观点、无产阶级立场来分析，就会发现很多史料是歪曲的、是片面的，只看见大多数是记帝王将相的历史，看不见人民群众的历史；绝大部分是站在统治阶级的立场说话，歌功颂德，或是制定一些压迫劳动人民的规章法律，使劳动人民长期处于被压迫、被统治的悲惨生活之中；即使记载劳动人民的历史，也只是当劳动人民举起反抗的旗帜，封建王朝用尽一切力量来镇压的时候，才不得不写一些人民起义的经过，而这些，结论一定是歪曲的、诬蔑的。至于反映劳动人民的生产斗争的创造性方面的材料，更是少了。因此，中国史料虽然丰富，真正我们需要的正确记载，少得很。我们只能从现有的史料堆中，“去粗取精，去伪存真”，剔除糟粕，发现精华。完成这样一件工作，可不简单，一方面要具有高度的业务水平，另一方面还要有高度的政治水平，而政治理论的提高是首要的。

上　编

纪 传 体 类

一 《史记》

《史记》一百三十卷，西汉司马迁撰。记事起于传说中的黄帝，迄于汉武帝太初年间，共三千年左右，是我国第一部纪传体通史。

（一）《史记》的作者

司马迁，字子长，左冯翊夏阳（今陕西韩城）人。早年从董仲舒学《春秋》，从孔安国学《尚书》，又曾周游南北，到处考察风俗，采集传说。他初任郎中，元封三年（前108）继任其父司马谈生前曾任之职为太史令，得读史官所藏图书。太初元年（前104）开始实践其父遗命，编次著述《史记》。后因替李陵辩解，得罪汉武帝，下狱受腐刑。出狱后任中书令，发愤完成了《史记》。事迹详《史记》卷一百三十《太史公自序》、《汉书》卷六十二《司马迁传》。

关于司马迁的生年有两种说法。一是唐人张守节《史记正义》，说他生于汉景帝中元五年（前145），王国维《太史公行年考》、梁启超《要籍解题及其读法》等相信这一说；二是唐人司马贞《史记索隐》，说他生于汉武帝建元六年（前135），郭沫若《太史公行年考有问题》(《历史研究》1955年第六期)赞成此说。这是一个疑问,有争论,还值得研究。程金造《关于司马迁生卒年月四考》("文史哲"丛刊第三辑《司马迁与史记》)赞成前说,考证颇细。一般人多同意前说。

司马迁曾官太史令。太史令初名太史公,所以司马迁在《报任少卿书》中自称太史公。《史记》的最初书名叫做《太史公书》,改称《史记》则是东汉末年以后的事。钱大昕《廿二史考异》云:"史记之名,疑出魏晋以后。"陈直《太史公书名考》(《文史哲》1956年6月号)指出,司马迁自定原名为《太史公书》,嗣后西汉诸儒多沿用此名称,故《汉书·艺文志》列《太史公书》于春秋类;后来一变为《太史公记》(《汉书·杨恽传》);再变为《太史记》(《风俗通义·正失篇》);三变为今称《史记》。《史记》之名开始于东汉桓帝之时。

(二)《史记》的史料来源

《史记》的史料十分丰富,其来源综合起来可以分为四个方面:

第一个来源是书籍。凡汉代以前古书,司马迁无所不采。经书、《国语》、《国策》、《楚汉春秋》、诸子、骚赋等都是他写史的重要材料来源。他在《史记》的许多篇章里都作了明确的说明。如《三代世表》中说"余读《谍记》,黄帝以来皆有年数……于是以《五帝系谍》、《尚书》集世纪黄帝以来讫共和为世表";《六国年表》中说"太史公读《秦记》至犬戎败幽王";《管晏列传》中说"吾读管氏《牧民》、《山高》、《乘马》、《轻重》、《九府》及《晏子春秋》";《司马穰苴列传》中说"余读《司马兵法》,闳廓深远,虽三代征伐,未能竟其义";《十二诸侯年表》中说"太史公读《春秋历谱谍》至周厉王";《五帝本纪》

中说“予观《春秋》、《国语》”;《屈原贾生列传》中说“余读《离骚》、《天问》、《招魂》、《哀郢》”等等。这些都表明司马迁是广泛搜集并充分利用了当时所能得到的书籍资料来从事著述的。

第二个来源是档案。司马氏世为史官,司马谈曾任太史公,后来司马迁又继任此职,因此,汉初档案如诏令、记功册等都能见到,并且用作写史的资料。这一点,也可以在《史记》中得到证明。如《惠景间侯者年表》中说“太史公读列封至便侯”;《高祖功臣侯者年表》中说“余读高祖侯功臣,察其首封,所以失之者”;《儒林列传》中说“余读功令,至于广厉学官之路”等等都是。

第三个来源是见闻。秦汉史事,对于司马迁来说是近现代史。当时记载有缺,因此多赖见闻。如《项羽本纪》赞中说“吾闻之周生曰,‘舜目盖重瞳子’,又闻项羽亦重瞳子”;《赵世家》赞中说“吾闻冯王孙曰:‘赵王迁,其母倡也……’”;《刺客列传》赞中说“公孙季功、董生与夏无且游,具知其事,为余道之如是”;《卫将军骠骑列传》中说“苏建语余曰:‘……其为将如此’”;《太史公自序》中说“余闻董生曰:‘周道衰废,孔子为鲁司寇……’”这是得于所闻的。《李将军列传》中说“吾睹李将军悛悛如鄙人,口不能道辞”;《游侠列传》中说“吾视郭解,状貌不及中人,言语不足采者”。这是得于所见的。《张释之冯唐列传》中说唐子冯遂,“字王孙,亦奇士,与余善”;《郦生陆贾列传》中说“平原君子,与余善,是以得具论之”;《田叔列传》中说田叔的少子“仁与余善,余故并论之”。这是得于交游的。这些从见闻和交游中得来的材料,不仅增加了史料来源,而且增强了《史记》内容的真实性。

第四个来源是游历。司马迁为了著《史记》,曾经登涉名山大川，访求史迹。如《五帝本纪》中说“余尝西至崆峒，北至涿鹿，东渐于海，南浮江淮”；《河渠书》中说“余登庐山”；《魏公子列传》中说“吾过大梁之墟”；《屈原贾生列传》中说“余……适长沙”；《龟策列传》中说“余至江南”；《淮阴侯列传》中说“吾如淮阴”；《伯夷列传》中说“余登箕山”；《蒙恬列传》中说“吾适北边……观蒙恬所为秦筑长城”，等等。这些反映了他足迹所至几乎遍及全国，也说明了他周游各地与写作《史记》的密切关系。

《史记》的史料来源很丰富，然而就各个历史时期来说，史料的多少又很不平均。春秋以前间有缺略；春秋战国至秦比较详细；汉建立后一百年左右的历史，则详尽记载，篇幅最多。也就是说，时代越近材料越多。对于上古史事，司马迁当时已有文献不足之叹。刘知幾在《史通·叙事》篇中称：“观子长之叙事也，自周已往，言所不该，其文阔略，无复体统；自秦汉已下，条贯有伦，则焕炳可观，有足称者。”这个评论是对的，但这种情况的产生，是因为司马迁据以写史的材料前少后多所致，我们自然不能苛求于他。

（三）《史记》的编纂方法

《史记》以前的史书，《尚书》只是上古历史文件的汇编，还算不得是正式的史书；其他如《竹书纪年》、《春秋》、《左传》等均是按年月日的顺序编写的；《国语》、《战国策》则是分国编写的。《史记》的编纂方法在当时具有独树一帜的首创精神。司马迁创造性地以本纪、表、书、世家和列传五种不同的体例来记载复杂的历史事实。这种方法，便于考见各类人物的活动情况以及各类典章制度的沿革源流，开创了以人物传记为中心的纪传体史书的编纂方法，成为历代封建王朝所修“正史”的典范。

《史记》的体例，共分五种：

甲、本纪　共十二篇，可分两类：一类是以朝代为主，像《夏本纪》、《殷本纪》、《周本纪》；另一类是以帝王为主，像《秦始皇本纪》、《高祖本纪》。不论哪一类，实际都是编年史，是大事记，等于全书的总纲。项羽虽非帝王，亦称本纪，这是因为秦亡之后，项羽“封王侯，政由羽出，号为霸王，位虽不终，近古以来未尝有也”，处于实际上的统治地位，所以凡楚汉战争时期大事均见《项羽本纪》。

乙、表　共十篇，也可分两类：一类是大事年表，如《十二诸侯年表》、《六国年表》、《秦楚之际月表》，“年经事纬，纵横互订”，这是读春秋战国时期和秦楚之际历史所不可少的工具。《十二诸侯年表》中的第一年，即周召共和元年，这是中国历史上有确切年代可据之始。另一类是人物的年表，与列传互相补充。有些著名人物，和当时政治经济关系比较大的，《史记》都有专传；其余人物，传不胜传，事实亦不可没，则以表载之。如《汉兴以来诸侯王年表》、《惠景间侯者年表》、《汉兴以来将相名臣年表》等。这类人物表上有名，则列传可省，眉目也清楚。唐代史评家刘知幾在论修史时有很多高见，但他认为史表无大用，则不易被人接受。实际上史表的创始，正是《史记》体例的一大特点。

丙、书　共八篇，这是一种系统记述典章制度的体裁，也可以说是分类史。如《律书》、《天官书》、《封禅书》、《河渠书》、《平准书》等，都是研究历史制度所不可缺少的资料。《史记》初创此体，后班固修《汉书》，为了与书名《汉书》相区别，改书为志。志和书的内容一样，只是《汉书》的志比《史记》的书详密得多。此后史籍记述典章制度的部分，都随着称志了。

丁、世家　共三十篇，这一体裁是用以记封国诸侯的。如鲁、卫、齐、楚等国，以其子孙世袭，故称世家。实际是本纪的雏形。汉初宗室如楚元王刘交、齐悼惠王刘肥，将相如萧何、曹参等亦列世家，以其实际封王封侯，传之子孙。至如孔子称世家，则因武帝时尊崇儒术，司马迁亦景仰孔子；陈涉称世家，则是司马迁对农民起义予以很高的评价。

戊、列传　共七十篇。古书中凡记事、立论、解经的著作，皆可谓之传。以人物为中心作列传，从司马迁开始。《史记》的列传有二大类。第一类是人物传记，又可分三种：

第一种，一人一传，如伍子胥、商鞅、苏秦、孟尝君、吕不韦等。

第二种，两人或几个人一传，称为合传。写在合传里的人大抵时代相同，或其行事相关联，如管仲、晏婴，孙武、吴起，白起、王翦，屈原、贾谊，张耳、陈余，刘敬、叔孙通均二人一传；廉颇、蔺相如、赵奢、李牧四人合一传，因都是赵国著名将相；老子、庄子、申不害、韩非四人合传，因他们的学术思想有一脉相通处。

第三种是类传，是按人物性质合在一起。如《刺客列传》列曹沫、专诸、豫让、聂政、荆轲等五人；《循吏列传》列孙叔敖等五人；《儒林列传》列申公等六人；《酷吏列传》列郅都等十人；《游侠列传》列朱家等三人；《货殖列传》列范蠡等九人；《仲尼弟子列传》所列的人更多，是列传中列人物最多的一篇。

第二类是对外国或国内少数民族的记载，亦即后代史书所谓四夷传。如匈奴、东越、朝鲜、西南夷等列传，叙述其种族来源、风俗制度、王族兴衰及与中土的关系。这一类列传对中土与沿边各族及汉族与兄弟族的关系专章记载，极为重要。后世四夷传、外国传也是沿袭《史记》成例的。

《史记》的五种体例，虽各有分工，但又有内在联系，详于此则略于彼，或载于此即省于彼，因此虽分五体，实际是一整体，我们总的称它为纪传体。后世“正史”，虽各因时代特点，传目有增损，编纂有异同，但没有超越《史记》体例的范围。

（四）《史记》的价值

《史记》是我国古代第一部通史，据《太史公自序》中说全书共有五十二万六千五百字，是古代第一部大书，也是当时系统研究古史唯一的史书。它把古代历史作了一次总结，这是中国历史上一部光辉灿烂的著作，是纪传体史书的鼻祖，也是传记文学的典范。其优点可从三方面来谈：

第一，有丰富的史料。如前所述，《史记》的史料来源众多，三千年史事，每一个时期的重要问题、重要人物、重要年代，能正确集中反映。如《殷本纪》所载商代世次，经过近几十年来甲骨文的发现和研究，证明《史记》完全可信；《十二诸侯年表》把周召共和以后的中国历史年代完全确定排列出来，这是古代史上极重要的材料。又如孔子为儒家创始人，又开私家讲学之风，有《孔子世家》、《仲尼弟子列传》就可以说明问题；商鞅变法关于土地制度的一大转变，对封建社会的形成有巨大影响，《商君列传》中对变法经过作了详细的叙述。再如战国兼并、养士之风极盛，士的阶层乘时参与政治，则四公子、吕不韦等列传提供了很多材料；对于苏秦张仪合纵连横，还系统地记述了他们游说诸侯的说词。陈涉、吴广起义是我国历史上第一次农民大起义,《史记》对起义过程记得很详。至于汉代社会工商业发展,商人在社会上形成新的力量,则有《货殖列传》。社会矛盾加深,中央集权加强,斗争剧烈,在《游侠列传》和《酷吏列传》中可看出。汉初经济由恢复而发展,因用兵而竭蹶,剥削越重,人民生活越苦,这些情况在《平准书》中充分反映出来。总之,《史记》所包含的材料,绝大部分是研究中国古代史所必需的资料。我们不能忘记,司马迁当时是用竹简或木简书写的,工程浩大,这样丰富的史料,能够完整地保存下来,是司马迁对祖国历史的伟大贡献。

《史记》不仅材料丰富,而且对史料的选择也抱审慎态度。如《五帝本纪》赞中说:"学者多称五帝,尚矣。然《尚书》独载尧以来;而百家言黄帝,其文不雅驯,荐绅先生难言之。"又如《伯夷列传》中说:"夫学者载籍极博,犹考信于六艺。"《三代世表》也说:"自殷以前诸侯不可得而谱,周以来乃颇可著。孔子因史文次《春秋》,纪元年,正时日月,盖其详哉。至于序《尚书》则略,无年月;或颇有,然多阙,不可录。故疑则传疑,盖其慎也。"这足以说明司马迁对史料的审慎态度。

因为史料丰富,来源不同,司马迁对材料取舍非常审慎,所以《史记》中对于同一事件,本纪和列传、世家和年表彼此不同之处也都一并保留。清代梁玉绳撰《史记志疑》三十六卷,专挑《史记》相互矛盾的地方,这是用本证(以本书证本书)的办法,用功很深,对研究《史记》有帮助。这些前后矛盾有的可能是前后失于检照,但不能都归之于司马迁的疏忽,很多方面是由于原来的史料不同,司马迁并存不废,这对我们作研究工作还是有好处的。

第二，有进步观点。司马迁的父亲司马谈是道家，司马迁当然要受道家思想的影响，但他本人对儒家的尊崇胜于道家，不可否认他又要受儒家思想的影响。司马迁所处的时代，正是汉武帝专制集权的全盛时期，他目睹统治阶级的残暴与腐败，人民遭受剥削压迫的痛苦，他同情人民起义，揭露统治集团的矛盾。他歌颂陈涉、吴广起义，列陈涉于世家，比之于“桀纣失其道而汤武作，周失其道而《春秋》作，秦失其政而陈涉发迹”。他对农民起义给予这样崇高的评价，而与他同时或后世的许多史家都不能有此眼光，显然这是他具有相当程度的叛逆精神的表现。例如，班固在《汉书》中就把陈涉降为列传；刘知幾的《史通·世家》篇对于陈涉入世家颇不以为然，认为“陈涉起自群盗，称王六月而死，子孙不嗣，社稷靡闻，无世可传，无家可宅，而以世家为称，岂当然乎?”由此可见司马迁的见识比他们都高明。在对游侠朱家、郭解的评论中，司马迁认为“虽时扞当世之文网，然其私义廉洁退让，有足称者。名不虚立，士不虚附。至如朋党宗强比周，设财役贫，豪暴侵凌孤弱，恣欲自快，游侠亦丑之”。在《酷吏列传》中评论王温舒时云：“其好杀伐行威，不爱人如此。天子闻之，以为能，迁为中尉。”这是对封建统治者的极大讽刺。《史记》有《循吏列传》，传中四人都是春秋战国时人；《酷吏列传》中的十个人却都是汉朝人，形成了鲜明的对比。这些都是对统治阶级的大胆揭露，同时对人民表示了深切的同情。这种具有强烈的人民性的内容，《史记》中随处可以见到。班固在《汉书·司马迁传》的赞中说：“自刘向、扬雄博极群书，皆称迁有良史之材，服其善序事理，辨而不华，质而不俚，其文直，其事核，不虚美，不隐恶，故谓之实录。”但又说他“是非颇谬于圣人，论大道则先黄老而后六经，序游侠则退处士而进奸雄，述货殖则崇势利而羞贱贫，此其所蔽也”。班固和司马迁在这方面思想上有很大的距离，他想完全以儒家思想来衡量司马迁，这只能说明他不了解司马迁，也是他不及司马迁的地方。卫宏的《汉旧仪注》中说：“司马迁极言景帝与武帝之短，武帝怒而削去”。后来王允要杀蔡邕，以为武帝不杀司马迁，留谤书于后世。这又可以看出统治阶级是如何不满于司马迁了。

其次，司马迁对于社会现象，特别是贫富、贵贱、寿夭、善恶、天道、神权等，有正确的观点。他不认为贫富贵贱有命存焉，而是以财贿之有无为升降。《货殖列传》云：“渊深而鱼生之，山深而兽往之，人富而仁义附焉。富者得势益彰，失势则客无所之。”又云：“凡编户之民，富相什则卑下之，伯则畏惮之，千则役，万则仆，物之理也。”这种认识到以经济地位决定政治地位的关系，不可谓不是卓见。他在《伯夷列传》中提出这样的问题：“或曰：‘天道无亲，常与善人。’若伯夷、叔齐，可谓善人者非耶？积仁洁行如此而饿死！且七十子之徒，仲尼独荐颜渊为好学。然回也屡空，糟糠不厌，而卒早夭。天之报施善人，其何如哉！”“若至近世，操行不轨，专犯忌讳，而终身逸乐，富厚累世不绝。或择地而蹈之，时然后出言，行不由径，非公正不发愤，而遇祸灾者，不可胜数也。余甚惑焉，傥所谓天道，是邪非邪？”《伯夷列传》是《史记》列传中第一篇，这些话是司马迁评论人物中发现的一个主要的矛盾，绝不是有什么天命，而是人为造成的现实问题。至于鬼神之事，如《封禅书》所载李少君、文成将军、栾大等，皆以欺诳为事，这只能反映统治阶级的贪婪无厌，欲求长生不老，可以一欺再欺，而终不悔悟。“方士之候祠神人，入海求蓬莱,终无有验。”实际上神是不存在的。司马迁之所以能够无情地揭露和讽刺封建统治者的荒诞不经,正因为他根本不相信这些东西。司马迁对天命鬼神的否定,充分反映了他思想中存在着朴素的唯物主义因素。

再其次是司马迁对工商业的态度,也和当时人的看法不同。《货殖列传》中所谓“农而食之,虞而出之,工而成之,商而通之”,“农不出,则乏其食;工不出,则乏其事;商不出,则三宝绝;虞不出,则财匮少。财匮少而山泽不辟矣!此四者民所衣食之原也。原大则饶,原小则鲜。上则富国,下则富家。贫富之道,莫之夺予。而巧者有余,拙者不足。”这正是反映汉初工商业发展的情况,这种发展,对推动社会经济是有益的。他又说:“用贫求富,农不如工,工不如商,刺绣文不如倚市门,此言末业,贫者之资也。”这和汉初重农抑商、强本抑末的政策,有很大的分歧。事实上工商业是抑制不住的。他在《平准书》中指出,朝廷之上“入物者补官,出货者除罪”,市井之中“千金之家,比一都之君。巨万者,乃与王者同乐”。这样的形势,不是空言可以挽回的。平准之法行,“大农之诸官,尽笼天下之货物,贵即卖之,贱则买之。如此,富商大贾无所牟大利,则反本,而万物不得腾踊。故抑天下物,名曰平准”。工商业的发展,是历史发展的必然趋势,新问题便产生新矛盾,只应解决矛盾,不应单纯抑制工商业,司马迁的这种见解是正确的。

司马迁的进步观点还表现在评论人物实事求是,取其一节,不求全责备,亦不以成败论英雄。《史记》所载人物,仅见于列传的已有二百余人。本纪、世家,基本也是人物。凡是叙述历史事件和人物的关系时,在叙述过程中司马迁自然已反映出自己的看法。另外，他又在每篇之后，都加一赞语，以“太史公曰”四字为发端，予以正面评论。如论苏秦“起闾阎，连六国从亲，此其智有过人者。吾故列其行事，次其时序，毋令独蒙恶声焉”。论张仪则云：“张仪之行事，甚于苏秦，然世恶苏秦者，以其先死，而仪振暴其短，以扶其说，成其衡道。要之，此两人真倾危之士哉！”论陈涉以苛察为忠，诸将不亲附以败，然言“陈涉虽已死，其所置遣诸侯王将相竟亡秦，由涉首事也”。论曹参“攻城野战之功，所以能多若此者，以与淮阴侯俱。及信已灭，而列侯成功，惟独参擅其名”。这是贬词，但下文接着说：“参为汉相国，清静极言合道。然百姓离秦之酷后，参与休息无为，故天下俱称其美矣。”即使像主父偃那样热中富贵，日暮途穷、倒行逆施的人，司马迁还说：“主父偃当路，诸公皆誉之，及名败身诛，士争言其恶，悲夫！”列项羽于本纪，反映了他不以成败论英雄的进步观点；同时，他也在赞中批驳项羽“天之亡我”的说法，指出项羽“身死东城，尚不觉寤，而不自责，过矣。乃引‘天亡我，非用兵之罪也’，岂不谬哉！”蒙恬以筑长城为绝地脉，司马迁在赞中责备他“轻百姓力”，指出秦“初灭诸侯，天下之心未定，痍伤者未瘳，而恬为名将，不以此时强谏，振百姓之急，养老存孤，务修众庶之和，而阿意兴功，此其兄弟遇诛，不亦宜乎，何乃罪地脉哉！”这些论点，对历史人物的功过是非都非常明确。

第三，《史记》又是一部文学名著。《史记》不仅史料丰富，观点进步，从史才来说，有组织，有系统，加以生动的文笔，议论精彩，叙事状物，无不曲尽其妙。像《项羽本纪》、《李将军列传》、《魏公子列传》、《刺客列传》等，人物栩栩如生，呼之欲出。《史记》所以流行如此之广，和司马迁的文章精美也分不开。《史记》的语言，通俗易懂，工于素描，其中引用古书，把词义艰深的改为浅近而不失原意，这又是司马迁的高明处。但文章之事，亦难尽如人意。金代王若虚《滹南遗老集》中有《史记辨惑》十一卷，批评《史记》有十失，皆文章之事，大多不中要害。宋代仉思也做过一部《迁书删改古书异词》。《史记》改古书，特别是改《尚书》的语句，这没有什么不可以，但有人误会了，以为《史记》所载的就是古书原文，反以别的书中所引原是不误的为误，这是不了解司马迁著作大意的缘故。

（五）《史记》缺补问题

《史记》一百三十篇中，有些篇久已有录无书。《汉书》说缺十篇，但未举篇目。《太史公自序》的集解、索隐，《汉书・司马迁传》的注并引张晏的说法："迁没之后，亡《景纪》、《武纪》、《礼书》、《乐书》、《兵书》、《汉兴以来将相年表》、《日者列传》、《三王世家》、《龟策列传》、《傅靳蒯成列传》。元、成之间，褚先生补缺，作《武帝纪》、《三王世家》、《龟策列传》、《日者列传》，言辞鄙陋，非迁本意也。"张晏，魏人，去汉世未远，其言必有所据。清儒于此，众说纷纭，仍当以张晏之说为准。今本《景帝纪》、《礼书》、《乐书》、《汉兴以来将相年表》、《傅靳蒯成列传》，皆有其文。至于《兵书》，实即《律书》。要之，所缺十篇，皆后人拾补，究系何人，已难指明。因冯商、扬雄、刘歆、阳城衡、褚少孙、史孝山等，皆续补《史记》，十篇之外，亦有补充。唯褚少孙所补，今本仍低一格，尚可辨认。褚少孙，东汉沛县人，曾师事王式，元、成间为博士。《武帝本纪》，张晏以为褚先生补，实际上《武帝本纪》乃抄录《封禅书》而成，殊浅妄，褚先生亦不至于如此。古书旧籍，年代愈久、声名愈大的，后人羼杂补续，多难避免。《史记》不过是其中一例，读《史记》的人，则不可不知。

（六）《史记》的注本和版本

《史记》的注本，今存三家：刘宋裴骃《史记集解》八十卷；唐司马贞《史记索隐》三十卷；唐张守节《史记正义》三十卷。三者书名不同，实皆《史记》注本。原来各本单行，宋代刻本始将三家注分列《史记》正文之下，而三家注仍分别单行。到明代监本出，三家注合一，多有删削讹漏之处，殿本因之，不很可靠。

现存《史记》版本，以百衲本《史记》为最善。百衲本中有六十三卷是宋庆元时建安黄善夫刻本，其余六十七卷用明震泽王氏本配齐，震泽王氏本是依黄善夫本翻雕的，一向也称为善本。近年中华书局刊印点校本，经过精心校刊，很好。

日本人泷川龟太郎撰《史记会注考证》一书，取清代学者有关考证《史记》的文字八十四种、日本学者注解《史记》的文字十八种合注而成，搜罗很广，功夫颇深。近年国内已有重印本。此书另一可贵处，在于其所引《史记正义》比今本多。然《史记》一书，从三家注以来，研究的人很多，应当汇集各家注释，加以考定，成一新注本，这就有待于大家今后的努力了。

二 《汉书》

《汉书》一百二十卷，东汉班固撰，起汉高祖元年（前 206），终于王莽地皇四年（23），共记二百二十九年史事，为我国第一部纪传体断代史。

(一)《汉书》的作者

班固(32—92),字孟坚,扶风安陵(今陕西咸阳市东)人。父彪,初依隗嚣,曾著《王命论》,劝隗嚣降汉,未被采纳,后为窦融从事,支持刘秀;东汉初,任徐令,因病免官,专力从事史学,采前史遗事,欲踵继《史记》,作《后传》六十余篇。彪卒,固继父业,被人告发私改国史,下狱。其弟班超上书力辩,得释。召为兰台令史,转迁为郎,典校秘书。永平中,受诏完成其父所著书,潜精积思二十余年,至建初中写成《汉书》,开创了"包举一代"的断代史体例。永元元年(89 年),班固随大将军窦宪出征匈奴,为中护军,勒铭燕然山而归。后窦宪以失势自杀,固因家奴曾得罪洛阳令种兢,被逮下狱,死于和帝永元四年,终年六十一岁,事迹见《汉书·叙传》及《后汉书》卷四十本传。

班固著《汉书》,其八表及《天文志》未及竟,因下狱死,和帝诏其妹班昭踵而成之,后马融兄马续又继昭成之,并见《后汉书》卷一百一十四《曹世叔妻传》。可见书不是成于一手,而班固则是最主要的一人。

(二)《汉书》的史料来源

《汉书》史料来源,以武帝时期为分界,可分两个阶段。武帝以前,因《史记》已有完整记载,绝大部分用《史记》原文,文字略有精简,有些重新加以安排、剪裁,大体上还是《史记》原材料。有人说,《汉书》曾抄袭《史记》,但班固治学谨严,字句略有更动,内容不变。

抄书也不容易，治史者必须学会抄书。清赵翼《廿二史劄记》对《汉书》所用《史记》材料做过一番对勘工夫。武帝以前的这一部分内容，《汉书》作了如下三个方面的增补：

甲、增传目　用《史记》材料，《史记》附入别人传中的，抽出另立新传。如卷四十五《蒯通传》，材料采自《史记·张耳陈余列传》及《淮阴侯列传》；又如同卷《伍被传》，材料录自《史记·淮南王列传》。

乙、增事实　用《史记》旧传名称，增加事实。如卷三十四《韩信传》、卷三十六《楚元王传》、卷三十九《萧何传》、卷五十五《卫青传》、卷五十八《公孙弘传》，皆有增益。

丙、增文章　《汉书》于文学之士的传中，多载他的文章，很多是《史记》原来所没有的。如卷四十八《贾谊传》载《治安策》，卷四十九《晁错传》载《贤良策》，卷五十一《邹阳传》、卷五十二《韩安国传》、卷五十八《公孙弘传》都新载一些文章。这些文章不集中在大著作中就不易保存，如果班固不收入《汉书》中，可能后世就失传了。

《汉书》武帝以后部分的史料来源，可分为三类：

甲、父书　《后汉书·班彪传》言："彪既才高而好述作，遂专心史籍之间。武帝时司马迁著《史记》，自太初以后，阙而不录。后好事者颇或缀集时事，然多鄙俗不足以踵继其书。彪乃继采前史遗事，旁贯异闻，作后传数十篇。"《史通·古今正史》篇也说彪以为"雄、歆褒美伪新，误后惑众，不当垂之后代者也。于是采其旧事，旁贯异闻，作后传六十五篇"。班彪撰述，今尽在班固《汉书》之中，但还有痕迹可寻。如《汉书·元帝纪》赞云："臣外祖兄弟为元帝侍中。"应劭注："元、成帝纪皆班固父彪所作，臣则彪自说也。外祖，金敞也。”《成帝纪》赞:“臣之姑充后宫为婕妤。”晋灼注:“班彪之姑也。”这是班彪原文的证据。此外,韦贤、翟方进、元后三传赞均有“司徒掾班彪曰”六字,这三个传当然也是班彪的原书。

乙、各家所续《史记》 《史通·古今正史》篇:“《史记》所书,年止汉武,太初以后,阙而不录。其后刘向、向子歆及诸好事者,若冯商、卫衡、扬雄、史岑、梁审、肆仁、晋冯、段肃、金丹、冯衍、韦融、萧奋、刘恂等相次撰续,迄于哀、平间,犹名《史记》。”从这段记载中,可以看出司马迁以后,班氏父子以前,关于汉代史事,已有许多人为之记述。这些材料,班固不特见到,而且一定采取,不过今天我们不能具体说明而已。

丙、其他记载 如《汉书·艺文志》所载春秋类《汉著记》多至一百九十卷,颜师古注以为“若今之起居注”。如颜氏之说,《汉著记》是极重要的史料了。又有《汉大年纪》五篇,亦列春秋类。此外,汉人诗赋、议奏、诸子百家、天文历法之书,《艺文志》所收不在少数,都和历史多少有些关系。像《五行志》采董仲舒、刘向、刘歆之说,《艺文志》用刘歆《七略》删要以成,皆明著于本志序文。《汉书》列传中多载有用文字,大都从流传篇籍中搜集而来,如《司马迁传》所收《报任安书》就是极为重要的。

至于班固父子时代与西汉相近,耳目所接,亦有可以补充,这又是很自然的事情。我们从长达四万多字的《王莽传》这样完整详细的记载来看,《汉书》史料可谓相当充实。

(三)《汉书》的编纂体例

《汉书》帝纪十二,表八,志十,列传七十,编号共一百卷,但因有些卷分量过大，分为上、下卷，有的甚至分上、中、下卷。因分卷的不同，《隋书·经籍志》、《旧唐书·经籍志》、《新唐书·艺文志》作一百十五卷，宋晁公武《郡斋读书志》、陈振孙《直斋书录解题》作一百卷，唐颜师古注本即今本作一百二十卷。分卷虽有不同，内容没有差异。

《汉书》编纂体例，大体根据《史记》而小有改变，如改“书”为“志”。刘知幾说，这是“孟坚既以汉为书，不可更标书号”的缘故（《史通·题目》篇）。就内容来说，《汉书》的“志”比《史记》的“书”更为系统而外，还有所发展。如食货、刑法、地理等志，皆班氏所创。艺文一志，为后世目录学之祖，于祖国文化贡献尤大。表中百官公卿一表，为后世百官志、宰辅表开辟道路。世家一体，《汉书》不用，诸侯王皆入列传。因汉为统一帝国，又系中央集权国家，其诸侯王与春秋战国时期地方分权的诸侯迥乎不同，所以体例随时损益，自无不可。本纪十二，王莽不在内，置于列传之末，这是因为东汉初年人不承认王莽政权，故贬之于列传之中。但《王莽传》仍是编年叙述，大事及诏令无不详载，叙事止于地皇四年，可见实际未尝不承认王莽政权。列传中类传如循吏、酷吏、货殖、游侠、佞幸等，大致循《史记》旧目。《循吏传》去孙叔敖、子产而易以汉代人。唯《货殖传》中人物多仍《史记》之旧，如范蠡、子贡、白圭、猗顿以至巴寡妇清，都不是汉代人，因仍不去，未得其当。

《汉书》与《史记》都是纪传体，所不同者，《史记》为通史，《汉书》为断代史。从班固创断代为史的先例，后世史书，循例多作断代。《史通·六家》篇：“如《汉书》者，究西都之首末，穷刘氏之废兴，包举一代，撰成一书。言皆精炼，事甚该密，故学者寻讨，易为其功。自古迄今，无改斯道。”刘知幾对断代史与通史都很赞成。这是一种态度。

宋代的郑樵则是另外一种态度。郑樵主张作通史，反对写断代史，故对班固估价极低，他在《通志·总序》中痛斥班固，谓“迁之于固，犹龙之于猪”。这样的评价，其实也不公平。断代为史，把每个时期的历史，完整记述，以待研究，这也是必要的工作。清人多把《汉书》与《史记》并提，认为各有特色。钱大昕在《潜研堂文集》卷二十八《跋汉书》一文中曾说：“《汉书》刊《史记》之文，以求整齐，后代史家之例皆由此出。《史记》一家之书，《汉书》一代之史。”如果每人撰述，皆要包括古今，只用一种体裁，那是重床叠屋，完全无此必要。如《汉书》和《史记》重复了一段材料，班固想胜过《史记》，然史料补充有限，看法也并不比《史记》高明。以班固的史学，尚犹如此，其他可以想见。郑樵这种态度恰好反映他的偏见。他自己撰《通志》，有本纪、列传，大都取之前史，加以删节而成，由于没有新的内容，从来很少有人弃十七史不读而去读《通志》的本纪、列传，足见他的主张不一定行得通。

(四)《汉书》的优缺点

一般以《史》《汉》并称，论《汉书》的优劣，自然要和《史记》比较。《后汉书·班固传》论：“议者咸称二子有良史之材。迁文直而事核，固文赡而事详，若固之叙事，不激诡，不抑抗，赡而不秽，详而有体，使读之者亹亹而而不厌，信哉其能成名也。”范晔肯定班固文赡而事详，在他的《狱中与诸甥侄书》也提到《后汉书》比之《汉书》“博赡不可及之，整理未必愧也”。《史通·六家》篇说《汉书》“言皆精炼，事甚该密，故学者寻讨，易为其功。”

我们觉得《汉书》除包举一代，首尾完整、文赡事详外，还有其他优点。《汉书》的“志”比之《史记》八“书”，有极大进步。《食货志》为研究经济史所不可缺的材料。《食货志》叙述战国以来至于汉初经济凋敝，汉初“约法省禁，轻田租，什五而税一”，对农民作了让步，后来才出现“京师之钱累百钜万，贯朽而不可校，太仓之粟，陈陈相因，充溢露积于外，腐败不可食”的局面。但到武帝时“豪富吏民，訾数钜万，而贫弱愈困”，“天下虚耗，人复相食”，至王莽末年“民摇手触禁，不得耕桑，繇役烦剧，而枯旱蝗虫相因”，遂致农民起义。这种系统地叙述经济制度、社会矛盾，对研究西汉历史提供了极重要的资料，也为后世修史树立了一个典范，这是班固很大的功绩。至如《地理志》对土壤、物产、户口、风俗各方面皆有记述，后来史家，于地理仅记州县，未达班氏意旨。

至于《汉书》的缺点，范晔亦有批评：“彪、固讥迁，以为是非颇谬于圣人，然其论议常排死节，否正直，而不叙杀身成仁之为美，则轻仁义、贱守节愈矣！”范晔此论，总的说来，对班固的历史观点有意见。这一方面，班固确有弱点，他的是非爱憎不像司马迁那样强烈，慷慨激昂的议论很少，明哲保身的思想则比较明显。特别对反对王莽、不仕王莽那些人，记载不多，因此范晔讥他“身陷大戮，智及之而不能守之”。但《汉书》也不是绝对排死节，否正直。班固以据事直书来表达意思，不加议论，则有之。《史通·叙事》篇云：“班史称纪信为项籍所围，代君而死，此则不言其节操而忠孝自彰”。这便是一个例证。然而，班固的《汉书》在思想方面比起司马迁的《史记》来，确是中庸、保守得多。《史记》叙《陈涉世家》云：“桀、纣失其道而汤、武作，周失其道而《春秋》作，秦失其政而陈涉发迹，诸侯作难，风起云蒸，卒亡秦族。”《汉书・叙传》则云：“上嫚下暴，惟盗是伐，胜、广熛起，梁、籍扇烈。”两相比较，足见评论的高下悬殊，也无怪乎班固在《汉书》里把《史记》中的《项羽本纪》降为列传了。

至如刘知幾所讥《汉书・五行志》错谬，确是《汉书》一大病。我们认为班固创《五行志》，把春秋以来迷信荒谬的事连篇累牍记载，既伤繁富，又含毒素，而开后世五行、符瑞等志的恶例。刘氏的批判，只觉其不够，未见其过分。

前人对《汉书》还有一种看法，如《晋书》卷六十《张辅传》，张辅论班固、司马迁云：“迁之著述，辞约而事举，叙三千年事惟五十万言；班固叙二百年事乃八十万言，烦省不同，不如迁一也。”这个说法，《史通・烦省》篇已纠正之。《左传》二百四十年事，亦前略后详。这说明，时代愈近，史料愈多，这是客观事实。到今天，我们不厌其多，反觉其少了。

一般评论《汉书》，常以限断不明为班固缺点，如《古今人表》，但有古人，无今人，从刘知幾以来都有讥弹。顾名思义，班固应有今人表，不过论古人分为三品九等，没有问题，论汉代人也分九等，形势有所不可。如古代帝王多列八九等，那么汉代十二帝应如何安排呢？不用说是班固，就是司马迁要这样做，也只好“藏之名山，传之其人”了。章学诚以为此表非出班固之手，疑为西汉学者所为，班固收入《汉书》。这出于臆想，也不是紧要问题。我们认为《古今人表》和《汉书》其他篇目一样，有些是补《史记》所不足的，流传至今天。我们从《古今人表》中可以看出当时人已把人分成九等，为后来九品中正制度先作注脚，说明源流已久。其次，这个表中不以地位定等第，而以人品分高下，反映儒家思想在封建统治时代的势力，不是没有用处的。

（五）《汉书》的注本

唐以前注解《汉书》的有二十三家，见颜师古《汉书叙例》。唐人司马贞、张守节注《史记》，很多是参考《汉书》注的。为什么作《汉书》注解的人如此之多？《汉书》文字比《史记》精练，也更艰深。《汉书》中保存古代语言文字制度名物很多，对研究古代语言文字有很大好处，但大都比较难懂，因此，各家解释，彼此互异。颜师古为《汉书》作注以后，《汉书》文字的问题，基本上可以解决了。

颜师古名籀，是文字音韵学家颜之推的孙子。家世长于文字之学，他自己精于训诂，做过一部书，叫《匡谬正俗》。他注《汉书》，是唐太宗太子承乾所命，解释详明，深为学者所重。他卒于贞观十九年（645），年六十五，事迹见《旧唐书》卷七十三、《新唐书》卷一百九十八本传。

颜师古注《汉书》是集注本。先将前人旧注，各家歧说，详细引证；从"师古曰"以下，断以己意，肯定或否定旧说，有的自己重新注解。这是一项极繁重的工作，向来说颜师古是《汉书》一大功臣，这话并不过分。颜注比《史记》二家注要好。但颜注亦不是都能满足人意的，虽有颜注，读《汉书》仍不容易。

《汉书》至北宋，由卷子本改成木刻本时，经过三刘校勘。三刘即刘敞、刘攽、刘奉世，敞与攽为兄弟，奉世即敞之子。三刘曾作刊误，宋祁亦有校语，今殿本有刊误及宋祁校语，汲古阁本及监本无宋祁校语。

清代学者对《汉书》下的功夫不少，其中专校释《地理志》的如全祖望《汉书地理志稽疑》六卷，钱坫《新斠注地理志》十六卷，吴卓信《汉书地理志补注》一百卷，功力尤深。专注《古今人表》的有梁玉绳《古今人表考》九卷。专注《西域传》的，有徐松《汉书西域传补注》二卷、李光廷《汉西域图考》七卷。其余如王峻《汉书正误》、钱大昭《汉书辨疑》、沈钦韩《两汉书疏证》、李慈铭《汉书札记》等多不胜举，考证皆有可取。

王先谦作《汉书补注》一百卷，光绪二十六年(1900)刊本，民国五年上海石印本，这是清代有关《汉书》著作最后出的一部大书。王先谦，字益吾，湖南长沙人，翰林，曾任江苏学政，辛亥革命前，破坏革命，被称为劣绅。对校注古书，刊刻古书却做出了一些成绩。王氏补注以汲古阁本做底本，主要将清代学者考订《汉书》的成绩汇集起来，述而不断，偶亦有自己意见，与颜注的“截断众流，自出心裁”不可同日而语。但搜集众说，排比成书，以供学者研究，其功实不可没。今中华书局标点校勘的《汉书》，即以《汉书补注》为底本。杨树达著《汉书窥管》，对王氏补注又有所补正。

现存《汉书》的版本，百衲本用的是北宋景祐本，应该说是最早的刻本了，但景祐本虽早也不免有错误。

三 《后汉书》

《后汉书》是纪传体东汉史。纪、传九十卷，南朝宋范晔撰，唐李贤注。志三十卷，晋司马彪撰，南朝梁刘昭注。共一百二十卷，记载了自光武至献帝一百九十五年史事。

(一)《后汉书》的作者

范晔(398—445),字蔚宗,顺阳(今河南淅川)人,是作《春秋穀梁传集解》的范宁的孙子。宋文帝元嘉中为左卫将军、太子詹事。时文帝与其弟彭城王义康的政治矛盾日趋尖锐。范晔为义康旧属,元嘉二十二年(445)以谋反被杀,终年四十八岁。事迹见《宋书》卷六十九本传,《南史》卷三十三附其父范泰传后。关于范晔谋反一节,王鸣盛《十七史商榷》、陈澧《东塾集·申范篇》曾为之辩护。谋反不谋反,这是政治斗争问题,与他以前写史无直接的关联。

范晔作《后汉书》的时间,《宋书》本传说元嘉九年"左迁晔宣城太守。不得志,乃删众家后汉书,为一家之作"。这时范晔才二十七岁,至被杀时,已二十一年,仅成本纪十卷、列传八十卷,十志未就。《四库提要》云:"范撰是书,以志属谢瞻。范败后,瞻悉蜡以覆车,遂无传本。"《宋书》卷五十六有谢瞻传,瞻乃谢晦之兄,高祖永初二年(421)卒,范晔尚未撰史,安能托其作志。后阅范书卷十下《后妃纪》章怀注云:"沈约《谢俨传》曰:范晔所撰十志,一皆托俨。搜撰垂毕,遇晔败,悉蜡以覆车。宋文帝令丹阳尹徐湛之就俨寻求,已不复得,一代以为恨。其志今阙。"方知《提要》所云谢瞻,乃谢俨之误。谢俨今本《宋书》无传,唯《宋书》卷八十五《王景文传》有谢俨之名。

范书十志不就,自是憾事。章宗源《隋书经籍志考证》:"蔚宗十志,其篇名可言者,百官志见《后妃纪》,礼、乐、舆服志见《东平王苍传》,天文、五行志见《蔡邕传》。”这是从范书本身可以证明原计划中有做这些志的准备。

今本《后汉书》中有志,那是司马彪撰述的。司马彪,字绍统,祖籍温(今河南温县),晋高阳王司马睦之长子。少笃学不倦,然好色薄行,为睦所责,不得为嗣。彪由此不交人事而专精学习,故得博览群籍,终其缀集之务。曾任秘书丞、散骑侍郎等职。《晋书》卷八十二有传。传中说:“汉氏中兴,讫于建安,忠臣义士亦以昭著,而时无良史,记述烦杂,谯周虽已删除,然犹未尽,安、顺以下,亡缺者多。彪乃讨论众书,缀其所闻,起于世祖,终于孝献,编年二百,录世十二,通综上下,旁贯庶事,为纪、志、传凡八十篇,号曰《续汉书》。”由此可知司马彪当初所撰并非仅志三十卷。由于司马彪原书名《续汉书》,因此今存的志也被称为《续汉书志》。

《续汉书志》八篇:《律历》三卷,《礼仪》三卷,《祭祀》三卷,《天文》三卷,《五行》六卷,《郡国》五卷,《百官》五卷,《舆服》二卷,共三十卷,但无食货志。司马彪去东汉不过百有余年,经济资料档案已不可寻,固然是一原因,作者未能重视食货恐怕是主要原因。以言材料困难,后来《晋书·食货志》补述前代,亦尚不至束手,何况司马彪的时代呢?

(二)《后汉书》的史料来源

《史记》《汉书》的史料,以作者时代相接,采撰较为方便。范晔生于晋安帝隆安二年(398),作史始于元嘉九年(432),距东汉亡国(220)相去计二百余年,其间见闻传说,已不可求,唯赖前人著述,这是困难的一方面。也正因为相隔二百余年,恩怨都尽,各种史料，皆已出世流传，故裴松之得以搜集这些资料撰成《三国志注》，范晔则取以改撰《后汉书》。二人同时，作书亦各不相谋，其成就是一样大的。

东汉国史自明帝诏班固等作世祖本纪并以功臣及新市、平林、公孙述事作列传载记二十八篇之后，代有撰述，《史通·正史》篇已详言之。

范晔以前撰后汉书的主要有下列诸家：

甲、刘珍等《东观汉记》　这是东汉官修史书，各家后汉书皆取材于此。刘珍，东汉蔡阳人，一名宝，字秋孙，曾任谒者仆射、卫尉等官。邓太后临朝时，曾命其校定东观诸书，并作建武以来名臣传。刘珍《后汉书》卷八十上有传。参与《东观汉记》撰述工作的除刘珍外，还有班固、李尤、伏无忌、边韶、崔寔、延笃、马日磾、蔡邕等。《隋书·经籍志》说该书一百四十三卷，注云："起光武记注至灵帝，长水校尉刘珍等撰。"《旧唐书·经籍志》作一百二十七卷，《新唐书·艺文志》则作一百二十六卷，又录一卷。书已久佚，清乾隆间由《永乐大典》辑出，仅存二十四卷。魏晋间人称三史，实即《史记》、《汉书》、《东观汉记》。钱大昕《十驾斋养新录》卷六说"自唐以来，《东观汉记》失传，乃以范蔚宗书当三史之一。"

乙、谢承《后汉书》　谢承，三国吴山阴人，字伟平，其姐为孙权夫人，早卒。曾任五官郎中、长沙东部都尉、武陵太守等职。其书《隋书·经籍志》作一百三十卷，注云无帝纪，吴武陵太守谢承撰。《旧唐书·经籍志》作一百三十三卷。《新唐书·艺文志》作一百三十三卷，又录一卷，可见记载小有出入。此书至马端临作《文献通考·经籍考》时已亡。

丙、司马彪《续汉书》　《隋书·经籍志》和《旧唐书·经籍志》均作八十三卷，《新唐书·艺文志》作八十三卷，又录一卷。今存志三十卷。

丁、华峤《后汉书》　华峤，字叔骏，平原高唐人。博闻多识，晋泰始中，拜散骑常侍，典中书著作，元康中封乐乡侯，转秘书监。《晋书》卷四十四本传云："峤以《汉记》烦秽，慨然有改作之意。会为台郎，典官制事，由是得遍观秘籍，遂就其绪。起于光武，终于孝献，一百九十五年，为帝纪十二卷、皇后纪二卷、十典十卷、传七十卷及三谱、序传、目录，凡九十七卷。"又云十典未成，其子畅成之。刘知幾以为诸家后汉书"推其所长，华氏居最"。此书《隋书·经籍志》仅载十七卷，注云："本九十七卷，今残缺，晋少府卿华峤撰。"而新旧唐书两志均作三十一卷。今亡。

戊、谢沈《后汉书》　谢沈，山阴人，字行思，《晋书》卷八十二有传。曾任参军、太学博士、尚书度支郎等职，时人谓其才学在虞预之右，康帝时官著作郎，著《后汉书》百卷。《隋书·经籍志》作八十五卷，注云："本一百二十二卷，晋祠部郎谢沈撰。"新旧唐书两志均作"一百零二卷，又外传十卷"。今亡。

己、袁山松《后汉书》　袁山松，扶乐人，诸书或作袁崧。所撰《后汉书》，《隋书·经籍志》作九十五卷，注云："本一百卷，晋秘书监袁山松撰。"《旧唐书·经籍志》作一百零二卷，《新唐书·艺文志》则言："袁崧《后汉书》一百一卷，又录一卷。"今亡。

庚、薛莹《后汉记》　薛莹，竹邑人，字道言，吴孙皓时历选曹尚书、光禄勋。入晋，为散骑常侍。其书《隋书·经籍志》作"《后汉记》六十五卷"，注云："本一百卷，梁有，今残缺，晋散骑常侍薛莹撰。”新旧唐书两志均作薛莹《后汉记》一百卷。

辛、张莹《后汉南记》 《隋书·经籍志》作四十五卷,注云:“本五十五卷,今残缺,晋江州从事张莹撰。”新旧唐书两志均作张莹《汉南记》五十八卷。今亡。

壬、张璠《后汉记》 此书《隋书·经籍志》和新旧唐书两志均作三十卷,今亡。袁宏《后汉纪·自序》:“经营八年,疲而不能定,始见张璠所撰书,其言汉末事差详,故复探而益之。”可见张书的价值。

癸、袁宏《后汉纪》 袁宏,《晋书》卷九十二《文苑传》中有传,扶乐人,字彦伯,小字虎,为袁山松族叔。曾任谢安参军、桓温记室。因不满当时已出的几种《后汉书》,继荀悦《汉纪》著《后汉纪》三十卷,其书今存。刘知幾《史通·古今正史》篇称“世言汉中兴史者,惟袁、范二家而已”。

以上诸书,除袁宏《后汉纪》外,今天仅从类书中零星见到。清代黄奭《汉学堂丛书》有辑本,姚之骃有《后汉书补逸》二十一卷,汪文台辑《七家后汉书》十九卷附失名《后汉书》二卷,可以参考。

《后汉书》的史料价值因只此一家,自然可贵,特别是东夷、南蛮、西南夷、西羌、西域、南匈奴、乌桓、鲜卑等六卷八传,详述后汉与沿边各族及内地少数民族的关系。这些材料,《西域传》本于班勇所记,《南蛮西南夷传》论中言:“著自山经、水志者亦略及焉。”至于与羌族的冲突,前后所费三百余亿,国力为之疲敝。窦宪复立北匈奴,为中原贻无穷之患。凡此关键问题,后汉兴衰所系,范晔不仅搜集丰富资料,系统叙述,而且提出自己对这些问题的看法,这对研究东汉的民族状况以及对外关系是个极重要的贡献。

范晔作《后汉书》，从材料方面讲，有诸家《后汉书》可以参考，此外，传世史料尚多，不忧材料缺乏，这是有利条件。但诸家《后汉书》各有所长，行世已久，新编一书，欲求超过前人，也不很容易。可是，范氏书一经流行，诸家《后汉书》逐渐销沉，至于散佚，可见范书必有过人之处，因而成书晚却又能后来居上。

（三）《后汉书》的编纂方法

《后汉书》从体例来看，只有本纪、列传、志，而无表。范晔于王侯公卿等非所注意，人物散见纪传中。他整部书中的精神，前后一贯，事不重复，大概原定计划就没有表。南宋初熊方补《后汉书年表》十卷，实际止补得三个表，即《同姓侯王表》二卷，《异姓诸侯表》六卷，《百官表》二卷，材料绝大部分出于《后汉书》。熊方用了相当大的功力，对读《后汉书》的人当然有帮助，有表总是比较方便的。但就范书而论，并不算很大的缺憾。

与《史记》《汉书》相比，《后汉书》在编纂方面作了一些改进。

其一，改外戚传为皇后纪。《史记》吕后入本纪，其余的皇后入外戚传，《汉书》因仍不改。《后汉书》将外戚传改为皇后纪，其意本于华峤。东汉和帝以后，六个太后临朝，称纪也是名正言顺。掌权的外戚如窦宪、邓骘、梁冀、何进等则另有专传。

其二，《后汉书》新增了七种类传，有党锢、宦者、文苑、独行、方术、逸民和列女。党锢、宦者二传，反映东汉一代统治阶级内部矛盾和斗争。文苑传记文学之士。《史记》《汉书》中，文章家如司马相如、枚乘、扬雄等皆有专传，范书像张衡、马融、蔡邕等自有专传，另增文苑一目，记杜笃、傅毅以至赵壹、祢衡，共二十二人。独行和逸民两传，前一种反映东汉时代没有政治势力的知识分子要获得乡评世誉，进入仕途，非有耸人听闻的为人所不能为的行动是不容易的。后一种则是脱离当时政治斗争，隐居不仕，自命清高的人物，范晔很赏识他们。

列女一传，关系妇女在历史中地位的问题，也是旧史家一个争论的问题。单为列女作传，始于刘向。刘向《列女传》所举人物，固然是好得多，但不好的也有记载。范晔在《后汉书》中增入《列女传》，这是纪传体史书中第一次出现的内容。范书《列女传》共得十七人，传序自言："但搜次才行尤高秀者，不必专在一操而已。"我们应该予以较高的估价。《史通·人物》篇却说："蔚宗后汉，传标列女，徐淑不齿，而蔡琰见书，欲使彤管所载，将安准的。"刘知幾的意思，盖以蔡琰先嫁卫中道，继没于匈奴左贤王，后嫁董祀，不应列入《列女传》。这是刘知幾的错误看法。像蔡琰那样的才女为什么不应列入《列女传》？妇女改嫁为什么不能入《列女传》？自从刘知幾有些议论，后来史家把列女传当作烈女传，专从为夫守节这一方面着想，使广大妇女在历史上的地位，局限于一隅，很多迂腐的人每以蔡琰为口实，这是很荒谬的。至徐淑为什么不入《列女传》，也许范晔没有找到材料，并不是有意不齿。严可均《铁桥漫稿》卷七做了一篇《后汉秦嘉妻徐淑传》，自言"文字多拾成言，可补范书《列女传》之阙"。传中除书信外，事实亦不多。

《方术传》，事涉神仙怪异，为《史通·书事》篇所讥，以为"言为迂诞，事多诡越，可谓美玉之瑕，白圭之玷"。这篇传的人物确是比较庞杂，但如许杨以治水便民，高获请罢三部督邮，折像散金帛以逃祸，樊英面折顺帝，郭玉、华佗以医著名，并不皆属迷信荒唐。所可议的如王乔、费长房、左慈、蓟子训等，乃真是荒诞不经，不知范蔚宗何以津津乐道如此。

以上所论，属于范晔新增传目。这些传目，除党锢、方术是特殊的二传外，均为后来史家所取法。

其三，使用类叙法，编次周密。范书一般列传以人品相同者为一传，比《史记》、《汉书》更为严格。如王充、王符、仲长统非同时人，以其立论针对当时社会，本人则淡于荣利，合为一传；张禹、胡广等以其和光取容合为一传；郭太、许劭等合传，则因其有人伦之鉴。

范书列传目录中有名字的计五百余人，比之《史记》《汉书》人数已多，但范书三公九卿无传的还不少，相反的，地位并不高而人品足称的，却有闻必录。列传中有类叙法，情节相同，虽记载仅一二行，亦必详其姓氏里居。如卷二十五《卓茂传》叙述当时不仕王莽的龚胜、鲍宣等五人；卷十五《来歙传》所附《来历传》叙同谏废太子的郑安世第十七人。此等人物立一传则事实不足，又不忍没其姓氏，乃用类叙法附入其中一人传中。《后汉书》如此类者极多，亦一特点。后来唯《明史》善用此法。

其四，一事不两载。此法《三国志》已先用，范书亦复如此。凡一事与数人相关的，见于此则不见于彼。如《吴汉传》叙其破公孙述之功，《公孙述传》就不详载；张俭劾中常侍侯览，籍没其家，见《侯览传》，则《张俭传》不载；袁绍诛宦官，事见《何进传》，则《袁绍传》不载。这些都可以看出范书悉心核定，体例周密。刘知幾称赞说："范晔之删《后汉》也，简而且周，疏而不漏，盖云备矣！"（《史通·补注》篇）

(四)《后汉书》的评价

范书的优点,首先是在体例方面,虽大部沿袭了《史记》《汉书》,但有不少改进,编次更加周密,重复、矛盾较少。

其次是爱憎分明,议论风生。

清代王鸣盛非常钦佩范晔,他在《十七史商榷》卷六十一云:“今读其书,贵德义,抑势利,进处士,黜奸雄,论儒学则深美康成,褒党锢则推崇李杜,宰相多无述,而特表逸民,公卿不见采,而惟尊独行,立言若是,其人可知。”王氏这段话,可以概括范晔的思想。范晔在《后汉书》的编制中,对高官厚爵而于当时没有什么贡献的人,就不立传。其中胡广是个苟合取容无可短长的人,范晔在《胡广传》中写他越是中庸,越是糊涂,官升得愈快。这篇传除了胡广是个大官僚、老官僚,什么也没有了,这是范晔一种冷讽热嘲的写法。赞中云:“胡公庸庸,饰情恭貌。朝章虽理,据正或桡。”这是正面的批评。

范晔对于东汉外戚宦官等豪强势力鱼肉人民,表示极端厌恶。他赞成太学生和其他反对豪强势力的人,歌颂那些刚强正直不畏强暴者,《党锢传》当然是最突出的了。其中立传的共二十一人,对张俭、范滂、李膺等人极力表彰,写得文句生动,一气呵成,传情记事,可谓淋漓尽致。而其他如卷五十四《杨震传》,论中称赞他:“抗直方以临权枉,先公道而后身名”。又如卷七十《孔融传》论中云:“夫严气正性,覆折而已。岂有员园委屈,可以每其生哉! 懔懔焉,皜皜焉,其与琨玉秋霜比质可也!”这是何等的赞扬! 由于他爱憎分明,因此,像马融是一代学者,范晔说他“为梁冀草奏李固,又作大将军西第颂，以此颇为正直所羞”。归根结蒂，说马融“以奢乐恣性，党附成讥”。这又是多么严正的批评。甚如隗嚣，是和汉光武斗争失败的人，但范晔在他的论中说：“区区两郡，以御堂堂之锋，至使穷庙策，竭征徭，身殁众解，然后定之。则知其道有足怀者。”这种不以成败论人的见解，是很难能可贵的。因此，读《后汉书》，常常精神为之振作，比读《汉书》确乎有所不同。

第三，范晔于《后汉书》各卷多数有论或序，议论有独创之见。如卷十五李通以谶文中“刘氏复兴，李氏为辅”，鼓动刘秀起事，则以为“天道性命，圣人难言之，况乃亿测微隐，猖狂无妄之福，污灭亲宗，以觖一切之功哉！”《后汉书》中所记当时谶文，亦复不少，有此一论，虽以刘秀竟作天子，也不是天命所预定。卷三十下《襄楷传》论云：“郎𫖮、襄楷能仰瞻俯察，参诸人事，祸福吉凶既应，引之教义亦明，此盖道术所以有补于时，后人所当取鉴者也。然而其敝好巫，故君子不以专心焉。”可以看出范晔并不迷信。

卷七十《荀彧传》论：“方时运之屯邅，非雄才无以济其溺，功高势强，则皇器自移矣。”这是说曹操代汉，是自然之势。卷七十一《皇甫嵩传》，阎忠劝皇甫嵩于平黄巾后“南面称制，移宝器于将兴，推亡汉于已坠”，皇甫嵩不能用，论中亦不及此事。但卷七十九《儒林传》论则云：“张温、皇甫嵩之徒，功定天下之半，声驰四海之表，俯仰顾眄，则天业可移，犹鞠躬昏主之下，狼狈折札之命，散成兵，就绳约，而无悔心。暨乎剥桡自极，人神数尽，然后群英乘其运，世德终其祚。”这篇论终极目的，是说汉可亡而不即亡，得儒者之效，但称献帝为昏主，称袁绍、曹操为群英，可见范晔并无以汉为正统而不可动摇的思想。

范晔有《狱中与诸甥侄书》，也很夸自己的《后汉书》的序和论。他说："吾杂传论，皆有精意深旨，既有裁味，故约其词句。至于《循吏》以下及《六夷》诸序论，笔势纵放，实天下之奇作。其中合者，往往不减《过秦》篇。尝共比方班氏所作，非但不愧之而已。"又云："自古体大而思精，未有此也。"从来没有一个作者对自己的文章这样夸许的。我们读他《六夷》诸序论，觉得范晔的自信心不是没有根据的。如卷八十七《西羌传》论，以为"中兴以后，边难渐大。朝规失绥御之和，戎帅骞然诺之信。其内属者，或倥偬于豪右之手，或屈折于奴仆之勤"。卷八十九《南匈奴传》论中深恨"窦宪矜三捷之效，忽经世之规，狼戾不端，专行威惠。遂复更立北虏，反其故庭，并恩两护，以私己福，弃蔑天公，坐树大鲠。永言前载，何恨愤之深乎？自后经纶失方，畔服不一，其为疢毒，胡可单言"。这都是分析当时形势，并非托之空言。

《后汉书》最大缺点，是对黄巾起义的态度问题。不可否认，范晔是统治阶级人物，对农民受压迫，他虽然有一些同情心，但真正到了农民暴动，他就不赞成了。他对赤眉、绿林起义，一般说写得还不太坏。可是刘知幾在《史通·曲笔》篇提出《更始传》中"称其懦弱也，其初即位，南面立，朝群臣，羞愧流汗，刮席不敢视。夫以圣公身在微贱，已能结客报仇，避难绿林，名为豪杰。安有贵为人主，而反至于斯者乎？将作者曲笔阿时，独成光武之美，谀言媚主，用雪伯升之怨也！"刘知幾这个意见是对的。这段文字可能是《东观记》原文，但范晔未改，说明他对农民政权是看不起的。写《刘盆子传》虽然表示了农民军质朴的一面，但也讥讽他们不能成大事。

至于黄巾起义是何等大事，《后汉书》竟无专传记述，仅仅附载于镇压黄巾起义的刽子手皇甫嵩的传中。这个体例开得很不好，以后《宋史》也用这种体例把方腊起义写入《童贯传》里。《皇甫嵩传》赞中又云：“黄妖冲发，嵩乃奋钺。”卷五十七《刘陶传》亦叙及“张角伪托大道，妖惑小民”。这里面虽涉及道教，但根本还是反对农民起义的问题。我们看到黄巾起义以前，桓、灵无道，天下三空，及黄巾起义以后，皇甫嵩请宽党禁，宦官吕强亦言：“党锢久积，人情多怨，若久不赦宥，轻与张角合谋，为变滋大，悔之无救。”（卷六十七《党锢传》）可见皇甫嵩、吕强都怕党锢与黄巾合谋，这种估计，决非无风生浪。像当时昏主在位，宦官当政，有志之士，非死即锢，像阎忠这样敢劝皇甫嵩篡位自立的人，如有机会，为什么不能参加起义？像张俭这样敢于破侯览冢墓的人，为什么不能与黄巾合流？这等事例，一定是有的。可是范晔书中，一点也看不出来，因他根本反对黄巾，唯恐他所崇敬的党锢中人沾上黄巾的“邪气”。这种材料决不注意收集和反映，乃是范晔对农民起义的根本态度问题；司马迁以来的优良传统不能继承，实在是一憾事。

至于体例方面，既有论，又有赞，《史通·论赞》篇讥其烦复。其他小错误，后世考订家亦偶有指出，这都不算重要问题。

（五）《后汉书》的注本

《后汉书》范晔所撰纪传部分，由李贤作注。李贤，唐高宗第六子，字明允。上元二年（675）立为皇太子。调露二年（680）废为庶人。文明元年（684）武则天临朝，逼令自杀，年三十二。睿宗时追谥章怀太子。事迹见《旧唐书》卷八十六本传。《新唐书》卷八十一本传作年三十四。

李贤注《后汉书》当在仪凤元年(676)后一二年内。帮同作注的,据本传所载,有太子左庶子张大安,洗马刘讷言,洛州司户格希玄,学士许叔牙、成玄一、史藏诸、周宝宁等。张大安是张公谨次子,两唐书都附其父传后,即撰《后魏书》的张大素之弟。刘讷言,《旧唐书·儒学传》附秦景通传后,写作纳言;《新唐书·儒学传》附敬播传后。格希玄,《新唐书》卷一〇二、《旧唐书》附卷七十,与其弟辅元同附岑文本传后,无事实,均作希元,但说是洛州司法参军,这是新旧唐书自相歧互,应作司户。许叔牙,句容人,见新旧唐书《儒学传》,贞观时人。《旧唐书》本传明言贞观二十三年卒,李贤尚未出生,怎么能够为李贤注《后汉书》呢?不知新旧唐书何以致误。其他成玄一、史藏诸、周宝宁,史不详其事迹。

李注书出众手,故成书时间甚速。当时,各家《后汉书》及三国时史籍都还有传本,史实部分,赖以补充。其中引《东观记》、谢承《后汉书》独多。至于训诂音义、名物制度,注释亦详。偶有范书原作错误,加以订正,如隗嚣、邓骘、冯勤、苏竟、张酺、陈宠、孔昱、孔融、高彪等传,都标以"臣贤按"三字。亦有标出范书所根据的原文,如卷二十八《冯衍传》论、卷三十九刘平等人传序,章怀注:"自此以上并华峤之词也。"卷一百一十六《哀牢夷传》则云:"自此以上并见《风俗通》也。"章怀注对读《后汉书》的人帮助很大。

《后汉书》中司马彪所撰志的注是南朝梁刘昭所撰。刘昭,字宣卿,平原高唐人,著名的文学家江淹即其外兄,曾任宣惠豫章王、中军临川王记室,通直郎,剡县令等职。《梁书》卷四十九有传,言其注范晔书,集注后汉一百八十卷,而不言其曾注续汉志,《新唐书·艺文志》说范书有刘熙注一百二十二卷,章宗源《隋书经籍志考证》以为熙乃昭字之误，以《唐书》卷帙计之，范书纪传九十二卷，续汉志三十卷，正符一百二十二卷之数。钱大昕《十驾斋养新录》卷六也说："刘昭注补后汉志三十卷，本自单行，与章怀太子所注范史九十卷各别。其并于范史，实始于宋乾兴元年(1022)，盖因孙奭之请。""昭本注范史纪传，又取司马氏续汉志兼注之，以补蔚宗之阙，故于卷首特标注补明非蔚宗原文也。厥后章怀太子别注范史，而刘注遂废，惟志三十卷，则章怀以非范氏书，故注不及焉。而司马、刘二家之书，幸得传留至今，然司马史实名《续汉书》，刘氏以补范阙，因冒后汉之名。"值得注意的是，刘昭本注全部范书及续汉志，现在只剩下续汉志注。

这里，需要明确指出的是，司马氏志本有小注，今本原注皆作大字，加本注二字以明之。刘昭注则用小字，然本注亦有作小字者，如《郡国志》河南尹下小字注云，秦三川郡云云，实司马彪原注，下引应劭《汉官仪》乃刘昭注。此等处亦有一例，凡小字注不引书而作解释者，原注也，引书以注者，刘昭文也。关于这一点，卷三十四《百官志》序的注中，刘昭自己作了说明。然错杂，殊为眩目。

范晔书和司马彪志合在一起，从宋朝就开始，读书的人稍不注意，容易把志也当作范晔作。宋朝洪迈的《容斋随笔》即误以八志为范晔所作；清代学者也有致误的，必须加以分别。

(六)《后汉书》的版本

《后汉书》因纪传与志分属二人，各本排列次序，都是纪、传在前，志列于后，只有殿本把志插入纪、传当中，而殿本流传又最广，因此引用《后汉书》志、传的卷数，常常相差至少三十卷。《后汉书》

有宋刘攽校本，今附入注。清代惠栋曾撰《后汉书补注》二十四卷，单行。王先谦撰《后汉书集解》一百二十卷，门弟子助修而成，有民国十二年长沙刊本。王氏以汲古阁本为底本，采集清代学者有关《后汉书》注解考订的材料，排比入注中，对研究后汉的人有很大方便，但王氏自己心得不多，不如他先出的《汉书补注》功力之深。

现存《后汉书》版本，以百衲本所用的宋绍兴刊本为最早。这书的特点是保持了原来面目，比较可信，如殿本《郭林宗传》注引谢承书，其中七十四字列入正文，钱大昕《廿二史考异》认为应归小字的，绍兴本正在小注中。

四 《三国志》

《三国志》六十五卷，包括《魏志》三十卷，《蜀志》十五卷，《吴志》二十卷，晋陈寿撰，南朝宋裴松之注，是记三国鼎立时期比较完整的史书，有纪、传而无志、表，文笔简洁，记事翔实，历来评价较高。裴注略于文字的训诂而重于事实的补充，分量多于原书数倍，故很重要。

(一)《三国志》的作者

陈寿(233—297)，字承祚，巴西安汉(今四川南充北)人，是撰《古史考》的谯周的弟子，在蜀汉为观阁令史，因不愿屈事宦官黄皓，屡遭遣黜。入晋后，历任著作郎、治书侍御史等职。晋灭吴后，集合三国时官私著作撰魏、蜀、吴《三国志》六十五篇，时人称其善叙事，有良史之才。晋惠帝元康七年卒，年六十五，事迹详见《晋书》卷八十二本传。

陈寿生于蜀后主建兴十一年，即魏明帝青龙元年。本传说寿父为马谡参军，谡为诸葛亮所诛，寿父亦坐被髡。马谡失街亭在建兴六年，即陈寿出生前五年。山阳公（汉献帝被废后的称号）和诸葛亮卒于建兴十二年，即魏青龙二年，亦即陈寿出生的第二年。蜀亡于 263 年，陈寿已三十一岁。陈寿的一生一半时间在蜀汉，一半时间入晋朝，三国史事，很多是目见耳闻的。《魏志 · 三少帝纪》中的陈留王曹奂还比陈寿后死五年。

（二）《三国志》的史料来源

陈寿是三国时人，以同时人修史，亲身经历，见闻真切，应该说是有利条件。但时代太近，史料尚未全出，恩怨尚未全消，记载则事实不足，褒贬则形势不便，也有一定困难。以蜀汉而论，寿本蜀人，材料应无问题。但由于蜀汉不设史官，史料搜集更难。《三国志》中《蜀志》仅得十五卷，分量最少。陈寿于蜀汉史事，虽然是零篇残文也都注意。《蜀志》十五载杨戏《季汉辅臣赞》一文，赞中人物有见于《蜀志》的，也有不见于《蜀志》的，凡不见的则加小注，常有“史失其事，故不为传”之语。既称为季汉辅臣，当时必有地位，可是史失其事。又如刘表二子，刘琮所记差详，刘琦则殊简略。像《诸葛亮传》中采集诸葛亮文集目录，连同陈寿自己上的表也附在后面，可见史料缺乏，陈寿已经想尽方法收罗了。

《蜀志》十五，卷末引《益部耆旧杂记》，内有王嗣、常播、卫继三传，本应作小字，是注中的文字，今殿本误为大字。《隋书 · 经籍志》题《益部耆旧传》，陈长寿作。《新唐书》题陈寿作。《晋书》本传则言寿作《益部耆旧传》十篇，而《晋书》当是根据《华阳国志》。陈寿感到《蜀志》史料不够，如果他自己撰《益部耆旧传》，又知道王嗣等三人事迹，怎么会不收入《蜀志》中去呢？《蜀志》十二《李譔传》末附《陈术传》中说术："博学多闻，著《释问》七篇、《益部耆旧传》及志，位历三郡太守。"这是陈寿的话，可见作《益部耆旧传》的是陈术，而不是陈寿；或二人著书均名《益部耆旧传》，事有可疑。

陈寿修史时，大抵魏、吴二国史料多于蜀，但著有成书像王沈《魏书》、韦昭《吴书》之类并不多，裴松之注所引一百五十余种史料，有些是陈寿已见到的。但陈寿以同时人作史，不能不有顾虑，如死诸葛走生仲达之类，知道也不便写，这是一种情况。至于陈寿当时所能见到的史料，到裴松之时代已不复存的也不在少数。总之，史料缺乏是陈寿作史的困难，如曹魏屯田，略见《武帝纪》中，只有一两句话，使一代大事，不致湮没，陈寿可说已尽到应有的努力。

（三）《三国志》的编纂方法

《三国志》名为志，其实无志。《魏志》有本纪、列传，蜀、吴二志只有列传，如曹操为《武帝纪》，刘备为《先主传》，孙权为《吴主传》。照这样看，是以曹魏为正统了。东晋习凿齿作《汉晋春秋》，不满意陈寿作法，以晋接汉，以刘备为正统。司马光作《通鉴》以魏纪年。朱熹作《通鉴纲目》又以蜀汉纪年。宋人萧常作《续后汉书》，元人郝经也作《续后汉书》，明代谢陛又作《季汉书》，都是为了要替刘备争正统。这些书实际是为各自成书时的政治服务。习凿齿是东晋人，朱熹、萧常是南宋人。东晋、南宋的形势和蜀相似，尊蜀即是为本朝争地位。现在,习凿齿的书已经亡佚,萧常、郝经、谢陛的书尚在,材料完全出自《三国志》及注,没有什么用处,为封建统治王朝争正统更没有什么意义。陈寿当时用魏作正统是有不得已的苦衷的,因晋受魏禅让,如不承认魏,即是间接不承认晋。陈寿身为晋人,晋朝人写的历史不为晋朝政治服务是不可能的。但陈寿把三国分开写,明明表示三国鼎立,不相统摄,这是符合当时实际情况的。钱大昕为其弟大昭作《三国志辨疑序》(见《潜研堂文集》卷二十四),文中说:"夫晋之祖宗所北面而事者,魏也。蜀之灭,晋实为之。吴、蜀既亡,群然一词,指为伪朝。乃承祚不唯不伪之,且引魏以匹二国,其秉笔之公,视南董何多让焉。"钱氏此论,对陈寿三国分志,以为是公正的事,这话比较公平。实际上蜀、吴诸王传中,仍按编年记述,只是名义上不是本纪而已。《史通·列传》篇亦言:"陈寿国志,载孙、刘二帝,其实纪也,而呼之曰传。"但《史通》以为这是"未达纪传之情",这话却是吹毛求疵。《汉书·王莽传》何尝不是编年,政权所在,编年记载有何不可。

《三国志》中有些人物传记与《后汉书》重复,如董卓、公孙瓒、陶谦、袁绍、袁术、刘表、吕布、臧洪、华佗等,两书都有传。《史通·断限》篇以为董卓、臧洪、陶谦、刘虞、公孙瓒于曹氏"非唯理异犬牙,固亦事同风马",不应列入。当然《三国志》成书在《后汉书》前,魏武帝既立本纪,这些有关的人和同时的人附在《魏志》,也没有什么不可。范晔《后汉书》后出,《后汉书》中自然也得有这些人的传,我们正好利用两书异同来作研究。

《三国志》编纂比前史更精密之处,在于全书前后贯串,事不重复。见于《魏志》,则《吴志》、《蜀志》不重出;见于《吴志》、《蜀志》的也是一样。因此，前后矛盾处亦少。

《三国志》列传除魏《三少帝纪》，吴《三嗣主传》，蜀《刘二牧传》及宗室、王子、妃嫔等外，一般臣僚传记不标类传名义。如《魏志》二十九目录下有方伎二字，宋、元本皆无之，此因三国时间本短，又各自为书，人物以类相次便可，不必分类太碎，这也是《三国志》不同于《史》、《汉》处。

（四）《三国志》的评价

陈寿作《三国志》，当时称其"善叙事，有良史之才"。夏侯湛本已著《魏书》，"见寿所作，便坏己书而罢。"张华负当时重望，也对陈寿说："当以《晋书》相付耳。"这都是见于《晋书》本传的。但本传又说："或云：丁仪、丁廙有盛名于魏，寿谓其子曰：'可觅千斛米见与，当为尊公作佳传。'丁不与之，竟不为立传。寿父为马谡参军，谡为诸葛亮所诛，寿父亦坐被髡，诸葛瞻又轻寿。寿为亮立传，谓亮将略非长，无应敌之才，言'瞻惟工书，名过其实'。议者以此少之。"《晋书》这段记载，不知根据何书，《世说新语·排调篇》注引王隐《晋书》，言寿撰《蜀志》，以"爱憎为评"，王隐所指也只是《诸葛亮传》。自从《晋书》有陈寿索米之说，北周柳虬，唐刘知幾、刘永济皆信其有；清代朱彝尊、杭世骏、王鸣盛、钱大昕皆辩其必无。潘眉《三国志考证》卷五言"丁仪、丁廙，官不过右刺奸掾及黄门侍郎，外无摧锋接刃之功，内无升堂庙胜之效，党于陈思王，冀摇冢嗣，启衅骨肉，事既不成，刑戮随之，斯实魏朝罪人，不得立传明矣。《晋史》谓索米不得不为立传，此最无识之言。同时如徐幹、陈琳、阮瑀、应玚、应璩、刘桢、吴质、邯郸淳、繁钦、路粹、杨修皆无传，益足证《晋史》之诬”。丁仪兄弟不立专传，与徐幹等同附王粲传后，本无足怪。《晋书》这段记载，与上文称之为良史，自相矛盾。其实陈寿修史，难如人意的事情一定免不了。如《华阳国志》卷十一载：“〔张〕华表令兼中书郎，而寿《魏志》有失〔荀〕勖意，勖不欲其处内，表为长广太守。”陈寿在晋朝屡为人所排挤，同时人修史之难可以想见，诬蔑之词，实不可信。

朱明镐《史纠》云：“陈氏纪事简质，有良史风，但统观大体，其阙共四：不志历学，一阙也；不传列女，二阙也；不搜高士，三阙也；家乘国志未及广采，四阙也。”陈寿书无志，当然是一缺憾。志之中，历志倒不是主要的。至于列女、高士、家乘国志，事关材料有无问题，陈寿书中，比这些更重要的事还有遗漏，朱氏所论，未为中的。钱大昕《三国志辨疑序》中云：“然吾所以重承祚者，又在乎叙事之可信。盖史臣载笔，事久则议论易公，世近则见闻必确。三国介汉晋之间，首尾相涉，垂及百年，两史有违失者，往往赖此书正之。如郗虑、华歆，均为御史大夫，而虑为汉臣，歆为魏臣，《魏武纪》书歆不书虑，是也；《汉献纪》书虑兼书歆，非也。《吴志》言刘熙作《释名》，后汉书以为刘珍作，亦陈是而范非也……予性喜史学，马、班而外，即推此书，以为过于范、欧阳。”钱氏对陈寿推崇很高，主要因他见闻较确，叙事可信，这是比较客观的看法。像《蜀志·后主传》云：蜀“国不置史，注记无官，是以行事多遗，灾异靡书”。而《史通·曲笔》篇以为“父辱受髡，故加兹谤议”。刘知幾先惑于索米受髡的诬说，举一两个证据便不承认蜀无史官的事实，以此讥陈寿，看法是主观的。

陈寿不仅叙事简要，议论也有见地。他在纪传后面不用论赞，而称“评曰”。如评曹操“官方授材,各因其器,矫情任算,不念旧恶……可谓非常之人,超世之杰矣”。评刘备“弘毅宽厚,知人待士,盖有高祖之风……机权干略,不逮魏武,是以基宇亦狭”。评孙权“屈身忍辱,任才尚计,有句践之奇英,人之杰矣。故能自擅江表,成鼎峙之业。然性多嫌忌,果于杀戮”。评诸葛亮“识治之良才,管萧之亚匹”。评关羽、张飞“并有国士之风。然羽刚而自矜,飞暴而无恩,以短取败,理数之常也”。这些论断,明有褒贬,从我们今天的观点来看,也还是比较正确的。

当然,陈寿叙事过于简要,是一缺憾,这有待于裴松之的注来补足了。

(五)《三国志》的裴松之注

裴松之卒于宋文帝元嘉二十八年(451),年八十。他和范晔同时,长于范晔二十六岁,却比范晔后死六年,《宋书》卷六十四有传。他和范晔在《南史》卷三十三同传。

裴松之注《三国志》,他的儿子即作《史记集解》的裴骃,他的曾孙裴子野作《宋略》,为刘知幾所赞赏,可称一门史学。

裴注上于元嘉六年,先范晔《后汉书》而成。松之收集三国史料凡一百五十余种,目录见《廿二史劄记》卷六“裴松之三国志注”条。这些史料,比陈寿见到的多得多,裴松之很可以和范晔作《后汉书》一样,自己另撰一书,可是他注《三国志》,是奉宋文帝的命令作的。本传说:“上使注陈寿《三国志》,松之鸠集传记,增广异闻,既成,奏上,上善之。曰:‘此为不朽矣!’”松之《上三国志注表》云:“被诏使采三国异同,以注陈寿《国志》。”这可以看到陈寿《三国志》

在刘宋时期已有确定地位，不必改作。松之表中也称："寿书铨叙可观，事多审正，诚游览之苑囿，近世之嘉史，然失在于略，时有所脱漏。"问题只是简略和脱漏，当然用不着改作，而是需要补充了。

裴注和《史》《汉》等注本不同。《史》《汉》旧注，多属于考订制度，解释文字方面；裴注对文字制度等也偶加注释，但不占重要部分。裴注的主要工作是补充史料。补充的方法，可分四种：

甲、条其异同　同记一件事，而文字有异同，情节有出入，甚至根本相反，但不能定其是非，只好条列其异说于下。如《魏志》十《荀攸传》中说到袁绍有个大将韩莫，松之案："诸书韩莫或作韩猛，或云韩若，未详孰是。"又如《魏志》六《袁绍传》，陈寿原文："初，天子之立非绍意，及在河东，绍遣颍川郭图使焉。图还说绍迎天子都邺，绍不从。"注引《献帝传》中的记载以为沮授说绍迎驾，郭图、淳于琼以为非计之善者。那么究竟郭图是赞成迎献帝呢？还是反对迎献帝呢？松之只说到"此书称郭图之计，则与本传违也"。可见不能确定其谁是谁非，只好并存其说了。

乙、正其谬误　凡确知陈寿原文有纰谬的，则引举事实以纠正之。如《蜀志》十一《向朗传》："自去长史，优游无事垂三十年。"松之案："朗坐马谡免长史，则建兴六年中也。朗至延熙十年卒，整二十年耳，此云'三十'，字之误也。"又如《吴志》一《孙策传》注中述及孙坚卒年，松之案："本传云孙坚以初平三年卒，策以建安五年卒，策死时年二十六，计坚之亡，策应十八，而此表云十七，则为不符。张璠《汉记》及《吴历》并以坚初平二年死，此为是而本传误也。"

丙、疏其详略　凡陈寿原文过于简略的地方，征引史料，详加补充。如《魏志》一《武帝纪》：建安元年，"用枣祇、韩浩等议，始兴屯田”。这是一代大事，松之引《魏书》补充：“是岁乃募民屯田许下，得谷百万斛。于是州郡例置田官，所在积谷”云云。又如《魏志》九《曹真传》：“太祖起兵，真父邵募徒众，为州郡所杀。”注引《魏略》言“真本姓秦，养曹氏”。又引《魏书》：“豫州刺史黄琬欲害太祖，太祖避之而邵独遇害。”又如《魏志》十《荀彧传》：“前讨徐州，威罚实行。”注引《曹瞒传》云：“自京师遭董卓之乱，人民流移东出，多依彭城间。遇太祖至，坑杀男女数万口于泗水，水为不流。陶谦帅其众军武原，太祖不得进。引军从泗南攻取虑、睢陵、夏丘诸县，皆屠之；鸡犬亦尽，墟邑无复行人。”

丁、补其阙漏　有些事情，陈寿原文没有提到，而事情应该记载的，则尽量搜取，以补其阙。如《武帝纪》末注引《魏书》，总论曹操之为人；又引《曹瞒传》马入麦中，援剑割发等事。又如《吴志》三《孙皓传》，皓降于王濬，注引《晋阳秋》：“濬收其图籍，领州四，郡四十三，县三百一十三，户五十二万三千，吏三万二千，兵二十三万，男女口二百三十万，米谷二百八十万斛，舟船五千余艘，后宫五千余人。”这是吴亡国时的全面情况，是极重要的数字。

以上四点，是就裴注对陈寿原书的情况而言，裴注引文至多，其中杂说短书，荒诞不经的固然不少，也有陈寿本不误，而诸书记载舛误的，松之注中一一为之订正。如《魏志》六《袁尚传》：曹操攻邺，生擒审配，“配声气壮烈，终无挠辞，见者莫不叹息”。注引《先贤行状》以证明之。而乐资《山阳公载记》及袁晔《献帝春秋》都说“审配战于门中，既败，逃于井中，于井获之”。松之力辩其无此事，甚至说：“不知资、晔之徒竟为何人，未能识别然否，而轻弄翰墨，妄生异端”，“实史籍之罪人，达学之所不取者也”。这件事情的本身，实在不易判断。不过裴松之坚决不信乐资、袁晔的记载，且非只此一事。《魏志》十《荀彧传》注亦言“袁晔虚罔之类，此最为甚也”。可见他对这些人的书有时批评是很严厉的。

总之，裴注的最大优点，是引证各家原文丰富的史料来注陈寿原书，特别是这些原材料今天绝大部分已经亡失，幸而保留一部分在裴注中，我们还能了解这些书的大概。因此，裴注的史料价值，并不弱于《三国志》。钱大昕曾说：“裴氏注遮罗缺佚，尤为陈氏功臣。”罗贯中的《三国演义》所以如此生动有吸引力，和他从裴注中获得很多故事来源是分不开的。其次，裴注对于选择史料和审核史料，也费相当功夫，他确有自己的见解，不光是做些搜罗排比的工作而已。

但裴注也不是没有小疵的。松之自信蜜蜂以兼采为味，意思是多多益善。今观注中亦有毫不相干之事，凭空阑入，不能割爱者。如《魏志》三《明帝纪》，以公孙渊为大司马乐浪公下，裴注引《世语》，有“汉故度辽将军范明友鲜卑奴，年三百五十岁，言语饮食如常人”。又引《博物志》曰：“京邑有一人，失其姓名，食啖兼十许人，遂肥不能动。”又引《傅子》曰：“太原发冢破棺，棺中有一生妇人。”此等事皆荒唐不经，且与公孙渊风马牛不相及，不知裴松之何以采之为注。

《三国志集解》六十五卷，卢弼撰，古籍出版社排印本。弼字慎之，湖北沔阳人，为杨守敬弟子，与其兄靖（号木斋）寓居天津，书中自序作于民国二十五年，胡玉缙序作于己卯，为民国二十八年。此书撰述时间较长，成书在抗战初期。

在卢氏之前，清代学者对《三国志》作研究者颇不乏人，如杭世骏《三国志补注》六卷，赵一清《三国志注补》六十五卷，钱大昭《三国志辨疑》三卷，潘眉《三国志考证》八卷，梁章钜《三国志旁证》三十卷，钱仪吉《三国志证闻》三卷，各就所见，对三国志注有所补充校订。其中赵一清注补较详。此外，洪亮吉作《三国疆域志》，谢钟英又作《三国疆域志补注》，洪饴孙作《三国职官表》，吴增仅作《三国郡县表》，这些书对研究《三国志》都有帮助。

卢氏《三国志集解》是用王先谦《后汉书集解》的办法，集合清代学者已有的成绩，另外自己也做些校勘的工作。此书于《三国志》原文顶格排，用二号字；裴注另起行，低一格排，用三号字；卢氏自注用双行四号字排，眉目清楚。卢氏既注陈寿原文，亦注裴注，用功至勤，征引至繁，可谓应有尽有，比《后汉书集解》更有用处。但一普通地名官名，盈篇累牍，注释不休；全书既无标点，连引数书又不按裴注例低一格以资区别；版本不以宋绍熙本作底本，而以金陵翻汲古阁本为据；杂引各本互校，只记异同，不能定其是非，无所适从，体例不精。至如引《文馆词林》校《武帝纪》，那里民字作人，治字作义，这里亦要加以说明，是避唐讳，这只好说是校《文馆词林》，不是校《三国志》了。又如曹操与袁谭绝婚，注云："至此而真情毕露矣！"这和金圣叹批《三国演义》何异！当然，像这一部大书，我们主要还是应该肯定他的成绩。

五 《晋书》

《晋书》一百三十卷，唐房乔等撰，记载从晋武帝泰始元年至恭帝元熙二年(265—420)一百五十六年的史事，诸志所载典章制度则上承汉末。书中虽多矛盾、疏漏，但仍是研究晋史的主要依据。

（一）《晋书》的作者

《晋书》始修于唐太宗贞观十八年，至二十年(646)修成。按朝代顺序，《晋书》在二十四史中列第五。若以成书年代论，则《晋书》成于唐初，在宋、齐、魏书之后，距西晋亡已有三百多年，距东晋亡也有二百多年，它的成书年代是很晚的。

《晋书》是一部官修史书。贞观十年修《隋书》纪传，开官修史书之先例，但调动人力不如修《晋书》之众。自修《晋书》以后，历代正史沿此成规，几乎非官修不可，这也是中国史学史上由私人修史到官府修史的一个转折点。

《晋书》作者，署名只房乔一人。房乔即房玄龄，《旧唐书》卷六十六和《新唐书》卷九十六均有传。但实际上房玄龄不过以宰相领导修书，并未参与编修工作，真正参与《晋书》修撰的，据《旧唐书》卷七十三《令狐德棻传》说：贞观十八年，“诏改撰《晋书》，房玄龄奏德棻令预修撰。当时同修一十八人，并推德棻为首”。《旧唐书·房玄龄传》则说：玄龄“与中书侍郎褚遂良受诏重撰《晋书》，于是奏取太子左庶子许敬宗，中书舍人来济，著作郎陆元仕、刘子翼，前雍州刺史令狐德棻，太子舍人李义府、薛元超，起居郎上官仪等八人分功撰录”。王鸣盛《十七史商榷》卷四十三单纯从德棻、玄龄两传比较，便以《玄龄传》八人为准，而以《德棻传》中“一十”二字为衍文，并以为《新唐书》盖误本《旧唐书》而未及改正。其实，《新唐书·艺文志》于《晋书》下列参与修书者名单，计有：房玄龄、褚遂良、许敬宗、来济、陆元仕、刘子翼、令狐德棻、李义府、薛元超、上官仪、崔行功、李淳风、辛丘驭、刘引之、阳(《唐会要》作杨)仁卿、李延寿、张文恭、敬播、李安期、李怀俨、赵弘智等,所载凡二十一人。《唐会要》卷六十三亦载二十一人,只是姓名略有不同,房、褚除外,凡十九人。高似孙《史略》所举亦十九人,则令狐德棻之外,且有十八人。可见王鸣盛的主观臆测是错误的。

朱彝尊《曝书亭集》卷三十二说:"贞观撰《晋书》,体例出于敬播,李淳风、于志宁等则授之以志,孔颖达等则授之以纪传。"于志宁、孔颖达亦修《晋书》,此说当据《通志》。大致修书期间人员调动亦事所常有。总之,《晋书》成于众手,参与修书者约二十人左右。此中如令狐德棻、李延寿等皆史家,李淳风为天文学家,其余亦当时著名的学者文士。

《晋书》又有题太宗皇帝御撰者,因书中《宣帝纪》、《武帝纪》、《陆机传》、《王羲之传》后四论,为唐太宗所撰。司马懿、司马炎系开国帝王,陆机文章、王羲之书法均为唐太宗所赞赏,故亲自动笔作论,因此有太宗御撰之说。

此外,《旧唐书·经籍志》有许敬宗等《晋书》一百三十篇,疑即房乔《晋书》。许敬宗参与修撰,但未别撰一书。

(二)《晋书》的史料来源

唐修《晋书》,时代相隔虽远,但史料实不缺乏。一是前人所修《晋书》唐时尚存,这从《旧唐书·经籍志》中所载书目可以证明,二是晋代诸帝起居注唐初亦保存一部分,而杂史文集等亦为数不少。

前人所修《晋书》,相传有十八家。以《隋书·经籍志》和新旧《唐书》所载统计,则不止十八种。汤球辑《晋书》乃有二十三家。

这许多《晋书》中，就体例论可分两类。

第一类属纪传体的：

王隐《晋书》 原九十三卷，唐初存八十六卷。

虞预《晋书》 原四十四卷，唐初存二十六卷，迄明帝。

以上两书止于西晋。

何法盛《晋中兴书》 原八十卷，唐初存七十八卷。即郗绍书，起东晋。

朱凤《晋书》 原十四卷，唐初存十卷，迄元帝。

谢灵运《晋书》 三十六卷。

萧子云《晋书》 原一百零二卷，唐初存十一卷。

臧荣绪《晋书》 一百一十卷，包括东西晋。

此类书中，尚有谢沈《晋书》、沈约《晋书》，唐修《晋书》时已亡佚，不具论。

第二类是属于编年体的：

干宝《晋纪》 二十三卷，叙宣帝至愍帝五十三年事。

习凿齿《汉晋阳秋》 四十七卷，叙汉光武至晋愍帝事。

邓粲《晋纪》 十一卷，叙东晋元帝明帝事。

孙盛《晋阳秋》 三十二卷，迄哀帝。

刘谦之《晋纪》 二十三卷。

曹嘉之《晋纪》 十卷。

徐广《晋纪》 四十五卷。

檀道鸾《续晋阳秋》 二十卷。

王韶之《晋纪》 十卷，(《旧唐书》作《崇安记》)叙晋安帝时事。

以上纪传编年诸书外,尚有陆机、郭季产等人的著述。

诸书之中,以臧荣绪《晋书》比较完整,为唐修《晋书》底本。《旧唐书·房玄龄传》说:重撰《晋书》,"以臧荣绪《晋书》为主,参考诸家,甚为详洽"。《史通》说唐修《晋书》后,"言晋史者,皆弃其旧本,竞从新撰"。各家《晋书》不为人所重视,遂致湮没,臧荣绪《晋书》亦未流传。以上诸书全书虽亡,但部分为类书所引用,今仍保存于类书如《初学记》、《北堂书钞》、《艺文类聚》、《册府元龟》、《太平御览》及《文选》注、《世说新语》注中。吴士鉴《晋书斠注》即引诸家《晋书》遗文以注《晋书》。

除十八家《晋书》外,崔鸿《十六国春秋》一百二十卷,萧方等《三十国春秋》三十卷,亦唐修《晋书》重要依据。《晋书》所载十六国事,大部分在载记中。《十六国春秋》、《三十国春秋》至司马光修《通鉴》时尚存。元朝马端临撰《文献通考》始不载此两书,至明朝万历以后忽有《十六国春秋》出现,乃是伪书。今唯类书中保存若干条。汤球辑《十六国春秋》一百卷,材料可靠,但非足本。

《晋书》所依据史料,除上述诸史外,如刘义庆《世说新语》多载晋人故事,《晋书》亦大量采用。前人多以采小说为《晋书》之病,《四库提要》说它"大抵宏奖风流,以资谈柄"。实则《世说新语》及刘孝标注中材料尽有好的,为何不能用?修《晋书》者只是爱《世说》文字简雅,不能割爱而已。但《晋书》又采用干宝《搜神记》、刘义庆《幽明录》之类,语涉神怪,选材芜杂,则不足取。

(三)《晋书》的编纂方法

《晋书》体例,大抵承袭前史,计有本纪十卷、志二十卷、列传七十卷、载记三十卷。

本纪于司马炎之前作司马懿《宣帝纪》、司马师《景帝纪》、司马昭《文帝纪》。此三人本无帝号，陈寿《三国志》亦未立传。大抵自干宝《晋纪》以后，修《晋书》者多立三帝纪。唐修《晋书》立此三纪，乃承袭前史所致。

《晋书》十志二十卷，计有：

天文	三卷	地理	二卷	历律	三卷
礼	三卷	乐	二卷	职官	一卷
舆服	一卷	食货	一卷	五行	三卷
刑法	一卷				

诸志叙述自汉末始，这是因为《三国志》无志，必须补足此段，以接前史。诸志材料多采自沈约《宋书》。

《地理志》二卷，抄撮《宋书》而未精密。如侨州侨郡乃晋宋时代地理上重要问题。晋南渡后，侨置徐、兖、青诸州，俱不冠“南”字。至刘裕受禅后，始有南徐、南兖、南青、南豫州之名。唐初史臣误认宋代追称，以为晋代即冠有“南”字，遂至以讹传讹。钱大昕《廿二史考异》卷十九始指出其谬。清代学者于《晋书·地理志》深致不满，毕沅撰《晋书地理志新补正》、洪亮吉撰《东晋疆域志》，皆对《晋书·地理志》有所纠正。

《职官志》一卷，大抵删移《宋书·百官志》，唯封国及州郡职吏数目较具体。九品中正乃一代大事，《职官志》中竟未提及。沈约《晋书》(唐初全书不存)本有《选举志》，其中论九品中正一节《通典》曾引之。材料并非难得，而唐初史臣因陋就简，未免捉襟见肘。

《食货志》一卷，极简略。《宋书》不列食货志，故《晋书》此志无所依傍。今考志中所述，东汉、三国事几及一半。然魏行屯田及晋行占田之制皆一代大事，讲得很不具体，叙述语焉不详。

诸志中，向来为人所称道的是天文、历律二志，这是天文律历家李淳风所撰，较为精确，可正前史之失。

《晋书》列传七十卷是做得比较好的，见于目录者共七百七十二人，颇多合传。其中高门士族子孙父子集合一传者，有的多至十人以上，如桓彝子孙十六人、安平王司马孚子孙十三人、王湛子孙十二人、陶侃子孙十一人，分别合为一传，这种写法可以反映当时士族势力之强大。再如卷四十九阮籍、嵇康、向秀、刘伶等合传，是因为这些人共有“其进也，抚俗同尘；其退也，餐和履顺，以保天真”的特点。卷八十二陈寿至徐广十二人合传，那是因为都是史学家，“咸被简册，共传遥记”。卷五十九的八王合传，若以世次论，不可能在一传。《晋书》于此传前叙论中说：“西晋之政乱朝危，虽由时主，然而煽其风、速其祸者，咎在八王，故序而论之，总为其传云耳。”这是以八王为乱臣贼子而共合一传，可见此等处颇有安排。

列传多载有用之文，也是《晋书》一个长处。如：

卷三十五《裴秀传》载《禹贡地域图序》

卷三十五《裴頠传》载《崇有论》

卷四十一《刘寔传》载《崇让论》

卷四十五《刘毅传》载《论九品八损疏》

卷四十七《傅玄传》载兴学校、务农功等疏

卷五十一《皇甫谧传》载《笃终论》

卷五十一《挚虞传》载《今尺长于古尺论》

卷五十四《陆机传》载《辨亡论》

卷五十六《江统传》载《徙戎论》

卷七十二《郭璞传》载《刑狱疏》

卷九十四《鲁褒传》载《钱神论》

此等文字，对说明晋代社会风俗，极为重要。

《晋书》于本纪、列传之外，又有“载记”三十卷，用以记述十六国史迹。载记名称最早见于《东观汉记》，用载记记述新市、平林、公孙述等反对王莽诸人。唐修《晋书》，因十六国皆在中土，但又不受晋封爵，势难以前史世家列之，乃援载记之例，分国记述。《史通·题目》篇称为“可谓择善而行，巧于师古者矣”。此三十卷书，材料十分重要。因《十六国春秋》原本不可得见，载记以《十六国春秋》为主要资料，参考唐初流传的范亨《燕书》、裴景仁《秦记》、张证《凉记》等记述撰成，为今日研究十六国史事唯一资料。

载记虽按国别记述，但仍是个人列传，共七十八传。所述十六国事，实止十四国。西凉武昭王李暠乃李唐政权所认为始祖之人，本是汉族；前凉张氏世为晋臣，虽已自立，仍奉晋正朔。《晋书》以武昭王传入八十七卷，前凉张氏传列入八十六卷，皆不在载记中。

以上所述《晋书》编纂方法，仅就阅读所及约略述之。唐初修《晋书》时，敬播有叙例一卷，久不传世。《史通》中尚存三条，钱大昕《十驾斋养新录》卷六中说：“《晋书》纪、志、列传、载记百三十卷之外，别有叙例一卷，目录一卷。今目录犹存，而敬播所撰叙例，久不传矣，其见于《史通》者，一云，凡天子庙号，惟书于卷末；一云，班汉皇后，除王吕之外，不为作传，并编叙行事，寄出外戚篇；一云，坤道卑柔，中宫不可为纪，今编同列传，以戒牝鸡之晨。”

(四)《晋书》的评价

《晋书》保存史料有重要价值,编纂体例也有可取。赵翼《廿二史劄记》卷七云:“当时史官,如令狐德棻等,皆老于文学,其纪传叙事,皆爽洁老劲,迥非魏、宋二书可比,而诸僭伪载记,尤简而不漏,详而不芜,视《十六国春秋》不可同日语也,其列传编订,亦有斟酌。”论其缺点,可分两端:

第一,《晋书》为官修史书,忌讳较多。唐去晋已远,无直接政治影响。然《晋书》于西凉武昭王不得不示优异,犹为李唐装点门面。议论方面则有如《旧唐书·房玄龄传》所云:“所评论竞为绮艳,不求笃实。”且每一卷后既有论,又有赞,颇累赘。刘知幾《史通·论赞》篇已讥之,以为“大唐新修晋史,皆依范书误本,篇终有赞。夫每卷立论,其烦已多,而嗣论以赞,为黩弥甚。亦犹文士制碑,序终而续以铭曰;释氏演法,义尽而宣以偈言。苟撰史若斯,难以议夫简要者矣”。

至纪传矛盾,有一事二见之弊。如王坦之、王彪之二传均有不同意降诏使桓温依周公居摄故事。意必系姓名相似,遂使一事分系二人。和峤、温峤本属二人,乃有一事而二人传中均有载者。赵翼《陔余丛考》六亦举此误,以为误本于《世说新语》。此类矛盾,官修史书常所不免。然《晋书》尚无一人二传之弊,差胜后来官修诸史。

第二,就史料而言,除志未能令人满意外,晋为佛教初盛时代,亦为天师道流行时代,《晋书》于道教与士大夫关系零星载之,不成系统,而于佛教仅就艺术传中列北方名僧佛图澄、鸠摩罗什等四人，南方名僧如法显、慧远、道安、支遁等一无所述。支遁尤有高名，《世说新语》载支遁事不下二十处。《晋书》喜采《世说》之文，独遗僧徒，遂使佛教流行中国源流不明。且当时魏收已撰《释老志》，提出释老与政治之关系，而《晋书》竟未注意。于《晋书》附载四僧传，钱大昕《十驾斋养新录》以为“皆在僭伪之朝，与晋无涉，而采其诞妄之迹，阑入正史，唐初史臣可谓无识之甚矣”。竹汀传统观念太深，不甚注意佛教史，对宗教与政治关系也不了了，宜有此论。至于《四库提要》说《晋书》“取刘义庆《世说新语》与刘孝标所注，一一互勘，几乎全部收入”，亦不可信。

（五）《晋书》的改编和校注

《晋书》自刘知幾讥评后，唐宋人评论不多。明万历间，茅国缙将《晋书》删为四十卷，诸志一概删去，名《晋书删》。盖所注重者文章，不足以言史学。《四库提要》别史类存目中说茅删改《晋书》：“大都徒见纷更，而毫无义例，以是而改《晋书》，恐无以服修《晋书》者之心也。”崇祯间蒋之翘补《晋书》百三十卷，有补、有正、有删、有节、有注、有评，其方法有可取，但材料未出《晋书》范围，终无所用。

清代学者治《晋书》者多，著述大都刊行。郭伦撰《晋纪》六十八卷，是纪传体。周济撰《晋略》六十卷，是编年体。二书皆就《晋书》改编，文字有详略，材料不出《晋书》，所以还是不能代替《晋书》。

对《晋书》校勘有成绩者：毕沅《晋书地理志新补正》五卷，周家禄《晋书校勘记》五卷，劳格《晋书校勘记》三卷，丁国钧《晋书校文》

五卷，吴士鉴《晋书斠注》一百三十卷。

《晋书斠注》始撰于光绪三十年(1904)，最后出，也最完备。士鉴号絅斋，钱塘人，清翰林侍读，卒于1933年。《晋书斠注》仿裴松之注《三国志》例，遍收十八家逸史及唐宋以前载籍，又取清代学者校勘考证文字以订正异同(见吴氏自撰《含嘉室年谱》)。刻书刊于民国十七年，与刘承幹同列名。其实，刘承幹并未同撰此书，不过出资刊印，卷前作一序而已。此书为集注体，凡前人有关《晋书》的资料、议论、校语皆收入。十八家旧史多引自类书。凡引书三百二十余种，前后二十余年，用力甚勤。吴氏自序举出十例，亦颇求自出心裁，解决问题。《晋书》部帙相当大，前人又未注过，自起炉灶，固非易事。唯吴氏于胡三省《通鉴注》中所有精语亦未能利用，殊为可惜。又校勘不精，亦未说明以何为底本。当时百衲本二十四史未出，吴氏亦未能据宋本校正，亦一憾事。

清末专治《晋书》者尚有数人。番禺汪兆镛曾撰《晋会要》一百卷，不知稿本尚存否。

六 《宋书》

《宋书》一百卷，南朝梁沈约撰，叙事始于宋武帝永初元年(420)，迄于宋顺帝升明三年(479)，记刘宋六十年史事，有纪、传、志而无表，成书草率，叙事又多忌讳，但保存史料较多，八志内容上溯三代秦汉，尤详于魏晋，可补《三国志》之缺。

(一)《宋书》的作者

沈约(441—513),字休文,吴兴武康(今浙江德清西)人,博通群籍,善属文,历仕宋、齐、梁三朝,官至尚书令,用事十余年。事迹详见《宋书》卷一百《自序》及《梁书》卷十三本传。

沈约家世为南朝宋室功臣,伯祖田子、祖林子,均是刘裕部将,随刘裕入关,灭后秦姚泓。约父璞,元嘉十七年(440)为始兴王刘濬扬州刺史主簿,与范晔同官,二十二年(445)范晔之死,璞与有力焉。元嘉二十七年(450),拓跋焘南下,璞为宣武将军盱眙太守,与辅国将军臧质拼力守城。元嘉三十年(453),以迎立孝武不及时,为孝武所诛,年三十八。沈约生于元嘉十八年,自言年十三而孤,年二十许便有撰述《晋书》之志,曾撰《晋书》一百一十卷、《齐纪》二十卷,今皆不传。刘宋一代六十年,沈约自身经历三十七年,半生在宋。其撰《宋书》,实具有利条件。南齐武帝永明五年(487)春,被敕撰《宋书》,翌年二月毕功,可谓速成。这年沈约四十八岁。

(二)《宋书》的史料来源

沈约永明六年《上宋书表》中说:"本纪列传,缮写已毕,合七帙七十卷,臣今谨奏呈,所撰诸志,须成续上。"于此可知《宋书》的本纪十卷、列传六十卷是一年之内修成的,志三十卷后成,时间已无可考。

《宋书》成书过程及史料来源,在沈约《上宋书表》中约略可见,表文中说:

宋故著作郎何承天始撰《宋书》，草立纪传，止于武帝功臣，篇牍未广。其所撰志，惟天文、律历，自此外，悉委奉朝请山谦之。谦之，孝建初，又被诏撰述，寻值病亡，仍使南台侍御史苏宝生续造诸传，元嘉名臣，皆其所撰。宝生被诛，大明中，又命著作郎徐爰踵成前作。爰因何、苏所述，勒为一史，起自义熙之初，讫于大明之末。至于臧质、鲁爽、王僧达诸传，又皆孝武所造。自永光以来，至于禅让，十余年内，阙而不续，一代典文，始末未举。且事属当时，多非实录，又立传之方，取舍乖衷，进由时旨，退傍世情，垂之方来，难以取信。臣今谨更创立，制成新史，始自义熙肇号，终于升明三年。桓玄、谯纵、卢循、马、鲁之徒，身为晋贼，非关后代。吴隐、谢混、郗僧施，义止前朝，不宜滥入宋典。刘毅、何无忌、魏咏之、檀凭之、孟昶、诸葛长民，志在兴复，情非造宋，今并刊除，归之晋籍。

此表叙述沈约以前修宋书诸人，自何承天、山谦之、苏宝生、徐爰，递有述作。沈约修史，以徐爰旧本为根据，其自撰部分不过自永光至禅让十四年事。又删去属于晋代的人物十三传，故成书如此之速。《廿二史劄记》卷九“宋书多徐爰旧本”一条说：“余向疑约修《宋书》，凡宋齐革易之际，宜为齐讳，晋宋革易之际，不必为宋讳，乃为宋讳者反甚于为齐讳，然后知为宋讳者，徐爰旧本也，为齐讳者，约所补辑也。人但知《宋书》为沈约作，而不知大半乃徐爰作也。观《宋书》者，当于此而推之。”

赵翼根据《宋书》忌讳曲笔情况，分析徐爰旧本与沈约新本各有避忌，推知沈约所自修者有限，此说甚允。但沈约《宋书》与徐爰旧本亦有不同：徐爰书始于晋安帝义熙元年(405)，沈约书则始于宋武帝刘裕即位之年，即永初元年(420)。① 因沈约别撰《晋书》，宋以前事已入晋，列传中有关晋代诸人，《宋书》自当删削。

(三)《宋书》的编纂方法

《宋书》有本纪、列传、志，而无表，自来传本均如此。唯沈约自序《上宋书表》说："本纪列传，缮写已毕，合志表七十卷，臣今谨奏呈。所撰诸志，须成续上。"《宋书》本纪列传正符七十卷之数，下面又说志续上，则七十卷中不包括志。王鸣盛以为《上宋书表》中"志表"二字乃衍文，颇为有识。这与他论《晋书》作者的错误显然不同。而《四库提要》对《宋书》仍作依违之词，一方面说刘知幾谓此书合百卷，不言其有表，《隋书·经籍志》亦作《宋书》一百卷，与今本卷数符合；另一方面又毫无根据地说："或唐以前其表早佚，今本卷帙出于后人所编次欤?"此说无异痴人说梦。

《宋书》叙事多所忌讳，时有曲笔。晋宋之间为宋讳，本于徐爰旧本。如本纪诸帝皆不称名，而以讳字代之，其偶有称名者，如《武帝纪》中屡见文帝义隆之名，皆后来校书者妄改(见《廿二史考异》卷二十三)。至韩延之报书指责刘裕欲加司马休之罪，亦称"刘讳足下，海内之人，谁不见足下此心"。沈约因仍旧文，不加订正，殊可失笑。至宋齐之间，沈约在齐武帝永明年间修史，为萧道成讳，无所不至。如宋汝阴王之被废，乃萧道成遣王敬则逼杀，沈约却写作："天禄永终，禅位于齐。壬辰，帝逊位于东邸……建元元年五月

① 编按：此说不确。据上引沈约《上宋书表》，《宋书》"始自义熙肇号"，则沈约书亦始于义熙元年。

己未，殂于丹阳宫，时年十三，谥曰顺帝。”绝不见篡夺杀戮之迹。凡宋臣如沈攸之、袁粲等效忠于宋，谋讨萧道成者，一概书之曰反；而如张敬儿等为萧道成党羽者，转谓之起义。赵翼所谓“作刘宋本纪，而以为刘氏者曰反，为萧氏者曰义，此岂可笔之于书，顾有所不得已也”。沈约对于宋、齐，原不分什么厚薄，但知为当时统治者服务而已。他晚年又以萧衍起兵为义师，不知他撰《齐纪》又当如何措辞。

《宋书》志三十卷，志目有八个，各志卷数如下：

律历　三卷	礼　五卷	乐　四卷
天文　四卷	符瑞　三卷	五行　五卷
州郡　四卷	百官　二卷	

以卷数论，志不及纪传二分之一；以分量论，则几与纪传相等。自班固《汉书》、司马彪《续汉书志》之后，今存史籍，唯《宋书》诸志资格最老。宋志不仅记刘宋一代制度，亦上溯至曹魏，中间包括晋代，故不但材料可贵，分量亦颇不少。

诸志前有一总序，今本因志第一（全书列第十一卷）为《律历志》，遂误以此序为《律志序》，第二、第三为历志，一似律历原分两门者然。《四库提要》谓出于后人编目，强为分割，非约原本次第。

据志序所述：“元嘉中，东海何承天受诏纂《宋书》，其志十五篇，以续〔司〕马彪《汉志》，其证引该博者，即而因之，亦由班固、〔司〕马迁共为一家也。其有漏阙，及何氏后事，备加搜采，随就补缀焉。”可见沈约之撰宋志，以何承天诸志为底本。何志以外，徐爰旧本亦有志。何志起于曹魏，徐志始于晋义熙元年。沈氏志序还说：“何书自黄初之始，徐志肇义熙之元。今以魏接汉，式遵何氏。”则又可见何、徐二志皆沈氏所取资，而上接汉魏，乃何承天原书体例。

《史通·断限》篇中云："宋史则上括魏朝，隋书则仰包梁代，求其所书之事，得十一于千百。一成其例，莫之敢移，永言其理，可为叹息。"自刘氏此论后，晁公武《郡斋读书志》亦谓宋志"兼载魏晋，失于断限"。刘氏以《宋书》、《隋书》志相提并论。《隋志》原名《五代史志》，刘氏不容不知。宋志上括魏朝，使魏晋典章制度源流分明，于研究刘宋一代制度，有益无损。刘、晁二氏所指，皆不足为《宋书》病。

《宋书》无食货、刑法二志。据志序说："刑法食货，前说已该，随流派别，附之纪传。"所谓"前说已该"，不知指何书而言。沈约撰《晋书》有《食货志》，《通典》卷八曾引其内容侧重钱币的食货志论。或沈约以《晋书》已有此志，宋代经济情况，大略与东晋相似，故将宋事附载纪传之中亦未可知。然其他诸志，《晋书》亦当记载，何以他志重出而遗食货、刑法二志，此必有故。

清代栖霞郝懿行曾补《宋书》刑法、食货二志，材料皆从《宋书》辑出。郝氏所根据者，刑法出本纪二十四条，列传三十八条；食货出本纪六十九条，列传二十二条。二志合共补一百五十三条。可知沈约并非不注意刑法及食货材料，但分散于纪传，不及集中而已。至郝氏所补二志，于《宋书》外不能得一条材料，仅可作材料索引用，未可便作材料书看。

就《宋书》所有八志论之，《律历志》因何承天本天文历算专家，自来以为精密。沈约为文学家，又娴通律吕之学，故《乐志》所载乐章颇可观。《礼志》五卷，兼具郊祀、舆服，于魏晋制度、诸儒议论，举其大要。

诸志中，特别重要的是州郡、百官二志。《州郡志》四卷。自魏晋以来，州郡分合，变化甚大。尤以东晋南渡，侨州侨郡头绪纷繁。《宋书》此志，“大较以大明八年(464)为正，其后分派，随事记列。内史、侯、相，则以升明末(479年，即宋亡之岁)为定”。

沈约云：“地理参差，其详难举，实由名号骤易，境土屡分，或一郡一县，割成四五，四五之中，亟有离合，千回百改，巧历不算，寻校推求，未易精悉。今以班固、〔司〕马彪二志，太康、元康定户(《晋太康土地记》、《元康六年户口簿记》)、王隐《地道》(《晋书地道记》)、晋世起居(指起居注)、《永初郡国》(姚振宗《隋书经籍志考证》以为即《永初山川古今记》，盖总名《永初郡国记》)、何徐《州郡》(何承天、徐爰《宋书》州郡志)及地理杂书，互相考覆。”

晋宋之间，州郡改易，情况复杂，诚如沈约所说。今沈氏所据郡国地记，百不存一，此一时期州郡分合，户口消长，仅有《宋书》此志。后来唐修《晋书》，多从《宋书》转录，故宋志价值自在晋志之上。

《百官志》二卷，详于东汉魏晋。宋承晋制，改变不大，故单述宋代官制者不多。此志叙述亦颇简要。唐修《晋书》，《职官志》材料不能出宋志范围，愈见宋志之重要。

《宋书》有《符瑞志》三卷，为前史所无，沈约自谓补前史之阙。此种材料，乃封建帝王侈陈符命，号称灵异，以示天命所归，万民宗仰。至南朝，改朝换代愈速，符瑞亦愈多。实则欺惑人民，以巩固统治，事多不实，义无可取。《史通·书事》篇云：“凡祥瑞之出，非关理乱，盖主上所惑，臣下相欺，故德弥少而祥弥多，政愈劣而瑞愈盛。是以桓、灵受祉，比文、景而为丰，刘、石应符，比曹、马而益倍。而史官征其谬说，录彼邪言，真伪莫分，是非无别，其烦一也。”即指

《宋书・符瑞志》而言。

沈约此志又从太昊宓牺氏说起，历代帝王无不备载，尤属可笑。诸志之中，此为最下。《梁书・沈约传》载沈约说萧衍代齐，以为“童儿牧竖，悉知齐祚已终，莫不云明公其人也。天文人事，表革运之征，永元以来，尤为彰著。谶云：‘行中水，作天子’，此又历然在记。天心不可违，人情不可失”。沈约以符瑞谋取政治地位如此，无怪要专为符瑞作志了。

《宋书》列传部分，有自立名目为前史所无者，如《恩幸传》、《索虏传》。何谓恩幸？传首有说明：“《汉书》有《恩泽侯表》，又有《佞幸传》，今采其名，列以为《恩幸篇》云。”实则《宋书・恩幸传》与《汉书》不同。沈约所谓恩幸，即当时所谓寒人。南朝重门阀，以高门上品而居高位，视为当然。此等世族，重视家门，长图富贵，与当时政权既相勾结，又有矛盾。出身寒微而为吏者，如戴法兴少卖葛于山阴市，后为吏，阮佃夫为台小吏等，皆为高门所不齿，而孤立无援，为时主所信任，此亦时主抵制高门之一法。《廿二史劄记》说南朝多以寒人掌机要，即举阮佃夫等人为例。《宋书・恩幸传》反映皇帝不信任世族，而任寒人。至南朝末寒人政治地位逐渐提高。沈约自序家世，颇铺张，其祖林子，伯祖田子以军功起家，亦非王谢世族可比。观其痛恨寒人掌握政权，至以恩幸为传，可知约自居于世族无疑，此亦统治阶级内部矛盾的一种表现。沈氏《恩幸传》，有明显立场。唯徐爰列于恩幸，与其他诸人同传，似不类。沈约因徐爰旧史而修《宋书》，而置徐于恩幸，可见高门寒族界限之不可混，有如此者。

《索虏传》创自沈约，用以记北魏事迹。索虏者，即指魏之先世名索头虏而言。观其题目，知非好意。此传内容亦多失实，如谓北魏乃李陵之后，又言拓跋晃弑拓跋焘，实无其事。宋魏敌国，未免传闻有误。

沈约于传末有论云："夫地势有便习，用兵有短长。胡负骏足，而平原悉车骑之地；南习水斗，江湖固舟楫之乡。代马胡驹，出自冀北，楩柟豫章，植乎中土，盖天地所以分区域也。若谓毡裘之民，可以决胜于荆、越，必不可矣；而曰楼船之夫，可以争锋于燕、冀，岂或可乎？虞诩所谓'走不逐飞'，盖以我徒而彼骑也。因此而推胜负，殆可以一言蔽之。"

沈约此论，承上文宋魏战争，民生涂炭，不得已而言和。下文忽作壮语，以为天分南北，难分胜负。实则语气柔弱，希望划江而守，魏不南侵，苟安而已。后魏收出使于梁，见约此传，大不满意，遂于《魏书》中作《岛夷传》以相回击，气焰比沈约更嚣张。

《宋书》不立《文苑传》，然列传中所载文士甚多，且每载整篇文章，不厌其详。如卷六十七《谢灵运传》，卷七十三《颜延之传》，皆独占一卷（《宋书》一人占一卷者仅谢晦、谢灵运、袁淑、颜延之、袁粲五人），约本文人，故于此颇重视。不立《文苑传》，以宋代文士多非文苑所能概括。沈约于《谢灵运传论》，历叙屈、宋以来文学源流，甚至说："灵运之兴会摽举，延年之体裁明密，并方轨前秀，垂范后昆。"《颜延之传》也说："延之与陈郡谢灵运俱以词彩齐名，自潘岳、陆机之后，文士莫及也。"沈约于颜、谢誉之如不及，于范蔚宗则极口诋之。《十七史商榷》"范蔚宗以谋反诛"一条、陈澧《东塾集·申范篇》都为范鸣冤。范为宋文帝政敌，当时有意罗致，多所诬陷。苏宝生、徐爰旧史当已如此，不可专责沈约。唯约父璞受宋文帝密嘱，致范死地，璞与有力。沈约对范蔚宗无所爱惜，亦不足怪。沈约喜载文章，至李延寿修《南史》，于《宋书》所删独多，正是删其所载文章。清代严可均辑《全宋文》又取李延寿所删者而用之。此因体例不同，各得其宜而已。

《宋书》列传目录有姓名者，凡二百三十余人。但《宋书》有带叙法，一人传中可带叙同时有关之人。赵翼所谓“其人不必立传，而其事有附见于某人传内者，即于某人传内叙其履历以毕之，而下文仍叙某人之事”。如《刘道规传》，攻徐道覆时，使刘遵为将攻破道覆，即带叙：“遵字慧明，临淮海西人，道规从母兄萧氏舅也。官至右将军、宣城内史、淮南太守。义熙十年卒，追赠抚军将军。追封监利县侯，食邑七百户。”下文又重叙道规事，以完本传。这是刘遵带叙在刘道规传中。这样事实较少之人，不必立传，而事实又不致湮没。这是优点。但如《刘义庆传》，带叙鲍照。照，文士，撰《河清颂》至二千余字，如此拖带，未免喧宾夺主，何不径为鲍照立传。

《宋书》作书时间甚促，其立传次序亦有未当。如沈攸之乃沈庆之之侄，攸之在三十四卷而庆之在三十七卷；何尚之为何堰之父，堰之传在五十九卷，而尚之传反在六十六卷，可见草率。

《宋书》唐时流传不广，至宋朝始有刻本。百衲本用宋蜀大字本亦有阙佚，如卷四十六《到彦之传》全阙（《南史》有传）。其余一传之中阙字阙页时或有之，《谢灵运传》所阙尤多。即今所不阙的如《少帝纪》、《宗悫传》、《赵伦之传》等，亦杂取他书以补入，非沈约原书，不可不辨。

沈约《宋书》问世后，裴子野撰《宋略》二十卷。子野事迹见《梁书》卷三十、《南史》卷三十三本传。

《南史·裴子野传》云：“子野曾祖松之，宋元嘉中受诏续修何承天《宋史》，未成而卒。子野常欲继成先业。及齐永明末，沈约所撰《宋书》称'松之已后无闻焉'。子野更撰为《宋略》二十卷，其叙事评论多善，而云'戮淮南太守沈璞，以其不从义师故也'。约惧，徒跣谢之，请两释焉。叹其述作曰：'吾弗逮也'。兰陵萧琛言其评论可与《过秦》、《王命》分路扬镳。"

据《南史》所载，当时所以重视《宋略》，在于议论。《南史》本于《梁书》，《梁书》无子野与沈约交涉一节，只是说"子野更删撰为《宋略》二十卷。约见而叹曰：吾弗逮也"。《南史》去一"删"字，情况便不同了。《史通·正史》篇也说："子野更删为《宋略》二十卷，沈约见而叹曰，吾所不逮也。由是世之言宋史者，以裴略为上，沈书次之。"《叙事》篇又说："裴子野《宋略》，王邵《齐志》，此二家者，并长于叙事，无愧古人。而世人议者，皆雷同誉裴，而共诋王氏。"《史通》亦认为子野是删沈约《宋书》，不过叙事比《宋书》好，可见所重者为文章。

《宋略》今已亡佚。从《通鉴考异》中所引证的看来，它和《宋书》记事不同处并不少。大抵以材料论，《宋书》为详。因此《通鉴》依据《宋书》比较多些。但《通鉴》采用裴子野论十篇，如元嘉元年论典签专恣之害，又大明二年论仕途唯论门户不问贤能之非，颇有见地，不同于空论。

七　《南齐书》

《南齐书》原六十卷，今本五十九卷，南朝梁萧子显撰，记南齐二十四年史事。因系当代人记当代事，一方面保留了一些原始材料，另一方面毁誉难免出于恩怨。但叙事向称简洁，《百官志》尤为简明扼要。

（一）《南齐书》的作者

萧子显（489—537），字景阳，南兰陵郡南兰陵县（今江苏常州西北）人，为齐高帝萧道成之孙，豫章王萧嶷的第八子。南齐传七主，实际只二十四年（479—502）。齐明帝萧鸾杀萧道成子孙殆尽，子显时方八岁，幸免于难。齐亡，子显已十四岁。齐亡梁兴，子显请于朝廷，奉敕撰修南齐史。本传言子显“采众家《后汉》，考正同异，为一家之书。又启撰《齐史》，书成，表奏之，诏付秘阁”。子显所撰《后汉书》一百卷，《隋书·经籍志》著录，梁有，至唐初已亡。又《隋书·经籍志》著录子显《晋史草》三十卷，足见子显留意前代史事。子显在梁官至吏部尚书，卒于梁武帝大同三年（537），年四十九。事迹详见《梁书》卷三十五本传。

（二）《南齐书》的编纂方法

《南齐书》，子显本传作六十卷。今本五十九卷，计本纪八卷，志十一卷，列传四十卷。盖原本有序录一卷（《四库提要》误以为序传），已佚，五十九卷为得其实。

以前朝帝王子孙而修前朝史书，二十四史中仅此一家。子显为其祖萧道成、父萧嶷作纪传，而自称“史臣曰”，在史书中也绝无仅有。正因其如此，子显于萧道成尽量述其长处而隐其过失；于豫章王萧嶷则为作六千七百余字的长传，备极表扬，甚至说“周公以来，则未知所匹也”。这种曲笔，自然不足为怪。于郁林王昭业、海陵王昭文被杀事毫不掩饰，这是因为二王都是子显侄儿，为萧鸾所杀，子显甚恨之，故直书其事以见萧鸾之恶。后来萧鸾子东昏侯宝卷被废，极写东昏侯的荒唐猖狂，既以之快己意，又以见东昏之当废。至齐和帝禅位于萧衍，子显绝无一字及于篡夺。可见记载这种统治集团的内部斗争，恩怨重叠，未可尽信。

《十七史商榷》卷六十云：“《南齐书·褚渊传》叙其为齐佐命，至建元二年进位司徒之后，云轻薄子颇以名节讥之，以渊眼多白精，谓之白虹贯日，言为宋氏亡征也。如此负国怀奸，而犹以讥之者为轻薄子，萧子显是道成孙，其言自合如此。”像褚渊这样一个人，萧子显当然不会说他不好。《南史》就不同了，《褚渊传》中引任遐语，讥渊保妻子，爱性命，又载“宁为袁粲死，不作彦回生”之语（褚渊，字彦回），反映了当时人对他的看法。但这些是非问题，还是统治集团的内部矛盾，不是定《南齐书》好坏的主要条件。

《南齐书》比较可取的是志。《南齐书》志继沈约《宋书》志而作。子显与沈约同时，沈约长于子显。子显作志亦有所本。《南齐书》卷五十二《檀超传》载建元二年（480）超与江淹掌史职，上表立条例，凡立十志：

律历　　礼乐　　天文　　五行　　郊祀

刑法　　艺文　　朝会　　舆服　　州郡

这些志中没有食货与百官。《檀超传》云：“《百官》依范晔，合《州郡》。”实际要有《百官志》内容的。当时王俭以为宜编录食货，宜省朝会，诏依俭议。后檀超修史未就而卒，由江淹继续撰述。江淹尝言“修史之难，无过于志”，此盖经验之谈。今以子显所撰志目观之，计有：

礼　乐　天文　州郡　百官　舆服　祥瑞　五行

子显不尽依檀超之例，省去《刑法》、《艺文》、《朝会》等志，另立《百官》、《祥瑞》二志，这是依照沈约的旧规。唯《食货志》，虽经王俭强调要做，仍然没有做成，恐是材料不足之故。何以知之？据高似孙《史略》所引《子显进书表》云：“素不知户口，故州郡志辄不载，天文复秘，故不私载，而此志但纪灾祥而已。”《州郡》、《天文》二志，有檀超旧例在，还不能详；创立《食货志》，更非易事。

南齐一代，经济状况大致和刘宋一样，其中第一件大事，是整理黄籍。从建元二年(480)至永明三年(485)，骚扰不休，民多逃亡避罪，吴郡唐寓之因此起义。这件事《南齐书》卷三十四《虞玩之传》载建元二年诏及玩之上表。卷二十二《豫章文献王传》于唐寓之起义亦有一奏表论及扰民。卷四十四《沈文季传》则详细记载唐寓之起义经过。这些都是在镇压农民起义的立场上来记载的。唐寓之起义这一年，正是北魏实行均田的一年，南北对照研究，很重要。可惜《南齐书》记述材料还不能完全说明问题。

《南齐书》诸志中，《百官志》最简明。读南北朝史的，每苦官职纷杂，先读《南齐书·百官志》可以得其概略。

《南齐书》列传将及二百人。以二十四年的朝代，有这么多的人物入传，而且此外还有好些人死于梁代，列入《梁书》。这样看，《南齐书》列传是很不少的了。但是后妃及宗室诸王占五十六人，几乎无不有传，这是和萧子显是萧齐王朝子孙分不开的。

《南齐书》类传名目大致本于《宋书》，略有改易，如良吏改为良政，隐逸改为高逸，恩幸改为幸臣，索虏改为魏虏。子显所自创的只文学一传，这是《宋书》所没有的。文学传共十人，祖冲之在其中。但《祖冲之传》均言历算，没有谈到他的文学成就。

《南齐书》叙事向称简洁。后来《南史》于《南齐书》一般都增添史实，《廿二史劄记》有专条记载。唯豫章王嶷、竟陵王子良二传较冗长，故《南史》于此二传删削独多。至如《王僧虔传》有诫子书，王鸣盛极口赞美，而《南史》删去，亦未妥当。

沈约曾撰《齐纪》二十卷，见于本传。萧子显行辈后于沈约，应该见到沈约《齐纪》。《齐纪》今不传，只是《通鉴考异》引了几条以订正《南齐书》，《通鉴》正文中又引过沈约《齐纪》的论，余无可考。

（三）《南齐书》版本

今本《南齐书》只五十九卷，宋蜀大字本亦如此。遗失的一卷可能是序录。刘知幾所见《南齐史》亦五十九卷。但《史通·序例》篇云："沈宋之志序，萧齐之序录，曾皆以序为名，其实例也。"《廿二史考异》卷二十五举此条以为刘知幾曾见序录之证，今序录已不存。《四库提要》误以序录为序传，不知序传当叙先世事迹，序录仅述作书义例，是不同的。说详余嘉锡氏《四库提要辨证》。

萧子显作成《南齐书》时有进书表，晁公武《郡斋读书志》、高似孙《史略》均引用，也许宋时此表尚附本书中。今百衲本为宋蜀大字本，已无此表。此书各本缺《州郡志上》，列传第十六、二十五、三十九各一页。百衲本仅缺二十五、三十九各一页，较各本多二页。

八 《梁书》《陈书》

《梁书》五十六卷，《陈书》三十六卷，均为唐姚思廉撰。《梁书》起梁武帝天监元年至敬帝太平二年（502—557），记载了五十六年史事，《陈书》起陈武帝永定元年至后主祯明三年（557—589），记载了三十三年史事，是现存记载梁陈两代的比较原始的史书。两书相较，《梁书》的内容丰富些，文笔也较生动。

（一）《梁书》、《陈书》的作者

梁陈二书作者虽仅题姚思廉之名，实则为姚察、姚思廉父子二人之功。

姚察（533—606），字伯审，吴兴武康（今浙江德清西）人。梁亡时年二十二，入陈，任秘书监、领大著作、吏部尚书，修《梁书》。至五十八岁，陈又亡，遂入隋，做秘书丞。开皇九年（589），奉诏撰梁陈之史。大业二年卒，年七十四。事迹见《陈书》卷二十七。

姚察在陈与徐陵、江总齐名，三人皆文士。察不为骈俪文字，所以赵翼说古文始于姚察。隋文帝很重视姚察，曾对朝臣曰："姚察学行，当今无比，我平陈，惟得此一人。"

姚察不仅和梁陈二朝有密切关系，和西魏、北周也有关系。察父僧垣以医名，事迹见《周书》卷四十七、《北史》卷九十（《陈书·姚察传》作僧坦，误）。梁元帝承圣三年（554）江陵陷落，僧垣被掳入魏。姚察从此与父生离，布衣茹素。后察为陈聘于北周，才得父子相见。隋灭陈时,僧垣已卒,察乃与其弟姚最相见(最作《梁后略》十卷,见《隋书·经籍志》,唯监本《隋书》作勖)。可见姚氏一门与南北数朝均有关联。

姚思廉(557—637),字简之,在唐初任著作郎、弘文馆学士,后来做到散骑常侍,《旧唐书》卷七十三、《新唐书》卷一百零二有传。贞观三年受诏与魏徵同撰梁陈二史,思廉于其父传中述及此事云:"梁陈二史本多是察之所撰,其中序论及纪传有所阙者,临亡之时,仍以体例诫约子思廉,博访撰续。思廉泣涕奉行。思廉在陈为衡阳王府法曹参军,转会稽王主簿。入隋,补汉王府行参军,掌记室,寻除河间郡司法。大业初,内史侍郎虞世基奏思廉踵成梁陈二代史,自尔以来,稍就补续。"

据思廉自述,梁陈二史为其父未竟之业。思廉在大业初即开始补续,可见父子相继修史,未尝中绝。自大业初至贞观三年又二十余年,始正式受诏修史,事先准备工作时间很长。《唐会要》卷六十三记五代史成于贞观十年正月。这是梁陈齐周隋书全部告成的年月,估计梁陈二史可能成书更早一些。至于魏徵虽名同撰,实在只是监修。《旧唐书·姚思廉传》言:"魏徵虽裁其总论,其编次笔削,皆思廉之功。"这是事实。

今考《梁书》每一卷末都有总论,其署名方法有三种:

1. "陈吏部尚书姚察曰",共二十五篇,《文学传》唯下卷有论。

2. "史臣曰",共二十八篇,为思廉撰。《梁武纪》分上中下,唯末卷有论。

3. "史臣侍中郑国公魏徵曰",一篇,卷六,总论梁武帝祖孙父子。但此卷同时又有"史臣曰"一篇。

从上面数字中可见，姚氏父子于《梁书》所费劳力大略相等。《陈书》则是另一种情况，三十六卷中有“陈吏部尚书姚察曰”的，只有卷一卷二《高祖陈霸先纪》论及卷三《世祖纪》论二篇而已，此外皆作“史臣曰”。其第六卷《后主传》有“史臣侍中郑国公魏徵曰”一篇，第七卷《后妃传》张贵妃后有史臣侍中郑国公魏徵考览记书，参详故老一段，则系补充后主宠爱张丽华事实。因魏徵是监修，故皆列在“史臣曰”之前，亦见魏徵于修史时是有所指示的。

（二）《梁书》、《陈书》的史料来源

梁代史料，《隋书·经籍志》所载，重要的有九种。这些书，修《梁书》时都是存在的。

甲、梁谢吴《梁书》四十九卷，原本一百卷。谢吴，《史通·正史》篇及《旧唐书·经籍志》作谢昊，日本旧传本高似孙《史略》作谢炅，皆形似，未知孰是。

乙、陈许亨《梁史》五十三卷。许亨为许善心之父，事迹见《陈书》卷三十四《文学传》。

丙、梁刘璠《梁典》三十卷。璠后入周，事迹见《周书》四十二卷本传。

丁、陈何之元《梁典》三十卷。《陈书》于何之元入文学传，有自序。《史通·正史》篇云何刘“合撰《梁典》三十卷”。姚振宗《隋书经籍志考证》谓“合”字乃“各”字之讹。

戊、陈阴僧仁《梁撮要》三十卷。

己、姚察《帝纪》七卷。

庚、周姚最（勖）《梁后略》十卷。

辛、梁萧韶《太清纪》十卷。《通鉴》多引此书。韶事迹见《南史·梁宗室传》。

壬、萧世怡《淮海乱离志》四卷。此书作者各书所题不一，钱大昕《廿二史考异》谓："《淮南乱离志》四卷，萧世怡撰。按《北史》，萧圆肃撰《淮海乱离志》，不云世怡所撰。刘知幾又以为萧大圜作，未审孰是。世怡本名泰，鄱阳王恢之子。圆肃者，武陵王纪之子。大圜则简文子也。"此书内容是叙述侯景之乱。《通鉴》引用很多。

除上述九种外，杂史、起居注、文集等，当时存者尚多。可见《梁书》材料不缺。

梁代历五十六年，梁武帝占四十八年。梁初海上交通发达，梁武帝信佛，又多与亚洲西南诸佛教国家往来，今《梁书》五十四、五十五两卷所载凡二十六国，比《宋书·四夷传》所载多出好些国家。此乃研究中国与西南亚诸国友好关系极重要的材料，当时必是根据国史记载下来的。

至侯景之乱及梁元帝迁都江陵，此段历史关系南朝世族由盛而衰。正因为有《太清纪》、《淮海乱离志》诸书，所以《梁书》对这方面记述还算详细。姚最《梁后略》一书，估计是记述萧绎江陵称帝及萧詧后梁小朝廷的事情。萧绎为西魏所灭，萧詧在北周卵翼下讨生活。姚最身在北周，见闻和记载都有方便条件。

唐修《陈书》时，亦有成书可作依傍。《隋书·经籍志》有陈吏部尚书陆琼《陈书》四十二卷，至陈宣帝止。陈共三十三年(557—589)，至宣帝末已二十六年。《史通·正史》篇云："陈史，初，有吴郡顾野王、北地傅縡各为撰史学士。其武、文二帝纪即顾、傅所修。太建初，中书郎陆琼续撰诸篇，事伤烦杂。姚察就加删改，粗有条贯。及江东不守,持以入关。隋文帝常索梁、陈事迹,察具以所成每篇续奏,而依违荏苒,竟未绝笔。”

《史通》所说顾野王、傅縡修的《陈书》,《隋书·经籍志》未载其书,至两唐志始有顾野王《陈书》三卷,傅縡《陈书》三卷。姚察修史时必能见到这些书的。更重要的是,陈朝一代为姚察亲身所经历,和修前代史情况隔膜的条件相比,应该是好多了。但时代愈近,亦有材料愈不易搜集的困难,《陈书》卷二十八诸王传中说:“旧史残缺,不能别知其国户数”,只能“缀其遗事”以附,可作一证。《陈书》所以只有三十六卷,为二十四史中最小的一部,史料不足也有一定关系。

(三)《梁书》、《陈书》的编纂得失

梁陈二书出于一手,叙事有一成例,每传大致可分三个段落。第一段先叙历官次序,第二段叙重要事实,第三段死后必载饰终之典,为死者颂扬一番。此种千篇一律的形式,实无可取,而且其结果是有美必书,有恶必讳,必致是非不明。照这样说,是否梁陈二书记事一无实话?也不尽然。如卷三十七《何敬容传》,称“敬容铨序明审,号为称职”。而前卷《江革传》则云:“何敬容掌选,序用多非其人。”这种矛盾互见,赵兴旹(旹,古时字)《宾退录》已指出。大抵《江革传》所说是公论,《何敬容传》所说则是过情之誉,实际是违心之论。古代史书中有互见之例,但一书之中前后矛盾,颠倒是非,决非好办法。

梁代为佛教极盛之时,武帝至于舍身同泰寺。姚察亦信佛。《梁书》记佛教事虽亦不少,至于当时佛教兴盛与国计民生关系如

何，记载则不多。名僧如宝志，为梁武帝所优礼，而《梁书》无传。唯《范缜传》中载神灭神不灭之争，充分反映唯物论与唯心论的斗争，自是一件极重要的公案。

《梁书》于昭明太子长子萧詧不为立传。詧与梁元帝结仇至深，梁元帝把侯景比作"淮海长鲸"，把萧詧比作"襄阳短狐"，恨之入骨。萧詧引西魏兵灭梁，使江陵涂炭。在西魏卵翼下，建后梁于江陵，为附庸国，传三代，至开皇七年，凡三十三年，与陈的年代相先后。《梁书》于昭明太子传不及其子，《河东王誉传》但言誉为昭明第二子，其兄为谁也不指明。唯于挑拨詧、誉与绎之间的《张缵传》中述及岳阳王詧，《元帝纪》亦言萧詧，但无交代，竟似不知为谁氏子者。萧詧此人，对梁说，是勾结外敌的罪魁，姚察在陈撰《梁书》，应予以贬斥，避而不谈，使人不解。《周书》卷四十八有《萧詧传》，那是作为北周的附庸国来记述的。

《陈书》忌讳之多，与宋齐梁史同出一辙而更过之。他书虽有忌讳，总可透露一些消息，《陈书》则极力隐讳。如衡阳献王昌，本传写他因济江中流船坏溺死，实则昌自北周归，陈文帝使侯安都往迎而溺之江，事见《南史》。又如《刘师知传》，绝不见其杀害梁敬帝之迹。《虞寄传》亦多过分颂扬之词。赵翼云："盖姚氏父子与刘师知及寄兄荔同官于陈，入隋又与荔之子世基、世南同仕，遂多所瞻徇而为之立佳传也。"此说正中姚氏父子顾忌多端之弊。幸有《南史》为之更正。《廿二史考异》谓"延寿胜于姚思廉多矣"，即指此等事言之。

姚氏父子仕陈，其议论有极荒唐者。如于《陈宣帝纪》中说宣帝陈顼在梁任中书侍郎时，与李总同游处，一日夜间，陈顼醉卧，李总看见陈顼身乃大龙云云，甚属妄谈。于陈后主之荒淫，犹为偏袒讳言，至云“南面继业，实允天人之望矣”，殊可失笑。陈代疆土日蹙，国威不振，《陈书》中连蛮夷传也立不起来，姚氏却云“梯山航海，朝贡者往往岁至矣”。至分析陈之亡国原因，则以为：“自魏正始、晋中朝以来，贵臣虽有识治者，皆以文学相处，罕关庶务，朝章大典，方参议焉，文案簿领，咸委小吏，浸以成俗，迄至于陈。后主因循，未遑改革。故施文庆、沈客卿之徒，专掌军国要务，奸黠左道，以裒刻为功，自取身荣，不存国计。是以朝经堕废，祸生邻国。斯亦运钟百六，鼎玉迁变，非惟人事不昌，盖天意然也。”思廉之言，以政治之坏始自魏晋，陈之亡国是属天意，不是陈叔宝，别人也要亡国。这完全是效忠于陈叔宝的奴隶思想。后来魏徵之论后主，直云“后主生深宫之中，长妇人之手，既属邦国殄瘁，不知稼穑艰难”。“宾礼诸公，惟寄情于文酒，昵近群小，皆委之以衡轴。谋谟所及，遂无骨鲠之臣，权要所在，莫匪侵渔之吏。政刑日紊，尸素盈朝，耽荒为长夜之饮。”此论远胜姚氏。

总之，梁陈二史，瑕瑜互见。《陈书》比之《梁书》，敷衍成篇，精神更差。但梁陈二代事迹，别的书籍记载极少，至今仍以二书为主。《南史》虽有补正，亦因姚氏父子先有此书，易于为力。

《四库提要》以为“姚察陈亡入隋，为秘书丞，与同时江总、袁宪诸人，并稽首新朝，历践华秩，而仍列传于《陈书》，揆以史例，失限断矣”。其实这并不算什么毛病，姚察与江总、袁宪诸人，其重要事迹皆在陈朝，江总且为陈后主狎客，与后主亡国有关，在《陈书》立传，有何不可？《四库提要》此说，是针对明末降清而又自称明朝人者而言，为清代统治服务，自当别论。

九 《魏书》

《魏书》一百一十四卷，包括子卷计之一百三十卷，北齐魏收撰，记北魏从道武帝拓跋珪开始到东魏灭亡的一百七十多年史事。评论《魏书》，向有毁誉，其实做得不错，且是现存叙述北魏历史的最原始和比较完备的资料，诸志中《食货》、《释老》、《官氏》等志尤为重要。

（一）《魏书》的作者

魏收（506—572），字伯起，巨鹿下曲阳（今河北平乡一带）人。梁武帝大通二年（528），尔朱荣在河阴滥害朝士时，收亦在圈中，以日晏获免。后事东魏，出使于梁。魏收为高欢父子所重，命修国史。北齐天保二年（551），奉诏撰魏史，五年三月奏上，十一月后奏十志。武平三年卒。事迹详见《魏书》卷一百零四自序、《北齐书》卷三十七、《北史》卷五十六本传。但原本《魏书自序》及《北齐书·魏收传》均亡佚。自宋以来，即节取《北史·魏收传》以充数，故今本《魏书自序》及《北齐书·魏收传》皆非魏、齐书之旧，亦非《北史·魏收传》全文。我们今天谈魏收事迹，应当引用《北史》。魏齐周隋书多亡佚，魏收传不过其中的一例，不可不注意。

魏收以文学著名，在魏时与温子昇、邢子才齐名，世号三才。本传言有集七十卷，《隋书·经籍志》有《魏收集》六十八卷，今已亡。魏收修史，平原王高隆之负总监之名，实则署名而已。同修史的有房延祐、辛元植、刁柔、裴昂之、高孝幹等(见《北史·魏收传》),但实际负责的是魏收。传言“其史三十五例、二十五序、九十四论、前后二表一启,皆独出于收”。后几次修改,也由魏收负责,向来史家没有拿《魏书》作为官修书,其原因在此。

魏收为高氏父子所重视,高欢在邺都西门豹祠宴集时,对司马子如说:“魏收为史官,书吾善恶,闻北伐时诸贵常饷史官饮食,司马仆射颇曾饷否?”他又自对魏收说:“我后世身名在卿手,勿谓我不知。”初修《魏书》时,高洋也对魏收说:“好直笔,我终不作魏太武,诛史官。”诛史官指拓跋焘杀崔浩一事,高洋向魏收保证决不做这种事,这样,魏收修《魏书》就可以无所顾虑、秉笔直书了。但魏收是个恃才傲物的人,他甚至对人说:“何物小子,敢共魏收作色!举之则使上天,按之当使入地。”因此书成之后,群口沸腾,虽以高洋之重视魏收,亦不能止谤。高洋之所以支持《魏书》,归根结蒂,是由于魏收于高氏父子笔下留情。至于别人为什么反对得这样厉害?那是因为向来修史的人凡涉及当代,总是语多隐讳,而魏收于当时人物据笔直书,揭人阴私,褒少而贬多;他的作风又有缺点,秉笔未必皆公,自然容易群起而攻。魏收和反对派也有斗争,但一人之力,总不能胜毁谤者之口。这种情况十分复杂,后来史家随声附和,以《魏书》为“秽史”(见《北史》本传及《史通·古今正史》篇),就是没有具体分析的缘故。

(二)《魏书》的史料来源

北魏自道武帝拓跋珪登国元年(386)起,至西魏禅位北周(556)止,共一百七十年。这一百七十年中,北魏和十六国中好些国家进行过战争，并统一北方；又和南方的宋、齐、梁或战或和，打过长期的交道；北边和柔然接界，有严重的边防任务，后来又分为东、西魏，为北齐、北周创造条件。从鲜卑族自己的历史发展来说，由奴隶制社会进入封建制社会，一方面变胡俗而为汉化，另一方面化骑射而为农桑，中间有佛教和道教的斗争，还有汉族世族和鲜卑贵族的斗争，最后出现大规模的农民起义才崩溃。这是中国历史上的一个重要朝代，但流传下来的史料很少，魏收《魏书》几乎成了唯一的史书。魏收所征引的史料，其详不可得知，就《北史》魏收本传及《隋书·经籍志》考之，可得其大概如下：

甲、邓渊(字彦海)《代记》十余卷，一名《国记》，见《魏书》卷二十四。

乙、崔浩、李彪所修国史。

崔浩《魏书》卷三十五有传。所修国史三十卷，名曰《国书》，实续邓渊《国记》，乃编年体，撰于太武神䴥二年(429)。邓渊之子颖，时为中书侍郎，与浩同修史，这是崔浩第一次修史。太延五年(439)，崔浩第二次修史，中书侍郎高允、散骑侍郎张伟参典著作。后来崔浩遭族诛，原因诸说不一，有的说是太子晃与崔浩有矛盾，有的说由于佛道之争，但杀崔浩的借口是修史，则是诸书所同。

李彪，《魏书》卷六十二有传。太和中修史，所修为纪、志、表、传，书未完成。彪卒于宣武帝景明二年(501)，后崔浩之死五十余年。

丙、《后魏起居注》三百三十六卷，见《隋书·经籍志》，不著撰人。《魏收传》云："宣武时，命邢峦追撰《孝文起居注》，书至太和十四年。又命崔鸿、王遵业补续焉，下讫孝明，事甚委悉。"

丁、《后魏仪注》五十卷，见《隋书·经籍志》，不著撰人。

戊、温子昇《魏永安记》三卷，见《隋书·经籍志》地理类。

已、《大魏诸州志》二十一卷，见《隋书·经籍志》地理类。

庚、《后魏辨宗录》三十卷，元晖业撰，似族谱，《隋书·经籍志》作二卷；《魏收传》、《辨宗室录》作三十卷；《魏书·元晖业传》、《辨宗室录》作四十卷。

辛、后魏人文集，见于《隋书·经籍志》的有八家：

《孝文帝集》三十九卷

《高允集》二十一卷

《李谐集》十卷

《卢元明集》十七卷

《袁跃集》十三卷

《韩显宗集》十卷

《温子昇集》三十九卷

《阳固集》三卷

《史通·正史》篇于《魏书》史料又有“大征百家谱状，斟酌以成《魏书》”之语，可见魏收当时史料不缺。上述史料，皆已亡佚。今所流传北魏书籍，几无一部完整，大部史料赖《魏书》保存。严可均号称博学，所辑《全魏文》，绝大部分录自《魏书》，此外，偶引佛藏、类书、碑拓，亦寥寥可数，足见《魏书》史料价值之重要。

（三）《魏书》的编纂方法

魏收曾出使于梁，见到沈约《宋书》及萧子显《齐书》，其撰《魏书》多仿二书。

《魏书》本纪十二、传九十二、志十，编卷一百十四，因其中有分上中下卷的，故隋唐志均作一百三十卷。

《魏书》本纪第一篇为序纪，记述北魏先世，凡列二十八帝。此二十八帝当时并无帝号，后来追赠滥极，有十人仅书立、崩二字，毫无事实可纪，大可省。《史通·称谓》篇云："《魏书·序纪》袭其虚号，生则谓之帝，死则谓之崩，何异沐猴而冠，腐鼠称璞者矣。"批评很对。

《魏书》列传多叙谱系枝叶。《北史·魏收传》云："（杨）愔尝谓收曰：'此谓不刊之书，传之万古。但恨论及诸家枝叶亲姻，过为繁碎，与旧史体例不同耳。'收曰：'往因中原丧乱，人士谱牒遗逸略尽，是以具书其枝派。望公观过知仁，以免尤责。'"魏收此法，有利亦有弊，其利可以辨别汉人与鲜卑人家世源流，使读者不致混淆；其弊则一卷之中，父子兄弟子孙，连类叙述，多的乃至二十余人，其中有的人事实只有二三行，实与家传无异。后来李延寿作南北史，即仿《魏书》之例。但魏代史料难得，即是家传，亦可参考。细观《魏书》，亦有父子不在一传的，如崔浩为崔玄伯之长子，崔浩自为一传。这是因为崔浩事迹与玄伯相等，合为一卷，卷帙太大，有分传必要。

《魏书·外戚传》不载后妃，而载后妃家族的男子，此为前史所未有。外戚传始于史汉，专记后妃。《后汉书》立后妃纪。此后各书即无外戚传。重立《外戚传》且用以记后妃家族中人，则是《魏书》新开之一例。

《魏书》始立《节义传》，此传今阙，乃后人所补。后来史书有忠义传，即本《魏书·节义传》而来，如唐修《晋书》便是例证。

魏收至江南，见沈约《宋书》有《索虏传》，大不平，因此在《魏书》中立《岛夷传》以相报复，如“岛夷刘裕”、“岛夷萧道成”等是。《岛夷传》的史料多出自敌国传闻，往往失实，如司马睿出于牛金，刘骏上淫路氏之类。刘知幾所谓“助桀为虐，幸人之灾”，当然免不了歪曲。

《魏书》于十六国事亦详载，如刘聪、石勒、刘虎、慕容氏、苻氏、姚苌、吕光在九十五卷，晋及李雄在九十六卷，张寔、乞伏国仁、秃发乌孤、李暠、沮渠蒙逊等在九十九卷。当时有崔鸿《十六国春秋》可以参考。今《十六国春秋》已亡，唯《晋书·载记》引用过。《魏书》此等列传，可与《晋书》比对而观。

《魏书》卷一百至一百零三为外国传，如柔然、突厥等，有新材料。因魏本游牧民族，于北方各族情况较为了解，故较他史所载为确。

《魏书》十志，共二十卷，极为重要。志目有：

天象	地形	律历	礼	乐
食货	刑罚	灵征	官氏	释老

《魏书·天象志》与《宋书》、《南齐书》之《天文志》同为刘知幾所赞许。因其只记天象变化，如彗见、日蚀等，至于天体星宫分野一概不记，故刘知幾《史通·书志》篇以为：“凡所记录，多合事宜。寸有所长，贤于班、马远矣。”

《魏书·食货志》记载均田制度，是极重要的史料。北齐、北周及隋唐均田制度，大致根据北魏而小有异同。沈约、萧子显均不作食货志，魏收独注意及此，虽材料不算充分，亦可见魏收有历史眼光。

《魏书》官氏、释老二志是新创志名。

《官氏志》前半讲官制，后半讲氏族，即鲜卑所统诸部姓氏名称由来及改汉姓名称，这是研究北魏氏族首先要了解的问题，可以辨明鲜卑和汉族姓氏，至为重要。

《释老志》载释道始末，亦前史所无。志中评述佛教起源及北方佛教流传情况，如太武毁佛经过，昙曜建成武州石窟寺（即云冈石窟），至魏末有佛寺三万余、僧尼大众二百万，皆有记述，为研究佛教历史重要材料。

魏收上十志有启云："时移世易，理不刻船"；"《河沟》往时之切，《释老》当今之重，《艺文》前志可寻，《官氏》魏代之急，去彼取此，敢率愚心"。此启强调官氏、释老的重要，同时也说明不立《河沟》、《艺文志》的缘故。这种根据时代条件来考虑，不拘泥于前史体例，刘知幾于《史通·书志》篇以为"魏收晚进，弘以《释老》，斯则自我作古，出乎胸臆，求诸历代，不过一二者焉"。又云："伯起魏篇，加之《释老》，徒以不急为务，曾何足云。"这是刘知幾的偏见。《释老志》不是不急之务，而是系统叙述宗教为封建统治服务的重要记载。至于魏收记叙佛教源流及传入中国经过，稍有失实，这是势所难免的。

（四）《魏书》的修改和重撰

《魏书》当魏收本人在世时曾修改二次。《北史》本传云：文宣帝"以群口沸腾，敕魏史且勿施行，令群官博议。听有家事者入署，不实者陈牒。于是众口喧然，号为'秽史'"。文宣（高洋）死，孝昭皇建元年（560），"帝以魏史未行，诏收更加研审。收奉诏，颇有改正。及诏行魏史，收以为直置秘阁，外人无由得见，于是命送一本付并省(晋阳,今太原),一本付邺下,任人写之”。“其后群臣多言魏史不实,武成(高湛)复敕更审。收又回换,遂为卢同立传,崔绰反更附出。杨愔家传本云‘有魏以来,一门而已’,至是加此八字。”从这段记载中可以看出当时斗争是剧烈的。如果不是高氏父子支持魏收,《魏书》一定要被毁灭。虽然如此,魏收到后来也受到挫折,甚至在北齐亡国之时,冢墓被发,弃其尸骨于外。可见当时人士怀恨魏收,欲推翻《魏书》,决不以修改本为满足,其事至明。至隋代遂有命魏澹重撰《魏书》之事。

《史通·古今正史》篇云:“至隋开皇,敕著作郎魏澹与颜之推、辛德源更撰《魏书》,矫正收失。澹以西魏为真,东魏为伪。故文、恭列纪,孝靖称传。合纪传论例总九十二篇。炀帝以澹书犹未能善,又敕左仆射杨素别撰,学士潘徽、褚亮、欧阳询等佐之,会素薨而止。今世称魏史者,犹以收本为主焉。”

魏澹,《隋书》卷五十八有传。澹父季景为魏收族叔,则澹乃收族弟。澹书与收书义例不同者五。以西魏为正统,那就不是以前朝臣因私怨反对魏书的情况,而是要为隋朝政治服务。因隋承北周,不承认西魏,北周就不是正统了。《隋书》说澹所著魏书甚简要,矫正魏收、平绘(撰《中兴书》)之失。但刘知幾以为“以非易非,弥见其失”(《史通·杂说》篇)。因澹书不作志,若仅以魏收本纪列传中删节文字,除去传后议论,改尊西魏而抑东魏,则李延寿亦优为之,宜其不能传之后世。自魏澹书亡,西魏事迹失传。清谢重辉作《西魏书》,断于西魏禅代之年,然材料仍取之周书等,作用不大。

《魏书》有宋刘恕等校语云:“唐高祖武德五年(622),诏侍中陈叔达等十七人分撰后魏、北齐、周、隋、梁、陈六代史,历年不成。太宗初，从秘书奏，罢修《魏书》，止撰五代史。高宗时，魏澹孙同州刺史克已续十志十五卷，魏之本系附焉。《唐书·艺文志》又有张太素《后魏书》一百卷，裴安时《元魏书》三十卷，今皆不传，称魏史者，惟以魏收书为主焉。”这里说明到了唐初仍然想修改魏书。魏澹的书虽由他的孙子补足了缺门，张太素、裴安时又各另撰一本，但都没有传下来。但《魏书·天象志》已佚，后人以张太素《天文志》补之（见《崇文总目》）。

张太素，《旧唐书》卷六十八《张公谨传》作“大素”，传云“长子大象……次子大素、大安（即佐李贤注《后汉书》者），并知名。大素，龙朔中历位东台舍人，兼修国史，卒于怀州长史，撰《后魏书》一百卷，《隋书》三十卷”。以公谨之子排行考之，当以大素为是。诸书引文作太素，盖从校语及《崇文总目》始。《四库提要》转录校语及《崇文总目》，屡言太素，不知《旧唐书·经籍志》、《新唐书·艺文志》均作大素。《旧唐书·经籍志》有大素《北齐书》二十卷，《后魏书》一百卷，《隋书》三十二卷，《隋后略》十卷，《敦煌张氏家传》二十卷，子部《说林》二十卷，集部《张大素集》十卷。可见大素实当时一史家。其书久亡，幸留《天文志》二卷于人间，乃至并其名字而误之。余嘉锡氏《四库提要辨证》博考群书以证刘恕校语，亦未为大素辨正名字，故特附述于此。

魏澹书亦非全亡，今魏收《魏书》缺《太宗纪》，后人以澹书《太宗纪》一篇补之，亦见《崇文总目》及刘恕校语。

总之，魏收书虽自北齐至唐为人所不满，但改撰之本，毕竟不能胜魏收原本。至今《魏书》长存，改撰之本仅留残简于魏收书中，也可以看出魏收书自有它站得住脚的地方。

《北史》对魏收有一论云：伯起“学博今古，才极从横，体物之旨，尤为富赡，足以入相如之室，游尼父之门。勒成魏籍，追踪班、马，婉而有则，繁而不芜。持论序言，钩深致远。但意存实录，好抵阴私，至于亲故之家，一无所说，不平之议，见于斯矣”。这篇论对魏收书评价很高，但对魏收之作风亦有批评，总之是褒胜于贬，多所肯定，这是持平之论。“入相如之室，游尼父之门”二句及“意存实录，好抵阴私”，据《史通·浮词》篇，是李百药原文。可见这是李百药和李延寿共同的意见了。

《魏书》至宋时已缺二十九卷，详见《直斋书录解题》卷四和《玉海》卷四十六所引《中兴书目》。今《魏书》目录下注明“缺”字者亦正二十九卷。唯《太宗纪》及《天象志》取魏澹、张大素书补充外，多以《北史》、高峻《高氏小史》、《修文殿御览》补充（说详《四库提要辨证》卷三）。

《魏书》善本少，百衲本以宋蜀大字本配元明递修本三十七卷成书。原本刓敝，商务印书馆影印时描摹多失其真，不能以其出自宋本而一切信之。

十 《北齐书》

《北齐书》五十卷，唐李百药撰，记公元 534 年前后北魏分裂、东魏建立，中经 550 年北齐代东魏到 577 年北齐亡为止的四十多年史事。书中运用口语，较为真实生动，但残缺很多。今本大部分从《北史》抄回。

（一）《北齐书》的作者

李百药（565—648），字重规，安平（今河北深县北）人。父德林，为隋内史令。百药仕于隋，开皇初，授东宫通事舍人。炀帝即位，出为桂州司马，后几为杜伏威所杀。唐高祖时配流泾州。太宗贞观元年召拜中书舍人，令撰《齐书》，十年，以撰齐史成，加散骑常侍、太子左庶子。二十二年卒，年八十四。事迹详《旧唐书》卷七十二、《新唐书》卷一百零二本传。殿本《北齐书》题李百药职衔为太子通事舍人，不知何时妄加。百药为太子通事舍人是隋初事，修史在三十七年之后，当是中书舍人之误。

（二）《北齐书》的史料来源和编纂

从贞观二十二年上推八十四年，百药当生于齐后主天统元年。北齐自天保元年（550）至承光元年（577）为周所灭，共二十八年。百药父德林（《隋书》卷四十二有传）十五岁时已为魏收所赏识，天保八年（557）举秀才入邺，武平三年（572年，即魏收卒年）除中书侍郎，修齐史。齐亡入周，卒于隋开皇十年以后。德林父子生长于北齐，修齐史自有有利条件。《史通·正史》篇云："李（德林）在齐预修国史，创纪传书二十七卷，至开皇初，奉诏续撰，增多齐史三十八篇，以上送官，藏之秘府。皇家贞观初，敕其子中书舍人百药仍其旧录，杂采他书，演为五十卷。"《北齐书》本纪八卷，列传四十二卷。照刘知幾说法，《北齐书》大部分材料在李德林时已经具备，百药继续纂修，就比较容易了。

《史通》对北齐史曾云今之言齐史者，唯王、李二家。除李家外，刘知幾所赞美的是王劭的《齐志》。王劭“凭述起居注，广以所闻，造编年书，号曰《齐志》，十有六卷”。据《史通》所载，《齐志》本有三十卷，至唐初流传只有十六卷。

王劭，字君懋，晋阳人，《隋书》卷六十九有传。劭及见魏收，为其属官，又为魏收所赏识。隋文帝受禅后，劭在家著《齐书》。时制禁私自撰史，被人告发。文帝遣使收其书，览而悦之。本传说他“撰《隋书》八十卷……初撰《齐志》，为编年体，二十卷，复为《齐书》纪传一百卷，及《平贼记》三卷。或文词鄙野，或不轨不物，骇人视听，大为有识嗤鄙”。《隋书》这篇传描写王劭信佛，好谈符瑞，生性古怪，甚至愚蠢，立言态度很有偏见。今王劭诸书只字不留，不知他所撰《齐书》纪传一百卷是什么样子。然《史通》对《齐志》大书特书，整个《史通》中没有一部书更能比王劭《齐志》这样使刘知幾击节赞叹的。

《史通》提及王劭至二十处，观其夸美，可分三点：

甲、口语　《史通》有一正确主张，以为史书当存当世口语，斥责一般史家修饰文词过甚，使语言古今无别，夷夏不分。《言语》篇表扬王劭、宋孝王（著《关东风俗传》）“抗词正笔，务存直道，方言世语，由此毕彰”。《杂说》篇云：“或问曰：‘王劭《齐志》多记当时鄙言，为是乎？为非乎？’对曰：‘古往今来，名目各异。区分壤隔，称谓不同，所以晋楚方言，齐鲁俗语，六经诸子，载之多矣……如今所谓者，若中州名汉，关右称羌，易臣以奴，呼母云姊，主上有大家之号，师人致儿郎之说。凡如此例，其流甚多，必寻其本源，莫详所出。阅诸《齐志》，则了然可知。由斯而言，劭之所录，其为益弥多矣。足以开后进之蒙蔽，广来者之耳目。微君懋，吾几面墙于近事矣。而子奈何妄加讥诮者哉。'"

乙、直笔 《史通·鉴识》篇云:"如王劭之抗词不挠,可以方驾古人";"君懋书法不隐,取咎当时"。《直书》篇云:"宋孝王《风俗传》、王劭《齐志》,其叙述当时,亦务在审实。按于时河朔王公,箕裘未陨,邺城将相,薪构仍存,而二子书其所讳,曾无惮色。刚亦不吐,其斯人欤!"

丙、叙事 《史通·叙事》篇云:近有"裴子野《宋略》、王劭《齐志》,此二家者,并长于叙事,无愧古人"。《杂说》篇云:"王劭国史,至于论战争,述纷扰,贾其余勇,弥见所长……又叙高祖破宇文于邙山,周武自晋阳而平邺,虽左氏书城濮之役、鄢陵之战、齐败于鞍、吴师入郢,亦不是过也。"

《史通》于王劭称许如此,然《齐志》竟不传世,很为可惜。王劭之书不传,李百药《北齐书》才成为独一无二。实则王劭书成于隋世,李百药修《齐书》,曾参考《齐志》而成。今《北齐书》中记载当时口语不少,其为受王劭影响,或竟转录《齐志》,亦有可能,例如:

卷二十三说魏恺"迁青州长史,固辞不就。杨愔以闻。显祖大怒,谓愔云:'何物汉子,我与官,不肯就! 明日将过,我自共语。'"。

卷四十一《暴显传》说:"显幼时,见一沙门指之曰:'此郎子有好相表,大必为良将,贵极人臣。'"

卷五十《高阿那肱传》:"安吐根曰:'一把子贼,马上刺取掷着汾河中'。"

又,《韩凤传》:"凤于权要之中,尤嫉人士,崔季舒等冤酷,皆凤所为。每朝士谘事,莫敢仰视,动致呵叱,辄詈云:'狗汉大不可耐,惟须杀却!'"

以上所引，皆李百药原文。《北齐书》卷三《高澄本纪》今缺，从《北史》转引，有云：“王尝侍饮，举大觞曰：‘臣澄劝陛下酒。’东魏主不悦曰：‘自古无不亡之国，朕亦何用如此生！’王怒曰：‘朕！朕！狗脚朕！’使崔季舒殴之三拳，奋衣而出。”此虽转引，但《北史》亦本之于《北齐书》，大体保留了原书面貌。这些例子尚多，可以说明李百药已经采用王劭《齐志》。

《北齐书》自宋以来，残缺特多，现在确知其为李百药原文的只有十八卷，实际刚过三分之一：卷四，卷十三，卷十六至二十五，卷四十一至四十五，卷五十。其余大致是取《北史》补充。也有的是以《高氏小史》补充的。《北史》、《高氏小史》等亦以《北齐书》为根据，但毕竟不是《北齐书》原文。这些卷数，哪些卷是李百药原文，哪些卷是取别的书补充的，根据什么来决定呢？《廿二史考异》作了详细考订。

钱大昕认为凡《北齐书》纪传中有史臣论和赞，又称高欢父子庙号的，皆是李百药原文，凡称高欢父子谥法的，皆《北史》之文。列表如下：

姓名	《北齐书》	《北史》
高欢	高祖	神武
高澄	世宗	文襄
高洋	显祖	文宣
高演	肃宗	孝昭
高湛	世祖	武成

此外，亦有数事可以区别《北齐书》与《北史》，如《北齐书》中列传无籍贯的，则自《北史》补入。因《北史》作法，同姓子孙皆附于祖

父传后，不必重叙里贯。《北齐书》列传本叙里贯，忽有不叙里贯之传，即系后人从《北史》补入。又《北史》有附传附见之例，今《北齐书》中附传有及隋代人物的，也是从《北史》补入的。又凡《北齐书》中帝号庙号上加有“齐”字的亦来自《北史》。这些方面可以作读书时参考，自然不能执一端以为定论。

（三）《北齐书》的版本

宋人校勘南北诸史，均作校语。《北齐书》原有校语，注明何者为李氏原本，何者为从《北史》补入。汲古阁本、殿本，无宋人校语，遂难分别。今百衲本二十四史采用宋蜀大字本，配元明递修本三十四卷，缺卷相同，校语尚存。

十一 《周书》

《周书》五十卷，唐令狐德棻撰，记西魏、北周四十余年史事，仅有纪传而无志表，作者仿《尚书》文体写成，语虽典雅，却难免失实，所载有关均田制、府兵制的史料较为重要。原书残缺，今本多取《北史》补入。

（一）《周书》的作者

令狐德棻（583—666），宜州华原（今陕西耀县）人。武德初为起居舍人，迁秘书丞。时大乱之后，经籍亡散，德棻请购求天下遗书，又向唐高祖建言：“近代无正史，梁、陈、齐文籍犹可据，至周、隋事多脱捐。今耳目尚相及,史有所凭。一易世,事皆汩暗,无所掇拾。陛下受禅于隋,隋承周,二祖功业多在周,今不论次,各为一王史,则先烈世庸不光明,后无传焉。”(见《新唐书》卷一百零二)这是唐初修五代史的由来。当时分别派人主修,以侍中陈叔达、太史令庾俭(《四库提要》误作唐俭)及德棻主周。这次修史,因历年不能就而罢。到贞观三年,再修五代史,德棻与秘书郎岑文本、殿中侍御史崔仁师修周史,十年成书。五代史中梁、陈、齐书皆一人所修,周、隋二史实成众手。德棻后又预修《晋书》,修《五代史志》,修贞观十三年以后实录,以及撰《高宗实录》。乾封六年卒,年八十。事迹详见《旧唐书》卷七十三、《新唐书》卷一百零二本传。

(二)《周书》的史料来源

从令狐德棻注意收集遗书,建议修五代史等方面看,他很重视史学。北周自闵帝元年(557)至大定元年(581)只有二十五年,但从宇文泰拥立西魏文帝(535)算起,那就多出二十多年的事情了。据《史通·杂说》篇谓:“令狐(德棻)不能别求他述,用广异闻,惟凭本书,重加润色,遂使周氏一代之史,多非实录。”

“本书”是什么?大概是指柳虬、牛弘所撰周史。《史通·古今正史》篇云:“宇文周史,大统年有秘书丞柳虬兼领著作,直辞正色,事有可称。至隋开皇中,秘书监牛弘追撰《周纪》十有八篇,略叙纪纲,仍皆抵忤。”《杂说》篇注云:“案宇文氏事多见于王劭《齐志》、《隋书》及蔡允恭《后梁春秋》。其王褒、庾信等事又多见于萧韶《太清记》、萧大圜《淮海乱离志》、裴政《太清实录》、杜台卿《齐记》。而令狐德棻了不兼采,以广其书,盖以其中有鄙言,故致遗略。”可见刘知幾对令狐德棻未能广用史料很有不满。

《周书》卷三十七末附有《寮允传》云:“允,本姓牛氏,亦有器干,知名于时,历官侍中、骠骑大将军、开府仪同三司、工部尚书、临泾县公,赐姓宇文氏。失其事,故不为传。允子弘,博学洽闻,宣政中,内史下大夫,仪同大将军。大象末,复姓牛氏。”牛弘是隋代有名人物,寮允位极贵显,乃至失其行事,不能立传,可见《周书》史料不很充足。

(三)《周书》的编纂得失

《周书》本纪八卷,列传四十二卷。北周一代文物制度和北齐不同。当时高欢、宇文泰各奉一主。高欢据中原,故家大族尽出其中,自以为是正统。宇文泰据关陇,经济上和东魏一样,实行均田办法,足以自给;军事上和高欢力量相等。两人亲临前线,决战千里,胜负相当。宇文泰所常忧虑的,是门望不如中原,文化不如江南。但他并不示弱,他要自己发展一套制度和文化。这种由主观愿望出发的改革,并不是从经济基础上创造出来的。因此,他的特点是复古,表现最具体的是官制和文字。主持这个改革的是苏绰。

《周书》卷二十三《苏绰传》,是北周政治史上一篇重要文字。除六条诏书中尽地力、均赋役等与发展生产有密切关系外,他又制定文案程式朱出墨入及户账计籍之法,当时规定一般居官的人都应当通晓六条和计账。西魏的第十一年(梁武帝大同十一年,545年),苏绰作《大诰》,文仿尚书体。自此以后,文笔皆依此体。宇文泰用很古的文体,以矫正南朝的浮华,实际是夸耀西魏的文化高。

北周一代文学古奥，不是文字本身问题，是有政治目的的。

北周除用古代文字外，官制也本周官。《周书》卷二十四《卢辩传》评述了改革官制的具体办法。《周书》无志，周代制度略见于《隋书》志中，官制改革以这篇传中所载为详。《隋书·百官志》记北齐官制极详，于周代官制仅云："所设官名，讫于周末，多有更改，并具卢(辩)传，不复重序云。"这说明修《隋书·百官志》时所得官制材料未能超过令狐德棻所述，则此传之重要可知，惜此传今本多有脱漏。

西魏在均田制的基础上设府兵之制，有柱国大将军八人，其中宇文泰、元欣职位最尊。其余六柱国各统二大将军，一大将军统二开府，一开府领一军兵，共二十四军。其制度及大将军名单见《周书》卷十六《侯莫陈崇传》后，《隋书·百官志》亦不载。

《周书》列传近三百人。因隋唐二代均与北周有密切关系，这些人的子孙在唐代多居贵显地位。研究隋唐制度源流或人物家世，均需参考《周书》。因此，《周书》比《北齐书》更为重要。

《史通》于《周书》多所讥讽，主要是对《周书》的修饰文词表示不满。《杂说》篇云："周齐二国，俱出阴山，必言类互乡，则宇文尤甚。而牛弘、王劭并掌策书，其载齐言也，则浅俗如彼；其载周言也，则文雅若此，夫如是，何哉？非两邦有夷夏之殊，由二史有虚实之异故也。"北齐北周，年代相同，政治亦不相远，所谓地丑德齐，不相上下，以现存周齐二书比较，每使人有周史文雅，齐事秽杂之感。这是史家修饰所致，亦北周有意做作。

《史通·言语》篇又云："先王桑梓，翦为蛮貊，被发左衽，充牣神州。其中辩若驹支，学如郯子，有时而遇，不可多得。而彦鸾(崔鸿)修伪国诸史(《十六国春秋》),收、弘撰魏、周二书,必讳彼夷音,变成华语……而于其间则有妄益文彩,虚加风物,援引《诗》、《书》,宪章《史》、《汉》,遂使沮渠、乞伏,儒雅比于元封(汉武帝年号),拓跋、宇文,德音同于正始(魏齐王芳年号),华而失实,过莫大焉。"

刘知幾主张史书记录口语方言,赞成王劭《齐志》,已详《北齐书》介绍中。这里他批评崔鸿、魏收、牛弘。牛弘《周史》是令狐德棻修《周书》所根据材料。牛弘所以修饰文词,又和北周文字复古有关,这也是当时实际情况。《史通·杂说》篇又谓:"今俗所行《周史》,是令狐德棻等所撰,其书文而不实,雅而无检,真迹甚寡,客气尤烦。"这还是文字问题,知幾所指,自是正确。但文言和白话本有距离,古代文字与口语相去甚远,不止《周书》。我们今天来论《周书》,主要当从史料价值上看。至于书的编制体例和作者的论点,《北齐书》、《周书》没有什么特点值得提的,刘知幾所论,亦非要旨。

(四)《周书》的版本

《周书》至宋亦多残阙。宋嘉祐中校勘北朝三史,《魏书》较好,《北齐书》次之,《周书》最下。《廿二史考异》卷三十二"周书目录序"条云:"此序不云史有残阙,今考纪传每篇皆有史臣论,惟列传第十六(卢辩)、第十八(长孙俭等)、第二十三(韦孝宽等)、第二十四(申徽等)、第二十五(库狄峙等)无之,盖非德棻元本。其二十三、二十四两卷,全取《北史》,二十五卷亦取《北史》,而小有异同。十六、十八两卷,与《北史》多异,而十六卷尤多脱漏。"余氏《四库提要辨证》言:"其所以与《北史》多异,名为移掇李延寿之书,而不尽出于延寿者,盖皆取之于《高氏小史》耳。"这是读《周书》的人所应当知道的。百衲本《周书》采用宋蜀大字本,胜于殿本。

十二 《隋书》

《隋书》八十五卷,其中本纪列传五十五卷,唐魏徵等撰,记隋代三十七年史事;《五代史志》三十卷,唐长孙无忌等撰,记梁、陈、周、齐、隋五代的典章制度,有的远溯汉魏,史料价值较高。

(一)《隋书》的作者

《隋书》作者署名有两种方式。一种是全书题魏徵等撰,如《旧唐书》卷四十八《经籍志》题作:"《隋书》八十五卷,魏徵等撰。"《四库提要》即采取这一方式。另一种是把纪传和志分别开来,纪传题魏徵等撰,志题长孙无忌等撰。《隋书》纪传开始纂修于贞观三年,成于贞观十年。志始修于贞观十五年(641),成于高宗显庆元年(656)。魏徵卒于贞观十七年,远在成书的十三年前,不应仍题魏徵撰。显庆元年,志三十卷修成后上表进呈时,由长孙无忌署名。那么,志的部分自以题长孙无忌撰为是。且贞观十五年修志时,诏书明说修梁陈齐周隋《五代史志》和修《隋书》不是一回事。后来把《五代史志》和《隋书》放在一起,因隋为最后一代,附入《隋书》,较为方便而已。《史通·古今正史》篇也说:"其篇第虽编入《隋书》,其实别行,俗呼为《五代史志》。"这样看来,分别题名是比较妥当的。

《隋书》纪传及志,出于众手。据《史通·古今正史》篇云:"皇家贞观初,敕中书侍郎颜师古、给事中孔颖达共撰成《隋书》五十五卷。”又云:“惟有十志,断为三十卷,寻拟续奏,未有其文。又诏左仆射于志宁、太史令李淳风、著作郎韦安仁、符玺郎李延寿同撰。其先撰史人,惟令狐德棻重预其事。太宗崩后刊勒始成。”

《新唐书》卷五十八《艺文志》中记载:“令狐德棻《后周书》五十卷,《隋书》八十五卷,志三十卷。”注云:“颜师古、孔颖达、于志宁、李淳风、韦安化、李延寿与德棻、敬播、赵弘智、魏徵等撰。”新唐志此文甚不明白,从上下文义看,好像《隋书》八十五卷也是令狐德棻所撰,又好像志三十卷是在八十五卷以外,这是错误的。因《旧唐书·经籍志》排列方法,书名在上,人名在下,上下两排,眉目本极清楚。新唐志改为人名在前,书名在后,如云令狐德棻《后周书》五十卷,本不误。然亦有体例不一,如此处《隋书》八十五卷,志三十卷,作者姓名反在注中,未免混乱。

但新唐志此处于《隋书》作者较《史通》多出敬播、赵弘智二人。敬播《旧唐书》卷一八九有传,言其佐颜师古、孔颖达修隋史,李延寿传又谓与敬播同修《五代史志》。赵弘智见《旧唐书·孝友传》,言其预修六代史。这里所谓六代,是包括《晋书》在内的。可见敬播、赵弘智确实参加修《隋书》了。此外,《旧唐书·魏徵传》中云:“有诏遣令狐德棻、岑文本撰《周史》,孔颖达、许敬宗撰《隋史》。”可见参与撰修《隋书》的还有许敬宗。

(二)隋书史料及体例

隋代共三十七年,文帝即位九年后才统一江南,以朝代论,年代不长。但隋代结束了从东晋南北朝以来长期分裂的局面,建立统一国家,为隋唐封建经济的发展创造了条件。这三十多年兴衰的历史,有经验,也有教训。唐初修史时,因时代很近,旧人尚在,搜集史料不致困难,似乎史料问题可以解决,其实则不然。

《隋书》史料可凭者有王劭《隋书》、牛弘《朝仪记》等书。经隋末江都之乱,文书毁损,如《开皇起居注》六十卷。《史通》已有江都之祸、文多散佚之说。《百官志序》云:“寻而南征不复,朝廷播迁,图籍注记,多从散逸,今之存录者,不能详备焉。”此外,《隋书》中自言史料缺乏之处,如卷五十三《刘方传》后,卷六十四《王辩传》后,卷七十八《许智藏传》后,均有附传云“史失其事”,足见《隋书》史料亦有缺憾。

《隋书·孝义传》共十四人,其中十一人无甚事迹,每传中皆有“庐于墓侧,负土成坟”之语,此等史料,大约根据家传,或当时请求旌表,例行公文中有此考语,连篇载入,转觉史料贫乏,无所取义。

《隋书》本纪五卷,列传五十卷。杨坚在位二十四年,《高祖本纪》两卷,炀帝十三年而亡,本纪亦两卷。因隋末农民起义重要人物及起事始末尽入《炀帝纪》中,一卷不能容纳,遂分为二,实则分量仅得《高祖纪》三分之二。《恭帝纪》虽占一卷,不满五页,事实极简略。

《隋书》列传据目录列名者凡三百三十传,然农民起义诸人中,唯李密有传,余人事迹,略见于《炀帝纪》而已。幸后来新旧唐书为补数传,如窦建德、刘黑闼等尚不至于湮没。

《隋书》人物类传名目大体本于前史,小有改变,计分:

诚节　孝义　循吏　酷吏　儒林

文学　隐逸　艺术　外戚　列女

共十类。然《外戚传》中详述的仅独孤罗、萧岿二家。独孤罗为独孤后兄，萧岿为炀帝萧后父，乃后梁国主，《周书》卷四十八有《萧詧传》，已载岿及其子琮、瓛传。此等传目，实属可省。

《隋书》志共三十卷，卷帙虽少于纪传，分量实与纪传约略相等。共十志，名目有：

礼仪　音乐　律历　天文　五行

食货　刑法　百官　地理　经籍

《隋书》志包括梁陈齐周隋五朝制度，分段叙述。《礼仪志》分量最多，这因牛弘等曾撰《朝仪记》，各朝仪礼文字本来多的缘故。《食货志》仅一卷，但南北朝诸史有《食货志》的仅一《魏书》，《隋书・食货志》分量虽少，史料极为重要。北朝齐、周、隋三代均实行均田制，制度大同小异，完全靠《隋书・食货志》记载下来，南朝的经济制度仅载税制钱帑，不及北朝详细。

《经籍志》源于《汉书・艺文志》。自汉至隋，已六百年，书籍新出者多，亡佚亦不少。隋初牛弘上书，请开献书之路（见《隋书》卷四十九《牛弘传》），历举秦火以后，书有五厄。除秦火一厄和王莽亡国一厄已见《汉书》以外，尚有三国初一厄，永嘉之乱一厄和梁元帝江陵覆没一厄。南朝书籍损失更大，《隋志》常注明“梁有，今亡”，即此之故。隋西京殿有书三十七万卷，大业末，损失者多，唐初搜集遗书，渐具规模。修《隋书》时，作《经籍志》，叙学术之源流，考书籍之存亡，概括六百年来图书情况，是中国古代书籍的第二次总结。因而《隋书・经籍志》是继《汉书・艺文志》后的一部非常重要的目录书，在学术文化史上是一大贡献。

清代章宗源（字逢之，卒于嘉庆五年）撰《隋书经籍志考证》，仅成史部十三卷，武昌崇文书局有刻本。这是宗源未完成的著作。清代又有姚振宗（山阴人）撰《隋书经籍志考证》五十二卷，用力至深。其中子部诸书与佛教有关者，都根据《大藏经》中典籍一一阐明。姚氏对《隋志》的贡献很大，清代目录学家如姚氏者亦不多见。

十三　《南史》《北史》

《南史》八十卷，《北史》一百卷，均为唐李延寿撰。《南史》起宋武帝永初元年（420），迄陈后主祯明三年（589），记南朝宋、齐、梁、陈四代一百七十年的史事；《北史》起北魏道武帝登国元年（386），迄隋恭帝义宁二年（618），记北朝魏、齐（包括东魏）、周（包括西魏）和隋四代二百三十三年史事，有纪、传而无志、表，主要删节八书而成，但也有新增史料，且有校勘、补正南北朝史书的价值。

（一）南北史的作者

李延寿，字遐龄，世居相州，本陇西著姓。延寿父大师，欲仿《吴越春秋》体裁，编次南北史，未成而卒。延寿三入史馆，修《隋书》及《五代史志》，因得遍观内府所藏，继父之志，成南北史。事迹详见《旧唐书》卷七十三、《新唐书》卷一百零二本传。

李延寿合宋、齐、梁、陈诸书而为《南史》，先成；又合魏、齐、周、隋诸书而成《北史》。《北史》最后一卷附《序传》一篇，叙述修书经过甚详。其中说：

贞观二年五月，（大师）终于郑州荥阳县野舍，时年五十九……

(贞观)十七年,尚书右仆射褚遂良时以谏议大夫奉敕修《隋书》十志,复准敕召延寿撰录,因此遍得披寻。时五代史既未出,延寿不敢使人抄录;家素贫罄,又不办雇人书写;至于魏、齐、周、隋、宋、齐、梁、陈正史,并手自写。本纪依司马迁体,以次连缀之。又从此八代正史外,更勘杂史于正史所无者一千余卷,皆以编入。其烦冗者即削去之。始末修撰,凡十六载。

《序传》有《上南北史表》云:

从贞观以来,屡叨史局,不揆愚固,私为修撰。起魏登国元年(386),尽隋义宁二年(618),凡三代二百四十四年,兼自东魏天平元年(534),尽齐隆化二年(577),又四十四年行事,总编为本纪十二卷,列传八十八卷,谓之《北史》。又起宋永初元年(420),尽陈祯明三年(589),四代一百七十年,为本纪十卷,列传七十卷,谓之《南史》……一十六年,凡所猎略,千有余卷。连缀改定,止资一手……其《南史》刊勒已定,《北史》校勘粗了。既撰自私门,不敢寝默,又未经闻奏,亦不敢流传。轻用陈闻,伏深战越。

延寿自言著书经过如此。一人著书十六年,其精力专固有不可及者。由贞观十七年下推十六年为显庆四年(659),据《唐会要》卷六十三正作显庆"四年……李延寿撮近代诸史,南起自宋,终于陈;北始自魏,卒于隋,合一百八十篇,号为南北史,上自制序",可补《序传》之阙。八代史共五百五十一卷,正史以外又有一千余卷,延寿约成一百八十卷,决非易事,不可过分苛求。

(二) 南北史的编纂方法

八代史每朝一史,虽一朝之中,首尾完整,而时代割裂,史实乖牾,览者不便。延寿通南朝四代为《南史》,北朝四代为《北史》,颇有必要。然延寿所致力者仅本纪列传,于南北典章制度,不能理而董之,故一概不录。当时史料搜集虽多,说明典章制度或有困难。江淹云:"修史之难,无过于志。"延寿不修南北史志,或由于此。

李延寿南北史虽分南北,似无轩轾,然以《北史》为正。此因隋唐出于武川,与魏、周为一源,故以隋承周。北宋以前,大致重北统,如《册府元龟》亦以宋、齐、梁、陈为闰位,直至司马光修《通鉴》始改以宋、齐、梁、陈、隋纪年。

南北史于东西魏的正统问题,不从魏收《魏书》,而用魏澹《魏书》之例,以西魏为正统,此亦自是唐人以北周为正统的思想。

就本纪列传言之,延寿修书,不出四种方法:

甲、联缀 八代史人物列传各有限断。南北史则凡祖孙父子有传者集合一处,不分朝代,极类家传。对这种做法,《四库提要》讥之,以为家传之体不当施于国史。王西庄尤为反对,以为考家事诚便,考国事则不便。然南北各朝年代均短,一人事迹分为数朝,八代史既已俱备,南北史为便于读者,将一家人物集于一传,亦是一种做法。当时本高门秉政时期,政权改变,高门如故,国亡族不亡。延寿此法,正反映当时实际情况,未可轻议其失。

此外,各史均有类传。南北史大体仍各史之旧,同类人物,联贯编次。如《文苑传》,齐、梁、陈皆有之,《南史》即将诸传联在一起。《宋书》不立《文苑传》,《南史·文苑传》亦遂不收宋代文学家;

并非宋时无文学家，李延寿但从旧史联缀而已。

乙、迁移　同一材料，原来八代史中放在甲处，经李延寿移至乙处。如《梁书》有《止足传》，共三人，《南史》不立此传，遂以《梁书·止足传》中的顾宪之附入其祖觊之传中，萧眎素附入其祖思话传中，陶季直则迁入《孝义传》中。又如北朝魏、齐、隋均有《文学传》，人数甚多。《北史》仅留一部分人，其余各附其家传。《周书》无文学传，《北史》以王褒、庾信等入之。

以上联缀和迁移两种方法，是材料的安排问题。

丙、删削　八代史各自为书，记载未免重复，贯串成书，自可删其重复。有的材料李延寿以为不重要、不确实的，如每代禅让过程、九锡文、表册等，当然也要删削。此外像《宋书》载文章甚多，《南史》体例尽一，别代文章既不详载，宋代文章自当删削。总之，八代史共五百五十一卷，南北史仅一百八十卷，除志全部不录外，纪传部分删削也是很多的。八代史中，《南史》以《宋书》所删为最多，《北史》以《魏书》所删为多，唯于《隋书》所删甚少，可能因《隋书》为官修书，故不敢多所削减。

丁、增加　南北史中有李延寿新增史料，这是一个重要部分。《廿二史劄记》谓《南史》于南齐史增补最多，《梁书》亦增其有关系处。大抵所增多正史以外材料。传目亦有新增，如《贼臣传》前史所无，李延寿始立此目，以贬侯景等。

以上四种方法是南北史编纂过程中的主要方法。

《旧唐书·经籍志》以李延寿之书为都史(即通史)一类，《新唐书·艺文志》谓之集史，郑樵《通志·艺文略》定为通史。刘知幾《史通》列南北史于史记家，言李延寿“抄撮近代诸史”，“其君臣流例，纪传群分，皆以类相从”。这是对的。但李延寿从事南北史编纂，并非全以抄撮了事，这点也必须肯定。

（三）南北史的价值

南北史虽取材于八代史，然确有不同于八代史处。概括言之，优点有三：

第一，史料增加　南北史所增史料，多取之于唐以后不易见的书籍，而能说明问题。如《南齐书》卷二十六《王敬则传》：“太祖（萧道成）将受禅……〔顺帝〕不肯出宫逊位。明日，当临轩，帝又逃宫内。敬则将舆入迎帝，启譬令出。帝拍敬则手曰：‘必无过虑，当饷辅国（敬则时为辅国将军）十万钱。’”下即叙建元元年敬则晋爵加官诸事，似乎敬则对从帝（即顺帝，按子显避梁武帝之父顺讳）有开导之功。《南史》卷四十五《王敬则传》则云：“敬则将舆入迎帝，启譬令出，引令升车。顺帝不肯即上，收泪谓敬则曰：‘欲见杀乎？’敬则答曰：‘出居别宫尔，官先取司马家亦复如此。’顺帝泣而弹指：‘惟愿后身生生世世不复天王作因缘。’宫内尽哭，声彻于外。顺帝拍敬则手曰：‘必无过虑，当饷辅国十万钱。’”《南史》记此事较《南齐书》为详，情况亦更明确。可见萧子显《南齐书》有所隐讳，不得不含糊其事。又如《梁书·临川王宏传》多为宏讳，《南史》卷五十一《临川靖惠王宏传》云：“宏以介弟之贵，无佗量能，恣意聚敛。库室垂有百间，在内堂之后，关籥甚严。有疑是铠仗者，密以闻……宏性爱钱，百万一聚，黄榜标之，千万一库，悬一紫标，如此三十余间。帝与佗卿屈指计见钱三亿余万，余屋贮布绢丝棉漆蜜纻蜡朱沙黄屑杂货，但见满库，不知多少。帝始知非仗，大悦，谓曰：‘阿六，汝生计大可。’……宏都下有数十邸出悬钱立券，每以田宅邸店悬上文券，期讫便驱券主，夺其宅。都下东土百姓，失业非一……豫章王综以宏贪吝，遂为《钱愚论》，其文甚切。帝知以激宏，宣旨与综：‘天下文章何限，那忽作此？’虽令急毁，而流布已远，宏深病之。”此皆《梁书》所无。以宏之贪污如此，梁武帝始终庇护，盖武帝所恐惧者谋反而已，至于刻剥百姓，丝毫不动于心，这段材料很能说明问题。《通鉴》多采南北史，正由于此。延寿所增亦有琐屑，无关重要之处；甚且多载鬼神符瑞，为此所病，然其佳处亦不可没。

第二，可订正八代史之误　南北史根据旧史改编而成，然所载史实与八代史歧互者，所在多有。其中或有传闻异词，根据不同，各尊所闻，两存其说。但亦有确知前史之误，加以纠正的。《北齐书》卷十三《清河王岳传》说：“〔高洋〕使高归彦就宅切责之。岳忧悸不知所为，数日而薨，故时论纷然，以为赐鸩也，朝野叹惜之。”《北史》岳传：“〔高洋〕使高归彦就宅赐以鸩。岳曰：‘臣无罪。’归彦曰：‘饮之！’饮而薨。”则赐鸩是事实。《陈书》卷十四《衡阳献王昌传》：“天嘉元年二月，昌发自安陆，由鲁山济江……三月入境，诏令主书舍人缘道迎接。景子，济江，于中流船坏，以溺薨。”《南史》卷六十五昌传：“丙子济江，于中流殒之，使以溺告。”此外《南史》于《始兴王伯茂传》直书其为宣帝所害，《刘师知传》直书其害梁敬帝，皆《陈书》所讳言。

第三，可以校勘八代史　八代史至宋代始通行，今本流传讹谬甚多。李延寿所见八代史，宋、齐、魏书时代稍远，犹是旧本，至梁、陈、齐、周、隋书，延寿所见的是当时史馆底本，以南北史校八代史，在今天说来算是很有力的根据。尤其是北魏、北齐、北周三代史书，残缺很多，自宋以来，即以《北史》补足；使无《北史》，则残缺部分无法弥补。当然《北史》与魏、齐、周书亦略有区别，至于基本史料仍录自魏、齐、周书，有《北史》在，保存原书十之八九，当无问题。这又可见南北史地位的重要了。

以上三点，系从南北史的积极方面立论。《新唐书·李延寿传》云："其书颇有条理，删落酿辞，过本书远甚，时人见年少位下，不甚称其书。"这种评论，又说明条理清楚、文辞简洁两个方面。但谓过本书远甚，未免过誉。刘知幾《史通》于南北史评论甚少，疑知幾但知其"抄撮诸史"，并未详究全文。

南北史缺点，扼要言之，亦有四端：

其一，既以南北史命名，单修本纪列传，而不修志，使南北朝典章制度，不能系统记述，是一缺憾。

其二，以家人父子合传，不可无表。清代周嘉猷《南北史表》即补其缺。又南北交兵，州郡分割，外交往来等事，亦当有表，方能头绪清楚(赵翼《廿二史劄记》已提出交兵大事头绪不清的问题)。

其三，钱大昕说李延寿于官制非所长，故删削八书，于官名去留，每不恰当。王鸣盛《十七史商榷》卷五十四也说："延寿唐初人，去六朝甚近，而下笔便误，反不如我辈之追考于千载以下，身为职官而竟如邨野细民，全不识朝廷官爵体制，殊可怪也。"

其四，南北分修二史，书出一手，如刘昶、萧宝寅、萧综、萧大圜、毛修之、薛安都等仍沿旧史，南北史均有传，未及删定。

由此可见，延寿之书，虽经十六年始成，亦未能尽如人意。《南史》先成，翦裁稍密。《北史》则删削《魏书》，因仍齐、周、隋书，功力稍逊。

王鸣盛《十七史商榷》最不赞成李延寿，几乎开口便骂。卷五十三谓李延寿："学浅、识陋、才短、位又甚卑，著述传世千余年以来，遂成不刊之作，一何多幸耶！"卷五十五云："凡人无学则心粗，小有才则胆大，延寿学浅心粗极矣，幸其无才，胆不甚大，未敢凭臆欺人，但以描头画角了事。"卷六十二又云："岂知各史之所以多阙落不全者，正因有李延寿书。人皆谓其胜于本书，几视各书为可有可无，不甚爱惜，故至零落。若无南北史则不至此也。"王鸣盛武断偏见，评延寿每过其分。然于延寿书中长处有不可没者，偶亦言之。如卷六十八论《北史》出郦道元于《酷吏传》，升入其父范传中，既称其是，可是又谓："此乃撞着法耳，岂真胸有定见而然乎！"

王氏意在使人重视八代史，不可偏信延寿之书，而结果又将八代史所以残缺，归罪于李延寿作南北史。如此论证，适足以证明延寿书必有过于八代史之处。总之，南北史与八代史相辅而行，可以相互参证。八代史不能亡，南北史亦不可废，具体得失，在研究南、北史事者细心分析而已。

（四）有关南北史的著作

南北史的研究，明以前人不很注意。明末清初李清作《南北史合注》一百九十一卷。李书当时与顾祖禹《读史方舆纪要》、吴任臣《十国春秋》称三大奇书。李清，字心水，号映碧，兴化人。明末官给事中，事迹附《明史・李春芳传》，著有《三垣笔记》传世。《南北史合注》，《四库全书》已著录，至乾隆五十二年始发现李清曾作《诸史同异录》，以顺治帝比崇祯帝，列举相似之点有四。乾隆帝指为悖谬，遂将李清所撰《南北史合注》、《南唐书合订》两书提出扣除。其时《四库》已抄录七份，且于五十一年撰有“提要”。因《四库》扣除，书存宫内，外间遂无传本。据原“提要”所载，谓其参订异同，考订极为精审。但又说：“清既不能如郝经《三国志考正》重编，又不肯如颜师古之注《汉书》循文缀解，遂使南、北二史不可谓之清作，又不谓之李延寿作，进退无据，未睹其要。”可见李清所作，体例极有可商处。原书一百八十卷，注成一百九十一卷，亦不可解。

周嘉猷《南北史表》共七卷，其中《南北史年表》一卷、《帝王世系表》一卷、《南北史世系表》五卷，为研究南北史的工具书，颇有用。周嘉猷，号雨塍，钱塘人，书无自序，据乾隆四十八年胡德琳作《南北史表序》，言雨塍历官山左十余年，作序之时，雨塍卒于官逾年，事迹不详。周氏又有《南北史捃华》八卷，仿《世说新语》体，分十二门，多载故事，惜未注明原来篇目。清初沈茗荪、朱昆田合作《南北史识小录》八卷，仿《两汉博闻》例，专取南北史中字句鲜华、事迹新异的摘录成篇，仍按原书次序，不另分门类。此书目的在词章，于史学无关，因有关南北史的书不多，故连类及之。

十四 《旧唐书》

《旧唐书》二百卷，后晋刘昫等撰，记唐代二百九十年史事，是现存最早的系统记录唐代历史的一部史籍，前半颇为详明，后半则大不如前，或繁琐冗杂，或缺漏较多。全书比较粗糙，但保存史料丰富，具有《新唐书》所不能代替的价值。

(一)《旧唐书》编纂年代及修史诸人

唐代为我国封建社会向前发展的重要时期,自 618 年至 907 年,共二百九十年。《旧唐书》修成于后晋开运二年(945),即唐亡国后三十九年。

《旧唐书》为官修书。刘昫,《旧五代史》卷八十九、《新五代史》卷五十五有传,两传均不载其修《旧唐书》事。《通鉴》载刘昫于晋开运元年七月以司空兼门下侍郎同平章事监修国史。《旧五代史·晋少帝纪》中说:开运二年"六月乙丑朔,帝御崇元殿,百官入阁。监修国史刘昫、史官张昭远等以新修《唐书》纪志列传并目录凡二百三卷上之,赐器帛有差"。九月,"张昭远加阶爵,酬修唐史之劳也"。这是记《旧唐书》修成的年月。究竟书修了多少时间?《五代会要》记载说,天福六年二月敕户部侍郎张昭、起居郎贾纬、秘书少监赵熙、吏部郎中郑受益、左司员外郎李为先等修撰《唐史》,仍令宰臣赵莹监修。其年四月,纬丁忧,以吕琦为户部侍郎、尹拙为户部员外郎,令与张昭等同修唐史。开运二年,史馆上新修前朝李氏书,纪、志、列传共二百二十卷,并目录一卷,赐监修宰臣刘昫、修史官张昭、直馆王申等,缯彩银币各有差。其云前朝李氏书者,避晋高祖嫌名,权易之耳。修唐书乃在后晋之世,初命赵莹监修,莹罢相而昫代之。

据此,可见《旧唐书》成于众手。以言监修,则赵莹在先;以言纂修,则张昭远、贾纬、赵熙、郑受益、李为先等之功居多。时间则天福六年二月至开运二年六月,适满四年。刘昫开运元年七月始监修国史,实际只领职七个月,表上全书时领衔具名而已。《五代史》本传不载其修《唐书》一事，实有微意。《四库提要》以《五代史》不载此事为漏略，恐非。昫本传言“契丹主至，不改其职。昫以眼疾乞休致，契丹主降伪命授昫守太保。契丹主北去，留于东京。其年夏，以病卒，年六十”。契丹主北去，事在开运四年，即《旧唐书》修成的后两年。《通鉴》言四年二月昫罢相，已是刘知远即位之后。

后晋年代短促，且为契丹所迫，连年用兵，而能成二百卷《旧唐书》，又是正史中自《史记》以来最大卷帙的史书，足见五代虽处乱世，学术文化工作并未停顿。

张昭远事迹见《宋史》卷二百六十三，因避刘知远讳，去远字，改称张昭。传云：天福五年，“以唐史未成，诏与吕琦、崔棁等续成之，别置史院，命昭兼判院事”。《少帝本纪》于修史诸臣独标昭远，当由昭远于《旧唐书》功绩独多的缘故。

（二）《旧唐书》的史料来源

《旧唐书》史料最主要的是两个部分：

甲、实录　实录这种体裁，自唐代开始盛行。前代记载帝王行事的，唯有起居注。唐太宗欲观起居注，褚遂良守旧规不与。可见唐初对于起居注，仍极重视。但唐朝制度，一帝死，即修实录。唐二十朝，武宗以上十五朝皆有实录。宣宗以后，实录不存。当时有实录可凭，是修史有利条件。后晋修史时，对唐末诸帝事实，亦曾努力采访，因无实录，困难较多。今天的唐实录除《顺宗实录》外，其他已荡然无存，因此《旧唐书》中保存的史料就更觉重要了（顺宗做皇帝不到一年，实录很短，是韩愈做的，收入韩愈文集而保存了下来）。

乙、唐人所修国史　唐制，实录修成后，又总辑各实录事迹，勒成国史。国史有本纪、列传，与正史相近。唐人修国史约有四次：

第一次　唐初吴兢所修国史，成六十余篇。

第二次　韦述撰国史一百十二卷、史例一卷。述，玄宗时人。

第三次　肃宗命柳芳与韦述缀辑吴兢国史，述死，芳继成之。自高祖至乾元一百三十篇。芳后又撰《唐历》四十篇，止于代宗大历。

第四次　宣宗诏崔龟从等撰《续唐历》三十卷，止于宪宗元和。

如上所述，唐代于国史本有基础。但唐初史料经安史之乱，损失甚重。《旧唐书》卷一百四十九《于休烈传》云："时中原荡覆，典章殆尽，无史籍检寻。休烈奏曰：'《国史》一百六卷，《开元实录》四十七卷，起居注并余书三千六百八十二卷，并在兴庆宫史馆。京城陷贼后，皆被焚烧。且国史、实录、圣朝大典，修撰多时，今并无本，伏望下御史台，推勘史馆所由，令府县招访。有人别收得国史、实录，如送官司，重加购赏。若是史官收得，仍赦其罪。得一部超授官资，得一卷赏绢十匹。'数月之内，惟得一两卷。前修史官工部侍郎韦述陷贼，入东京，至是以其家藏《国史》一百十三卷送于官。"同卷《令狐峘传》云："峘，德棻之玄孙"，"修《玄宗实录》一百卷、《代宗实录》四十卷。著述虽勤，属大乱之后，起居注亡失，峘纂开元、天宝事，虽得诸家文集，编其诏策，名臣传记十无三四。后人以漏落处多，不称良史"。

从上引两条记载，可见安史乱后，史籍损失之严重。天宝以后，国史仅存韦述之本。后晋修《旧唐书》时，韦述著作尚存，是当时重要依据。《旧唐书》前半段修得好,史料充分,多是抄韦述的《唐书》,例如韦述《唐书》写的“我开元……”都抄上了。《旧唐书》后半段不如前半段,是由于唐后期处于兵荒马乱的时代,史料无人整理。宣宗以后,既无实录,穆宗以下,未见国史。《旧唐书·宣宗纪》论云:“宣宗贤主,虽汉文景不足过也。惜乎简籍遗落,旧事十无三四,吮墨挥翰,有所慊然。”这是唐末战争后史籍散失的新情况。

以上就唐代实录国史的情况来说。此外可以参见的,如毋煚《古今书录》为《经籍志》根据,故止于开元。《大唐开元礼》为《礼仪志》根据。其余诸志,多依据《通典》。杂史秘籍,采寻亦多,以言史料,并不完备。总之,《旧唐书》史料不甚充足,故所载事迹大致详于开元天宝以前,略于宣宗以后。《旧唐书》根本问题,亦即在此。

(三)《旧唐书》的价值

《旧唐书》传世百余年后,《新唐书》修成,这对《旧唐书》影响很大。具体情况,将于《新唐书》篇作一新旧书的比较,这里只就《旧唐书》的优点谈一谈。

甲、后晋去唐未远,史料虽缺,文献尚存,当时条件下能搜集到的史料总算大体完备。《旧唐书》成于开运二年。开运三年至四年,契丹大举深入,开封以及河南州县,数百里无人烟,公私损失,不可估计,史籍损失自必严重。《旧唐书》已修成,保存许多史料,很有价值。加之《旧唐书》于一般历史事实,详录旧史,不随便改动,就原来史料的保存一点来说,也有积极意义。

乙、《旧唐书》体例,除表的一项因《史通》以来,未被人重视外，其余比较完整，计本纪二十卷、志三十卷、列传一百五十卷，这是就编号卷数而言，其中尚有子卷，实际共二百十四卷。以本纪论，旧史于唐末昭、哀二纪记述甚详，明人邵经邦讥其敷衍成帙，王鸣盛《十七史商榷》则言："宣、懿、僖、昭、哀五朝皆无实录，既无实录，其事迹易致遗失，而昫时相去近，比宋敏求传闻更确，纂修者偶尔访求而得其详，惟恐泯没，故遂不惮多载之耳！此所载皆是实事……新书于旧纪奋然涂抹，仅存无几，若《哀纪》旧约一万三千字，而新约只千字，自谓简严，实则篡弑恶迹皆不见矣，使新书存而旧书竟亡，读史者能无遗憾乎！"

以志而论，计有：

礼仪　音乐　历　天文　五行
地理　职官　舆服　经籍　食货
刑法

诸志虽有简略之处，然《新唐书》志出后，旧志仍有参考价值，如《食货志》中述租庸调制，仍当以旧志为准。

以列传而论，据闻人诠《重刊唐书序》，言列传共一千一百八十人有奇，不可谓少。《旧唐书》列传于历官次序，官名职衔，大抵根据当时官制，详载无遗，年代数字，都很具体。至新书多从删削，反不清楚。《廿二史劄记》卷十六"《旧唐书》前半全用实录国史旧本"条云："家状送入史馆者，国史即用之，不及改。五代修史时，亦即用之，不复改也，惟全录旧文。而旧时史官，本皆名手，故各传有极工者。如高仙芝、封常清二传，似分似合。《常清传》内载其临死谢表，郁勃悲凉，而继之以仙芝之死，叹息数语，觉千载下犹有生气。又如《郭子仪传》乃裴垍所修，首尾整洁，无一酿词，因此可知唐史官之老于文学也。”司马光《通鉴》于新旧唐书均采用,但采用旧史之处为多,亦可见《旧唐书》的地位。

《旧唐书》自有缺点,书又出众手,成功较速,未免疏漏。清代钱大昕、王鸣盛、赵翼等皆有论及。张道曾撰《旧唐书疑义》一书,专作批评,约略言之,亦有二点:一是根据旧史,多有回护。如穆宗以下诸帝,皆宦官所立,而本纪绝不书。《田神功传》不载其先为安禄山兵马使之事,《李勉传》不载其逃弃汴城之事。这是全录旧史不能订正的缘故。二是列传有重复的,如卷一百二十二有《杨朝晟传》,卷一百四十四又为立传;萧颖士附见卷一百零二,又见卷一百九十下《文苑传》。前后表疏,亦有重出的,《四库提要》已经摘出。这是书出众手,不及检照的缘故。

(四)《旧唐书》的版本

自《新唐书》行世,《旧唐书》读者日少,得书不易。至明嘉靖中,余姚闻人诠已有“酷志刊复,苦无善本”之叹。经闻人诠穷搜力索,始得宋版翻雕,称闻人本。嗣后各种翻刻《旧唐书》皆从闻人本出。清代扬州岑建功曾集当时学者罗士琳、陈立、刘文淇、刘毓崧等四人作《旧唐书校勘记》,又辑《旧唐书佚文》十二卷,对《旧唐书》作了详细校订。

百衲本二十四史中的《旧唐书》,根据宋绍兴刊本(尚存六十九卷)配以闻人本。闻人本原从绍兴本出,所以百衲本《旧唐书》是现在最好的《旧唐书》版本。

十五 《新唐书》

《新唐书》二百二十五卷，北宋欧阳修、宋祁等撰。与《旧唐书》相比，事增文省，搜罗了不少新史料，志的内容比较详细，又新增了表，但本纪和一些列传过于简略，故新书成而旧书仍不可废。

（一）《新唐书》的作者

《新唐书》亦官修书，由欧阳修、宋祁主持纂修。

欧阳修（1007—1072），字永叔，自号醉翁、六一居士，庐陵（今江西吉安）人，北宋著名文学家。宋仁宗起用范仲淹推行“庆历新政”时，欧阳修参加了“新政”活动，并调任为谏官。范罢相后，欧也被贬，先后在滁州、扬州、颍州、应天府等地做了九年地方官，后调回中央，任翰林学士。《新唐书》修成后，曾任枢密副使、参知政事等要职。事迹详见《宋史》卷三百一十九本传。

宋祁（996—1061），字子京，兄庠曾为宰相，当时有二宋之目，辈分长于欧阳修，官至工部尚书、翰林学士承旨。《宋史》卷二百八十四附于庠传。传中说：“修《唐书》十余年，自守亳州，出入内外，尝以稿自随，为列传百五十卷，预修《籍田记》、《集韵》，又撰《大乐图》二卷、文集百卷。”《东轩笔录》云：“宋子京博学能文章，天资蕴籍，好游宴，以矜持自喜，晚年知成都府，带《唐书》于本任刊修，每宴罢盥漱毕，开寝门垂帘燃二椽烛……远近观者皆知尚书修《唐书》矣。”

《新唐书》修于仁宗之世，宋子京共修十七年，欧公稿凡六七年。列传先成，本纪、志、表后成，最后由欧公看详，令删革为一体。《墨庄漫录》说欧公以宋为前辈，一无所易，并主分别具名云云。当时实际监修者为曾公亮，今《新唐书》卷首有嘉祐五年（1060）曾公亮《进新唐书表》，载刊修官欧阳修、宋祁，编修官范镇、王畴、宋敏求、吕夏卿、刘羲叟姓名。以上列名诸人，《宋史》均有传。范镇，仁宗时知谏院，后为翰林学士，与王安石不合而与司马光相得甚欢，著有文集及《东斋纪事》等凡百余卷。王畴，英宗时累迁翰林学士，拜枢密副使，史称其吏治审密，文辞严丽。宋敏求曾撰《长安志》、《唐大诏令》，当时以富于藏书著名。他曾补唐武宗以下六世实录一百四十八卷，对唐代史料搜集有功。吕夏卿曾撰《唐书直笔》，谈修唐书的条例，在《新唐书》修撰中分任表的部分。刘羲叟是著名的天文学家，后来司马光修《通鉴》亦赖其力。此外，《宋敏求传》中还提到王尧臣修《唐书》的话，足见曾公亮表上虽未列名，实际参与修史工作的，还有一些人。因为是官修书，修书时间又长，人员调动总是有的。曾公亮当《新唐书》修成时适以参知政事提举编修，上表进呈，至于书的内容，由欧阳修、宋祁负责，他实不问闻。

《新唐书》究竟哪一年开始修的？曾公亮上表言凡十有七年。自嘉祐五年上推十七年应为仁宗庆历四年（1044）。但《宋史》卷二八四《宋祁传》于景祐前已载祁修唐书之事，其时早于庆历四年约十载。欧阳修集附年谱指明至和元年（1054）八月戊申，诏公修唐书。至和元年至嘉祐五年，前后七年。以欧、宋二人先后撰述时间计之，断不止十七年。

欧、宋二人修书本不同时，分工亦不同。宋祁先撰列传共一百五十卷，欧阳修继撰本纪十卷、志五十卷、表十五卷，全书并由欧看详审定。至嘉祐五年全书告成，距《旧唐书》修成已一百十五年。

（二）《新唐书》的史料

《旧唐书》修于五代分裂之时，又值戎马仓卒之际，史料收集，自有困难。实际上时代太近，史料分散隐藏，反不如时代稍晚，史料散出，可以集中收集。范晔所以能修《后汉书》，裴松之所以能注《三国志》，就是这个缘故。

《新唐书》史料不易列举，因《新唐书》并未注明出自何书。从和《新唐书》同时编纂的《通鉴》来看，凡修《通鉴》时所能看到的唐代史料，修《新唐书》时自必见及。如宋敏求等为博学之士，熟于唐代典故，必能引用无疑。《通鉴考异》中提到唐代史料，胡元常《通鉴全书附引用书目》载之约有三百种之多，可以作研究《新唐书》史料的参考。

就《新唐书》明显增加史料的地方来看，如志增《选举志》、《兵志》。表为《旧唐书》所无，《新唐书》有《宰相表》三卷、《方镇表》六卷、《宗室世系表》两卷、《宰相世系表》十一卷（表原十五卷，连子卷共二十二卷）。列传部分，文徵明《重刻旧唐书序》言新史删旧史六十一传，增三百三十一传，增传多也说明有新史料增加。

欧阳修曾撰《集古录》，他收集古代金石刻，自作跋尾，为金石之学最初的提倡者和研究者。《新唐书》中也反映了金石铭刻的史料。如唐初孔颖达是经学家和史学家，《旧唐书》说他字仲达，《新唐书》列传也说他字仲达，但在《宰相世系表》中则作字冲远。同一《新唐书》，纪与表不一样，这是欧、宋两人各不相谋的缘故。但冲远二字，见孔颖达碑，《集古录跋尾》中曾作考证，可见欧阳修利用金石史料，在当时也算崭新的史料了。

（三）新旧唐书的比较

《旧唐书》修成后未及百年，宋人因不满意而重修，看来新书当胜旧书。曾公亮上表云："其事则增于前，其文则省于旧。至于名篇著目，有革有因，立传纪实，或增或损，义类凡例，皆有据依。"

"其事则增于前，其文则省于旧"，是表中得意语。然刘安世《元城语录》谓《新唐书》的弊病正在事增文省这两句上。新书事增于前，是事实，文省于旧，是弊病，这主要是指宋祁修的列传。宋祁好省字，至文字艰涩，不可理解。宋又为行文方便，好删年代、数字、官爵等具体内容，反不如《旧唐书》为得其实。

《旧唐书》录自实录、国史，多当日习用语，未及改定。如书中有大唐、本朝、今上、国初、国朝字样（张道《旧唐书疑义》列举多条），宋祁删削改定，当然是对的。但删削过多，致事迹不明。这些，正是说明旧书之不可废，并不是说新书可以不作。

王鸣盛言新书本纪太简，较旧书减去十之七，可谓简极，此言是。但王又责新书不应尽削诏令不载，并举如德宗奔奉天，全赖陆贽草诏罪己，以激励将士，新书尽削不载，不如旧纪所载虽少，尚存其略。此事当别论。欧阳修对刘知幾《史通》有不同意的一事，即刘反对史书立表，欧阳修则主张立表，因此《新唐书》有表十五卷。又有得意而为之实行的一事，《史通》云："人主之制册诏令，群臣之意表移檄，收之纪传，悉入书部，题为制册章表书。"《新唐书》本纪尽删诏令，只纪大事，故较旧书为简略。且宋敏求已撰《唐大诏令》

一百三十卷，唐代全部诏令已经收集，本纪不载，毫无关系。《四库提要》亦言："使（诏令）尽登本纪，天下有是史体乎?"时代不同，史体当有改进，责新纪太简，不在诏令之有无，要看事实是否简略。

《新唐书》所削诸传中，亦有不当削而削者。《旧唐书·方伎传》中有孙思邈、玄奘、神秀、慧能、一行等，新史删去，遂使唐代佛教历史，一无记载。这因宋祁好韩柳之文，韩排佛，宋乃不欲诸僧入史，实是偏见。好在佛教历史，僧家自有记载，亦不以正史有无而致影响。

王鸣盛《十七史商榷》云："新书最佳者志、表，列传次之，本纪最下。旧书则纪、志、传美恶适相等。"此言近是。新书列传新标名目如卷一百一十诸夷蕃将、卷一百三十一宗室宰相、卷二百一十至卷二百一十四藩镇等，以类相从，眉目清楚。又新立《卓行传》，如阳城旧书在《隐逸传》，元德秀、司空图旧书在《文苑传》，新书皆归入《卓行》，此等安排，亦与旧书不同。然白居易列卷一百一十九，居张柬之等之前，不可谓不是错乱。最不合理者，新书立《逆臣传》，以黄巢为逆臣。黄巢未曾一日为唐臣，且根本不承认唐朝，何逆之有？旧书但附卷末，亦有贬意；新书标曰逆臣，更露反动立场。然《新唐书》于黄巢传虽肆意诋毁，亦不能不载黄王之得民心，这是历史事实，终究掩盖不住的。

旧书亦有好文字，如卷一百零四高仙芝、封常清传，一气呵成，极为悲壮；而新书卷一百三十五此二人传乃索然无生气矣。《食货志》于租庸调数目，新书甚错不可用。总之，新旧唐书并行于世，事有同异，学者不能偏废。清代沈炳震撰《新旧唐书合钞》二百六十卷，结果新旧不分，体例不纯。赵绍祖亦撰《新旧唐书互证》二十卷,既不全面,亦非精品。新旧唐书史料如何探索,尚需研究。

(四)《新唐书纠缪》

《新唐书》于嘉祐五年修成,即雕版传世,百衲本二十四史中《新唐书》即用嘉祐本。新书行世不久,吴缜即撰《新唐书纠缪》以驳之。吴缜,字廷珍,成都人,《宋史》无传。王明清《挥麈后录》卷二云:

> 〔缜〕初登第,因范景仁而请于文忠,愿预官属之末,上书文忠,言甚恳切。文忠以其年少轻佻距之,缜鞅鞅而去。逮夫新书之成,乃从其间指摘瑕疵,为《纠缪》一书。至元祐中,缜游宦蹉跎,老为郡守。与《五代史纂误》俱刊行之。

欧阳修为北宋显学,王明清尊崇欧阳修至说欧阳之父决不出妻,为李心传《旧闻正误》所纠。此处仍是袒护欧阳修,不满吴缜,其言也未必不信。陈振孙《直斋书录解题》又说:"缜父(师孟)以不得预修书,故为此。"总之,都是说吴缜品德不好。其实,学术问题,当从学术本身研究讨论。吴缜既作《新唐书纠缪》,应当看看他所纠的是不是缪,不必问他对欧阳修是否有成见。先从枝节问题予以打击,不再齿及他的论点,这便是排斥异己,压制思想。欧阳修卒于熙宁五年(1072),其学派势力至南宋也还存在。吴缜因作《新唐书纠缪》和《五代史纂误》,其必为欧阳修的门生故吏所排挤无疑。"游宦蹉跎,老为郡守",就是这个缘故。

知不足斋本《新唐书纠缪》有吴缜进书表,具名题"绍圣元年九月日左朝请郎前知蜀州军州事臣吴缜上表"。绍圣元年(1094)距欧阳修至和元年(1054)初入唐书馆已四十一年,距《新唐书》修成亦三十四年，可惜不知吴缜卒于何年。他的两部书于绍兴八年由宇文时中为之刊印。

吴缜作《新唐书纠缪》共四百六十条，分二十门，题目有“以无为有”、“似实而虚”、“书事失实”、“自相违舛”、“年月时世差互”、“官爵姓名谬误”等。吴并未见《旧唐书》，亦少其他史料核对，只是专读《新唐书》，用本证方法，前后对勘，揭发矛盾。欧、宋二人分修《新唐书》，不及检照之处自是不少，但吴缜发现问题，亦不能一一定其是非。他自己上表说《新唐书纠缪》“初名《新唐书正谬》，寻以未尝刊正，止是纠摘谬误而已，遂改为《新唐书纠缪》”。钱大昕《新唐书纠缪跋》云：“廷珍读书既少，用功亦浅，其所指摘，多不中要害。”又云：“所纠非无可采，但沾沾自喜，只欲快其胸臆，则非忠厚长者之道。”(《潜研堂文集》卷二十八)

《新唐书》是宋代官修书，吴缜敢于提出批评，也花了相当的工夫。尽管当时人不支持他，后世人也有微议，但吴缜总是《新唐书》的诤友，他的意见可以供研究者参考。

十六 《旧五代史》

《旧五代史》原本一百五十卷，北宋薛居正等撰，五代各自为书，记叙详细，后散佚。今本为清邵晋涵等所辑，虽经删改，但大体仍薛史之旧，是研究五代十国历史的重要资料。

(一)《旧五代史》原本

《旧五代史》的纂修,据《宋史》卷二百六十四《薛居正传》记载,开宝五年(972)"监修五代史,逾年毕,锡以器币。六年,拜门下侍郎平章事"。《玉海》卷四十六引《中兴书目》云:"开宝六年四月二十五日戊申,诏梁、后唐、晋、汉、周五代史,宜令参政薛居正监修,卢多逊、扈蒙、张澹、李穆、李昉等同修。七年闰十月甲子,书成。凡百五十卷,目录二卷,赐器帛有差,其事凡记十四帝、五十三年,为纪六十一、志十二、传七十七。"《玉海》所载修书年月与《宋史·薛居正传》所记相差一年。《宋史·太祖纪》中说,开宝六年四月"戊申诏修五代史",七年闰十月"甲子,薛居正等上新编五代史"。这一记载与《中兴书目》合,则《薛居正传》说书修于开宝五年,"五"字当系六字之误。六年修史,在后周灭亡十三年之后,南唐等国尚未入宋版图。

《旧五代史》修成仅费时一年半,与修人员据晁公武《郡斋读书志·后志》记载,有卢多逊、扈蒙、张澹、李昉、刘兼、李穆、李九龄。《旧五代史》取材于各朝实录,及范质《五代通录》,又修史诸臣与五代时代相近,当时事实,多能了解,故成功甚速。修史经过,《五代会要》有"史馆撰录"及"修五代史"条可以参考。

《旧五代史》编纂方法仿《三国志》,五代各自为书,有本纪,有列传。于十国时事,如荆南高季兴、楚马殷、吴越钱镠等原来奉五代正朔的,列入《世袭传》,余入《僭伪传》,契丹、吐蕃等则为《外国传》。人物传记既已归入本朝,不再分类记述,故无类传名目。

共有十志,志目有:

天文　历　五行　礼　乐
食货　刑法　选举　职官　郡县

《旧五代史》修成后约八十年,欧阳修作《五代史记》。欧阳修是一代文宗,书又简要,《旧五代史》读者日渐减少。至金章宗泰和七年(1207),明令立《新五代史》于学官,旧史遂渐散佚。自明中叶至清乾隆为二百年间,很少有人提到见过《旧五代史》。吴任臣撰《十国春秋》时,曾向黄宗羲借过《旧五代史》,意黄家必有此书,但传世的只有吴氏去信,不见黄氏回信,究竟吴氏见到《旧五代史》没有,从《十国春秋》中很难证明。王鸣盛则说他"恐实未见,虚列此目"。

二十世纪三十年代傅增湘撰《旧五代史辑本发覆序》说:"近岁涵芬楼汇印百衲本全史,曾悬金购求,人始知歙人汪允宗藏有金承安四年南京路转运司刊本。顾侦访频年,迄不可得。惟余微闻其书为丁运使乃扬旧藏,辛亥国变失之,为当道某巨公所获,存沪渎侨寓中,第秘惜不以示人。乃知孤本秘籍,至今犹在人间。"自傅氏有此说,大家对《旧五代史》存有希望。但解放以后,并无消息,究竟是否保存下来,仍属渺茫。

(二)《旧五代史》辑本

我们现在能读到的《旧五代史》是辑本,不是原本。

乾隆年间修《四库全书》时,馆臣从《永乐大典》中辑录古书三百八十五种,《旧五代史》是其中重要的一种。今本《旧五代史》前有乾隆四十年进书表,总纂官陆锡熊、纪昀,纂修官邵晋涵。邵字二云,浙江余姚人,是钱大昕的学生,以翰林院编修名义参与修书,史部提要，多出其手，对《旧五代史》的辑录贡献很大。

邵氏辑录《旧五代史》，从《永乐大典》各韵中所引的原文辑出的凡十之八九；又取《册府元龟》、《太平御览》、《通鉴考异》、《五代会要》、《契丹国志》、《北梦琐言》诸书，以补其阙；并参考新旧唐书、《东都事略》、《宋史》、《辽史》、《续通鉴长编》、《五代春秋》、《九国志》、《十国春秋》及宋人说部文集，并五代碑碣尚存者以资辨证。薛史原书体例不可得见，据各书所载，大致按原书编排。今本《旧五代史》前有《编定凡例》十四条，说明编纂要点。清高宗特制《题旧五代史八韵》诗以志其事，命刊入二十四史中。

据凡例中所述，《旧五代史》本纪俱全，唯梁太祖纪原帙已阙，其散见各韵者仅得六十八条。后妃列传，《大典》中唯《周后妃传》全帙俱存，余多残阙。邵氏旁搜他书中引薛史原文补入正文，其他有关史籍分注于下，卷末又作考证，用力甚勤。

辑本以从《永乐大典》辑出为主，实则《册府元龟》一书，征引薛史很多。薛史成于974年，《册府》成于1005年，《大典》成于1405年，辑本则在1775年。《册府》中引薛史，比《大典》更重要，惜邵氏并未能充分利用《册府》。邵氏辑书时，注明每篇引自《永乐大典》卷数，初刊殿本《旧五代史》时，江西彭元瑞曾请照印原注《永乐大典》卷数，因总裁不允作罢。民国十年江西熊氏依彭元瑞原抄四库《旧五代史》底本，影印行世。民国十四年南浔刘氏嘉业堂亦将甬东卢氏所藏四库原辑本木刻行世。这两种本子都是附有《大典》卷数的，比四库定本好。商务印书馆影印百衲本二十四史，其中《旧五代史》即用刘氏刻本影印。然书经传抄，所引《大典》卷数，因《大典》已散佚，大多无以对勘。即有《大典》，以其卷数求之，传抄有误，亦未必尽符。熊氏、刘氏两本所可贵者，不仅在所引《大典》卷数之有无，更重要的是从三个抄本的异同，可以看出修四库书时对这些辑本的改动痕迹。

（三）《旧五代史辑本发覆》

新会陈援庵先生曾以《册府元龟》所引薛史校熊、刘两家本，又校殿本薛史，发现很多不同，作成《旧五代史辑本发覆》三卷，有1937年7月木刻本。

自乾隆四十九年刊印殿本《旧五代史》，后来各种二十四史版本皆从殿本出。以其出于四库馆，清代学者从未提出怀疑，以为辑本《旧五代史》重见于此，已尽善尽美。不知四库修书虽为传播文化，其终极目的，实为清朝统治服务。书经四库馆臣之手，稍有忌讳非抽毁，即删改。五代去清代甚远，但四库馆臣认为也有问题，或者最初认为没有问题，书经三阅，问题更多。因此，即使是辑本，也有一改再改的必要。

陈先生搜集了《册府元龟》所引薛史共一百九十四条，总结辑本有意删改薛史原文，可分十类：忌虏第一，凡虏字必改为敌，或改契丹；忌戎第二，戎王改契丹或契丹主；忌胡第三；忌夷狄第四；忌犬戎第五；忌蕃忌酋第六；忌伪忌贼第七；忌犯阙第八；忌汉第九；杂忌第十。凡有所忌，或改或删，主要是在防止和消灭汉民族的民族思想。大抵《册府》及《通鉴》等书所引薛史与辑本异，而辑本之本皆同者，是纂辑时改的。殿本与熊、刘二本异者，是雕版时所改的。殿本异而有挖补痕，或增删字句以就行款者，是成后又改的。第一次所改为总纂及纂修官之事，占十分之六。第二第三次所改为总校及分校官之事，占十分之四，主要关系恐仍在总裁。

由此可知，辑本《旧五代史》既非全文，又经删改，引用史料，当加研究。但《旧五代史》记叙本来详细，故《通鉴》采用薛史为多；辑本虽有删改，大体仍薛史之旧，自是研究五代史事的重要资料，不能因噎而废食。

《旧五代史》版本，以南浔嘉业堂刘氏本为最好，江西熊氏本次之，殿本的改动最多。

十七 《新五代史》

《新五代史》原名《五代史记》，七十四卷，北宋欧阳修模仿《春秋》笔法且将五代熔而为一撰成，较简要，并补充了不少新史料，用力很深，为二十四史中自唐朝以后的唯一的私修史书，与《旧五代史》同为研究五代十国历史的主要资料。

（一）欧阳修与《五代史记》

欧阳修事迹见《宋史》卷三百一十八本传。传中说："自撰《五代史记》，法严词约，多取《春秋》遗旨。"他奉命修《唐书》，是官修书；自撰《五代史记》，是私人修史。

《玉海》卷四十六引《中兴书目》云：《五代史记》，"七十四卷，欧阳修撰，徐无党注，纪十二、传四十五、考三、世家及年谱十一、四夷附录三，总七十四卷。修殁后，熙宁五年八月十一日，诏其家上之。

十年五月庚申，诏藏秘阁”。欧阳修卒于熙宁五年(1072)，年六十六。《新唐书》成于嘉祐五年(1060)，欧阳修已五十四岁。《五代史记》盖其晚年之作。

自唐初官修诸史以后，新旧唐书、《旧五代史》等，都是由政府设局官修的书。《五代史记》为私修书，可以自行其意，不受约束。也正因为是私人修史，毁誉难免；又因书学《春秋》，多所褒贬，作者不欲轻易示人，所以生前未上于朝。此书原名《五代史记》，殆无疑义。称《新五代史》，乃后世所以别于《旧五代史》。《四库提要》以为本名《新五代史记》，毫无根据，显系错误。

《新五代史》材料多本薛史，但采摭极博，薛史所引五代各朝实录，欧阳修皆能见及。《廿二史劄记》卷二十一有“欧史不专据薛史旧本”一条，列举欧史所采用史料，如梁宣底、范质《五代通鉴》、王溥《五代会要》、王子融《唐余录》、路振《九国志》、孙光宪《北梦琐言》、陶岳《五代史补》、王禹偁《五代史阙文》等，可见欧史卷帙虽只薛史一半，新史料实在丰富。何义门说欧史多取小说，王鸣盛说：“采小说未必皆非，依实录未必皆是。”欧阳修于《冯道传序》自己说明引五代小说，可见他收罗之富和运用之妙。

(二)《新五代史》的编纂方法

欧阳修作《新五代史》，既学《史记》，又仿《春秋》。学《史记》是指编纂方法，仿《春秋》是指微言大义。薛史五代分别排列，各从其主；欧史将薛史全部拆散，镕而为一，其中得失，非无可议，但用力很深，和其他官修书的掇拾典故，随意编排，迥乎不同。因唐以后正史仅此一书为私修，故略述其体例。

甲、本纪十二卷　薛史《梁本纪》后，即断以梁臣列传，唐晋汉周亦如此。欧史梁唐晋汉周本纪连续在一起，删去诏令，如《周世宗本纪》，显德二年毁佛寺及私度僧尼一事，薛史全录诏文八百余字，欧史括为十九字。此与《新唐书》本纪同一体例，而简净过之。《旧唐书》本纪二十卷，《新唐书》存十卷；薛史本纪六十一卷，欧史只存十二卷，删削甚多。

乙、列传四十五卷　名目繁多，实在是把人物分类：

家人传　所记为各代宗室后妃，共八卷，按朝代分卷。

各代名臣传　欧阳修以忠于一朝臣僚称为梁臣、唐臣、晋臣、汉臣、周臣。然五代总共五十三年，如汉一代，共止四年，欲求纯臣，难乎其选。故梁臣传凡三卷二十五人，唐臣传凡五卷三十三人，晋臣传仅一卷三人，汉臣传仅一卷九人，周臣传仅一卷三人。即所列各代大臣，又何尝不仕二姓。

死节传一卷　仅三人。以下类传不分朝代。

死事传一卷　十人（另附一人）。死节与死事同一死也，欧阳修以死节者为全节不二之士，特别赞叹王彦章。死事者降死节一等，但死人之事，亦有可取。自注共有十五人，其中五人不够立传的，姓名见于本纪及他人传中。

一行传一卷　五人，仿《后汉书·独行传》。

唐六臣传一卷　六人（另附一人）。这都是唐末大臣投降朱温的，说他们是唐臣，意在讽刺。

义儿传一卷　八人，都是李克用的养子。五代养子成风，养义儿的其实不止李克用。

伶官传一卷　四人，前史于伶官无专传，这是正式记载戏剧演员之始。

宦者传一卷　二人。

杂传四十五卷　一四四人。名之曰杂传，是指历仕各代，无类可归的人，实在是一种贬斥。其中以冯道为代表人物，欧阳修于冯道传叙，斥之为无耻之人。

丙、考三卷

司天考二卷　即天文志，末附刘羲叟言历法。

职方考一卷　即地理志。欧史只作二考，序中自言"五代礼乐文章，吾无取焉。其后世有必欲知之者，不可以遗也，作司天、职方考"。欧阳修作史以褒贬为主，故于五代典制不甚注意。

丁、世家年谱　"世家"十卷，分别记十国，唯北汉称东汉。诸国至宋初尚存者都记述到宋灭诸国止，实际已及《宋史》范围。年谱一卷，极简单，止于周恭帝逊位，记十国年不全，后有附注，言："十国年世，惟楚、闽、南汉三国，诸家之说不同，而互有得失，最难考正。今略其诸说而正其是者，庶几博览者不惑，而一以年谱为正也。"

戊、四夷附录三卷　契丹传占二卷，据胡峤《陷虏记》录入。

《新五代史》多自创名目，王鸣盛不以为然，说："乍观之，壁垒一新，五花八门；徐思之，五代各自为代，乃错综记载，若合为一代者然，此何说乎？"王氏是赞成薛史那种编纂方法的，故对欧阳修多不满，对徐无党注更看不起，甚至说："无党空疏，并《春秋》亦未读。"细看欧史，所以如此编纂，主要在于正名分，寓褒贬。他对材料经过考核，删去薛史根据旧史的曲笔，如朱温，薛史说"其先舜司徒虎之后"。《五代会要》以为虎四十三代孙。欧史则直云："宋州砀山午沟里人也，其父诚，以五经教授乡里。”再如石敬瑭，薛史以为“卫大夫猎汉丞相奋之后”，欧史则直云“其父臬捩鸡，本出于西夷”，“其姓石氏，不知其得姓之始也”。欧史新增史料很多，足以补充薛史所不足。

欧阳修在《新五代史》发表很多正面议论，以“呜呼”二字发端，代替前史的“论曰”、“赞曰”、“史臣曰”。他在论中反复慨叹五代是个黑暗时期，拿这个来反衬宋朝的太平，如《一行传》序云：“呜呼！五代之乱极矣，传所谓‘天地闭、贤人隐’之时欤?”他对这一时期的人物，也是否定的多，肯定的少。如冯道、张全义等人当时有好评，欧史痛加贬斥。他对当时社会上的贪污、残暴行为，尽量揭露，爱憎分明，议论不苟。读欧史往往使人精神为之一振。但如五代五十三年中，换了十几个皇帝，这些朝代都是因杀人如麻而建立起来的，欧阳修却一定要鼓励别人向他们效忠，正说明《新五代史》维护封建统治的用心；另一方面也说明后世对《新五代史》的拥护，也在于它能起维护封建统治的作用。读《新五代史》者，不可不认识到这一点。

（三）有关《新五代史》的批评

欧阳修《新五代史》初出，吴缜亦作《五代史纂误》，原本已佚。四库馆从《永乐大典》辑出。晁公武说共二百余事，今存一百十二事。此书作法与《新唐书纠缪》同，以欧史本身前后校对，发现问题，亦有欧史本不误而吴缜偶误者，可为读欧史者之助，亦不足以言击中欧史要害。

清代吴兰庭有《五代史记纂误补》四卷。

周密《齐东野语》载:“焦千之学于欧阳公,造刘贡父(攽),刘问《五代史》。焦对:‘将脱稿。’刘问:‘为韩瞠眼立传乎?’焦默然。刘笑曰:‘如此,亦是第二等文字耳。’”韩瞠眼即韩通,以反对赵匡胤被杀,在陈桥兵变之后,匡胤未即位以前。以欧史体例言,当入周臣传。欧史不作韩通传,以《春秋》笔法衡量,自是缺点。但欧阳修于此事难于着笔,为本朝讳,正可说明写历史是为了当时政治的需要。欧史中凡牵涉十国史事,必云“事具国史”,亦是此意。

《十七史商榷》卷九十三云:“欧公手笔诚高,学《春秋》正是一病……意主褒贬,将事实一意删削,若非旧史复出,几嗟无征。”《十驾斋养新录》亦云:“欧阳公五代史,自谓窃取《春秋》之义,然其病正在乎学《春秋》。”邵晋涵《南江文钞》卷十二云:“修极讥五代文章之陋,只述《司天》、《职方》二考,而于礼乐、职官、食货之沿革,削而不书,考古者茫然于五代之成迹,即职方考于十国之建置亦多疏漏,所恨于修者,掌故之不备也。”这都是从史料角度对欧史表示不满的。

《通鉴》于欧史有取有不取,此因凡欧史所引用史料,修《通鉴》时均能见到,有的直接引原书,亦时订欧史之失。

清代彭元瑞、刘凤诰撰《五代史记注》,卷帙仍欧史之旧,分量两倍于欧史,作法以欧史为主,以《旧五代史》、《册府元龟》、《通鉴》,旁及宋人所撰别史、霸史、传记小说、舆地书凡二百余种,为欧史作注。此书为研究五代史者搜集丰富材料,不仅可以补充与订正欧史而已。

十八 《宋史》《辽史》《金史》

宋辽金三史共七百四十七卷，其中《宋史》四百九十六卷，《辽史》一百一十六卷，《金史》一百三十五卷，署名作者均为元脱脱，实则欧阳玄之力居多。

三史的修撰，颇经一番周折。《元史》卷四十一《顺帝纪》中记载诏修三史始末云：至正三年三月，“诏修辽金宋三史，以中书右丞相脱脱为都总裁官，中书平章政事铁木儿塔识、中书右丞太平（即贺惟一）、御史中丞张起岩、翰林学士欧阳玄、侍御史吕思诚、翰林侍讲学士揭溪斯为总裁官”。“五年十月辛未，辽金宋三史成，右丞相阿鲁图进之。”

从至正三年(1343)三月开始修史，至五年十月修成，为时仅二年半，成书极速。三史之中，《辽史》先成，《金史》次之，《宋史》最后成。据脱脱《进辽史表》云，《辽史》的修撰，起至正三年四月，迄四年三月，则成书不过一年。阿鲁图《进金史表》云，《金史》以至正四年十一月上，则《金史》修成亦仅一年八个月。《宋史》成于至正五年十月，与《元史・顺帝纪》所载相符。三史初修时，脱脱为右丞相都总裁官。脱脱以至正四年五月辞右丞相职，阿鲁图继任右丞相，故《辽史》由脱脱具表进上，金宋二史改由阿鲁图进上。何以金宋二史仍由脱脱署名，而不由阿鲁图署名？据阿鲁图《进金史表》云：

> 命臣阿鲁图以中书右丞相、臣别儿怯不花以中书左丞相领三史事，臣脱脱以前中书右丞相仍都总裁，臣御史大夫帖睦

尔达世、臣中书平章政事贺惟一、臣翰林学士承旨张起岩、臣翰林学士欧阳玄、臣治书侍御史李好文、臣礼部尚书王沂、臣崇文太监杨宗瑞为总裁官。

从表中知脱脱虽去右丞相之位，仍为三史都总裁，故仍以脱脱署名，亦可见阿鲁图之谦让。从表中又可知修史至第二年，总裁官已有增减，如揭傒斯至正三年已致仕（表后列修《金史》官员中仍列入）。吕思诚已外迁（三史修成后始入为中书参知政事），故表中不列入；李好文、王沂、杨宗瑞皆后来参与史事者。铁木儿塔识表中作帖睦尔达世，为当时译音不同之故，至清乾隆时又改为特穆尔达实，当以《元史》本传所载名铁木儿塔识为正。

脱脱，见《元史》卷一百三十八，乾隆时改译为托克托，《四库提要》因之，五局本《元史》遂改殿本之脱脱为托克托，这样更引起混乱。所以，称引宋辽金三史作者，应该名从主人，一律用脱脱，其他辽金元人名地名亦如此。

宋辽金三史总裁官既如上述，而真负责任从事笔削者实为欧阳玄（1283—1357），《元史》卷一百八十二本传云：

玄字原功，其先家庐陵，与文忠公修同所自出，至曾大父新始迁居浏阳，故玄为浏阳人……诏修辽金宋三史，召为总裁官。发凡举例，俾论撰者有所据依。史官中有悻悻露才、论议不公者，玄不以口舌争，俟其呈稿，援笔窜定之，统系自正。至于论赞表奏，皆玄属笔。五年，帝以玄历仕累朝，且有修三史功，谕旨丞相，超授爵秩。

欧阳玄为纂修三史主要人物，玄有《圭斋文集》，脱脱《进辽史表》，阿鲁图进金宋二史表，皆玄所拟，可以证明。

三史同时并修，除总裁官外，其他纂修诸臣，各有分职，皆载于进书表中，《宋史》最多，凡四十人，如泰不华，宋褧、贡师道、贾鲁、余阙、危素等皆在史局。

元修三史在灭宋六十四年之后，距金之灭，已一百一十年，距辽之亡已二百二十年。实则元代议修三史，并不从至正三年始。袁桷《清容居士集》卷四十一有《修辽金宋史搜访遗书状》，言先朝圣训，屡命史臣纂修辽金宋史，因循未就。《元史》卷一百七十二《袁桷传》亦有请购求辽金宋三史遗书事。桷卒于元英宗泰定四年(1327)，年六十一。

至正修三史，为一代大事，不特史局广罗人才，局外人士亦尝讨论三史修法。举其重要者，如苏天爵《滋溪文稿》卷二十五有《三史质疑》一文，自记云："至正癸未（三年）敕宰相选官分撰辽宋金史，翰林学士欧阳公玄应召北上，道出鄂渚，余以三史可疑者数事，欲就公质之，适公行役倥偬，不果。因书以寄之。"天爵一代史家，未与修史之选，观其所疑，多属史料及书法问题。同时杨维桢撰《宋辽金三史正统辨》，则专主以宋为正统，元承宋统，辽金附于《宋史》。维桢此论，陶宗仪《辍耕录》载之，言三史已成，其言终不见用。大抵当时对宋辽金三朝史事，主张不一，有人主张以宋为主体，辽金作载记，如杨维桢即属此类。亦有人主张辽立国在宋先，欲以辽金为北史，宋太祖至靖康为宋史，建炎以后为南宋史，如《元文类》卷四十五所载修端《辨辽金宋正统》一文，即属此类。至正修史时，未能决定。但元代修史，决不能承认宋为正统，而以辽金为附属，此理易明。遂分为三史，各自成书。附志于此，以见三史如何编修问题曾有争论。

1.《宋史》

《宋史》本纪四十七卷，志一百六十二卷，表三十二卷，列传二百五十五卷，共四百九十六卷，卷帙浩繁，是二十四史中最庞大的一部官修史书，向有繁芜杂乱之称，但仍有许多漏略，大体北宋详而南宋略，志和表的参考价值较高。

（一）《宋史》史料

五代以前诸史，编纂之初的搜集史料是个大问题。有的材料本来少，不易说明问题；有的材料散佚，收集为难。及其成书，虽然有些缺点，但原材料大半散亡，幸赖诸史以存。正史之所以有价值，原因大半在此。《宋史》的情况和以前诸史则显然不同。

宋代封建经济有所发展，学术文化有新的成就；宋代尚文轻武，文学之士，著述极富，史学发达，专著之外，继以杂史笔记应有尽有；雕版大量应用，活字版新发明，对书籍流传和保存起决定性的作用。元修《宋史》，虽在宋亡后六十余年，宋代有关史料，大都保存。袁桷搜书条列事状所载凡一百五十余种，仅举其重要者。厉鹗《辽史拾遗》所收书籍共三百五十八种，虽为《辽史》材料而列，绝大多数为宋人所记。沈嘉辙等《南宋杂事诗》所收书籍共九百五十九种，足见宋史资料流传之多。分别言之：

甲、国史 《宋史·汪藻传》言“古者有国必有史，故书榻前议论之辞则有时政记；录柱下见闻之实，则有起居注；类而次之，谓之日历；修而成之，谓之实录”。实则时政记、起居注、日历、实录之外，宋代又修成国史，如夏竦修三朝正史、洪迈修神哲徽钦四朝史之类。至如典章制度，则又别有会要，今存《宋会要辑稿》，尚有二百册之多。《元史》卷一百五十六《董文炳传》："时翰林学士李槃奉诏招宋士至临安，文炳谓之曰：国可灭，史不可没，宋十六主，有天下三百余年，其太史所记，具在史馆，宜悉收以备典礼。乃得《宋史》及诸注记五十余册归之国史院。"此言董文炳收存宋代史料，为元修《宋史》所依据，不知何以只得五十余册，疑《元史》数字有误。此类史料，今多不存，如实录仅存《太宗实录》残本二十卷，日历则不可复见。《宋史》中唯此等史料是其独有。

乙、编年史　宋代编年史中最重要者为李焘《续资治通鉴长编》，今尚存五百二十卷，徐梦莘《三朝北盟会编》二百五十卷，李心传《建炎以来系年要录》二百卷。袁桷所开目录中无《系年要录》，疑元修《宋史》时未见此书。

丙、典章制度　如《开宝通礼》、《太常因革礼》、《景德会计录》、《宋刑统》、《文献通考》、《宰辅编年录》、群臣奏议等。

丁、地理书　如《太平寰宇记》、《元丰九域志》，皆记北宋疆域之书。南宋以后，地方志如《乾道临安志》、《咸淳临安志》、《开庆四明志》、《嘉泰会稽志》等。记载都市则有《东京梦华录》、《梦粱录》等书。

戊、杂史笔记　宋人杂史笔记特多，记述本朝史事，可备参考。

己、文集　宋人文集传世者不下数百家，多有关史料，其中碑传占很大一部分，可补实录中大臣传之不足。

以上略举宋代史料种类，可见宋史资料，取之不尽。修《宋史》者，非史料不足之可忧，转觉如何选录如何组织之不易，《宋史》之困难在此，《宋史》之缺点亦在此。

(二)《宋史》的编纂方法

《宋史》本纪不载诏令，用欧阳修《新唐书》例，南宋间有载诏令者，因南宋部分非如北宋有《东都事略》等书可以凭借，故不能如北宋部分之简练。如仁宗四十二年仅五卷，高宗三十六年乃有九卷。本纪于每一帝卒后，例有一赞。至《理宗本纪》后则云："蔡州之役，幸依大朝以定夹攻之策，及函守绪遗骨，俘宰臣天纲，归献庙社，亦可以刷会稽之耻，复齐襄之仇矣；顾乃贪地弃盟，入洛之师，事衅随起，兵连祸结，境土日蹙，郝经来使，似道讳言其纳币请和，蒙蔽抑塞，拘留不报，自速灭亡，吁，可惜哉！"此节以元兵犯宋之罪，尽归之宋。又《瀛国公纪》后云："宋之亡征，已非一日，历数有归，真主御世，而宋之遗臣，区区奉二王为海上之谋，可谓不知天命也已？"这又是说宋亡元兴，天命早定，都是正面为元朝立说。

《宋史》十五志，一百六十二卷，分量极大，但比《宋会要》，尚嫌其少。各志名目及卷数如下：

天文十三	五行七	律历十七	地理六
河渠七	礼二十八	乐十七	仪卫六
舆服六	选举六	职官十二	食货十四
兵十二	刑法三	艺文八	

诸志提纲挈领，眉目清楚。《地理》、《职官》、《食货》、《兵志》尤为重要，唯《艺文志》草率过甚，连篇累牍，不免重复。钱大昕《廿二史考异》已摘其一书二见三见者，至不可胜数，此为最下。

《宋史》表两种，一为《宰辅表》，共五卷。此表做法分四层，第一、二层宰相任免，第三、四层执政任免，极醒目。宋人本有《百官公卿表》，徐自明亦撰《宰辅编年录》，详载诏令及所以出入朝臣之故。此表盖取材于诸书，惜不为地方大吏作表。清末吴廷燮撰《北宋经抚年表》、《南宋制抚年表》（均见《廿五史补编》），取材多有在《宋史》以外者，可补《宋史》之阙。第二为《宗室世系表》，共二十七卷。此表根据《玉牒》，直是帝王家谱，名字古怪，实无用处。

《宋史》列传共二百五十五卷，约二千八百余传，可谓多矣。但立传本于实录、国史、行状碑志，大抵为京朝官，地方官则较少。如哲宗以后边将著名者如李复、郭景修；宋末捍卫疆土，有功国家，如王坚守合州，王佐守利州，皆极著名；彭义斌屡败金兵，与元兵战，兵败不屈而死，《宋史》均当有传，而竟无传，可见卷帙虽大，遗漏尚多。陆心源撰《宋史翼》四十卷，补七百八十一传，附传者又六十四人，大抵所补多为地方官，足补《宋史》之缺。如《宋史·循吏传》仅一卷，皆北宋人。陆氏增补五卷，以南宋人为多。陆所据为宋代地方志及文集等，其家富于藏书，有宋本书二百种之多，别撰《元祐党人传》及《宋诗纪事补遗》，于宋代史料之收集与流传，甚有功绩。

（三）对《宋史》的批评

《宋史》成书仓卒，向来有繁芜之讥。钱大昕言《宋史》有四弊；一曰南渡诸传不备，二曰一人重复列传，三曰编次前后失当，四曰褒贬不可信。今依其次序论之：

南渡诸传不备　钱氏说："《宋史》述南渡七朝事，丛冗无法，不如前九朝之完善，宁宗以后四朝，又不如高孝光三朝之详。盖由史臣迫于期限，草草收局，未及讨论润色之故。如《钱端礼传》末云，孙象祖，自有传；《王安节传》云，节度使坚之子；《吕文信传》云，文德之弟。是钱象祖、王坚、吕文德三人，本拟立传，而今皆无之，可证其潦草塞责，不全不备矣。”以上三人固当有传，即如《文苑传》，虽有七卷，但以人才论，南宋作者如林，可传者不在少数，修史诸臣仅根据王称《东都事略·文艺传》略加补充，挂漏甚多。如刘克庄一代作家，著作甚富，《宋史》竟未列传，其他可知。

一人重复列传　钱氏云：“程师孟已见列传第九十，而《循吏传》又有程师孟，两篇无一字异。又《李光传》末，附其子孟传事百十五言，而又别为孟传立传。李熙静已见列传第百十六，而第二百十二《忠义附传》又有李熙靖，靖静同音，实一人也。”

编次前后失当　钱氏云：“郑瑴、仇悆、高登、娄寅亮、宋汝为，皆高宗朝人也，而次于光宁朝臣之后。梁汝嘉亦高宗朝人也，而与胡纮、何澹诸人同传，且殿之卷末。权邦彦，绍兴初执政也，而与赵雄、程松同卷。林勋、刘才邵，高、孝时人也，而与陈仲微、梁成大、李知孝诸人同卷。皆任意编次，全无义例，不惟年代不同，抑亦贤否莫辨，予所谓南渡七朝繁冗无法者，此者一端也。”钱氏所举，时代错乱，皆中《宋史》要害。此外如二百九十六卷杨徽之乃宋绶之外祖父，周世宗时举进士，其同卷诸人，时代相近。宋绶，仁宗时参知政事，同卷诸人，时代亦相同。今宋绶在二百九十一卷，徽之反在二百九十六卷，时代次序，亦殊颠倒。至《忠义传》乃以陈东、欧阳澈殿后，宋末起兵诸人反在前，亦不妥当。

褒贬不可信　钱氏举宋季“包恢知平江府，奉行公田，至以肉刑从事，见于《贾似道传》。而本传言其历仕所至，破豪猾、去奸吏、政声赫然，度宗至比为程颢、程颐，此岂可信乎？刘应龙当贾似道专政时，与何梦然、孙附凤、桂锡孙等，承顺风指，凡为似道所恶者，无贤否皆斥，见于《理宗纪》，而本传言其不附似道，何其相矛盾之甚也”。《宋史》列传多据国史旧传及碑志，见于本传者，大致多褒而少贬，不止宋季诸人如此。《陔余丛考》卷十三云：

何铸尝与罗汝楫劾岳飞，见《汝楫传》。铸又尝为秦桧劾王居正为赵鼎之党，鼎遂夺职奉祠，见《王居正传》。又劾张九成党赵鼎，见《张九成传》。又劾廖刚与陈渊等相为朋比，见《廖刚传》。是铸之奸邪，不一而足，乃铸传并无一字，反云治岳飞狱，力辨其冤，谓不当无故杀一大将，竟似正直者。他如文彦博以灯笼锦媚张贵妃，见《唐介传》，而本传不载。建炎元年叶梦得知杭州，军校陈通作乱，梦得被执，见《高宗本纪》。叶梦得初为蔡京客，京倚为腹心，尝为京立元祐党籍，分三等定罪，后知应天府，以京党落职，见毛注、强渊明、胡安国等传，而本传不载。吕颐浩引朱胜非以偕秦桧，胡安国劾胜非不当复用，安国求去，桧三上章留之，而安国传不载。李显忠破宿州，私其金帛，又与邵宏渊忿争，遂致溃归，见《胡铨传》，而本传亦不载。岳珂守当涂，横敛百出，置贪刻吏，开告讦之门以罔民，而没其财，见《徐庆卿传》，而本传亦不载。

《丛考》所举尚多，节取数则，已可说明。国史本之家传、碑志，多有谀词，官修史书，率有此病。至他人传中牵连而书，则无所顾忌，或得其实，然亦难免抑彼而扬此。如刘仁赡，欧阳修《新五代史》特列之于《死节传》，本已作了结论，而《宋史·袁彦传》有刘仁赡降之语，《张保续传》亦云刘仁赡率将卒出降，未免厚诬。读史者不可不参互考校，以定其是非，正由于此。

钱氏所举《宋史》四失，主要在指列传方面，即列传方面缺点亦不止此四点。《宋史》于《儒林》、《文苑》二传之上，创立《道学传》，以位置周程张朱及其弟子，如邵雍，旧史列于《隐逸传》，亦非不妥，《宋史》乃移置于《道学传》，列张载之下。朱子门人黄榦以下六人，亦占《道学传》一卷，而陆九龄、九渊兄弟，则入《儒林传》，此可见元修《宋史》时，程朱派理学家之势力甚大，党同伐异，高自位置。如张浚功罪参半，因其子栻为道学中人，南宋人之议浚者多从左袒；元修《宋史》，于浚亦然。明清学者多不满意，以为儒林之外，不当有道学之名。此其一。

《宋史》于元祐党、新党之争，大抵偏元祐而诋新党，主保守而排进步。如《王安石传》多取朱子《名臣言行录》，殊难置信。《宋史》于反对王安石诸人传中有关诋毁新法，无不备载；于新党诸传，又加嘲弄，其影响及于后世甚大。钱大昕《十驾斋养新录》每提王安石，必肆恶诋，亦由受《宋史》影响太深，遂摆出一副卫道面孔耳。此其二。

此外一事数见，未免重复。亦有同属一事，记载矛盾。此等弊病，均未能免。《四库提要》言沈世泊撰《宋史就正编》，综核前后，多所匡纠。此书未见，亦不知世泊为何如人。就《提要》所引《宋史就正编》内容观之，如纪传互异、志传互异、传文前后互异，所述世系、官资不可尽信，忠义之士尚多阙落诸点，列举事实亦不甚多。《提要》于《宋史》用力殊少，但取《宋史就正编》敷衍成篇，前人如朱明镐《史纠》所载《宋史》有三善七失之论，乃四库史评类著录之书，其他可知。

总之，现存宋代史料颇为丰富，《宋史》部帙虽大，包括未尽；加以修史时间匆促，疏舛难免，故向来对《宋史》多致不满。然《宋史》

修于元末，当时所根据史料多有今日不能见者，三百二十年史事，久赖此书以传，不可以其繁芜而轻视之，亦不可尽信《宋史》，要当参考群书，始可论定。

（四）重修《宋史》者

甲、《宋史新编》二百卷　柯维骐撰。维骐，字奇纯，莆田人，事迹见《明史》卷二百八十七《文苑传》。传云："《宋史》与《辽》《金》二史，旧分三书，维骐乃合之为一，以辽金附之，而列二王于本纪，褒贬去取，义例严整，阅二十年而始成，名之曰《宋史新编》。"凡本纪十四卷、志四十卷、表四卷、列传一百四十二卷。此书以前仅有明刻本，流传未广，抗战前上海大光书局有排印本。柯氏于《宋史》用力甚勤，材料所增有限。《潜研堂文集》卷二十八《跋柯维骐宋史新编》云：

> 若薛方山（应旂）之《续通鉴》，于宋辽金元四史尚未能寻其要领，况在正史之外乎？柯氏《宋史新编》，较之方山，用功已深，义例亦有胜于旧史者。惜其见闻未广，有史才而无史学耳。后之有志于史者，既无龙门、扶风之家学，又无李淑、宋敏求之藏书，又不得刘恕、范祖禹助其讨论，而欲以一人之精力，成一代之良史，岂不难哉！

诚如钱氏所论，以薛应旂《宋元通鉴》比《宋史新编》，则《新编》自胜。若严格要求，则《新编》史料不能出《宋史》范围，人亦何必舍《宋史》而用《新编》乎？所可惜者，柯氏数十年功力，于《宋史》错误，虽多所改正，但未加说明，不能一目了然，反不如专纠《宋史》谬误处易于收效耳。

《四库全书》以《宋史新编》入别史存目，《提要》极力反对维骐强援蜀汉，增宋末景炎、祥兴二王于本纪，又以辽金二朝置之外国，与西夏、高丽同列，以为大纲之谬如是，则区区补苴之功其亦不足道也已。维骐此书略见民族思想，正是特点。《提要》此论，为清朝统治立说，别有用意，不足以服人。

乙、《南宋书》六十八卷　钱士升撰。士升，字抑之，嘉善人，万历四十四年殿试第一，崇祯宰相，国亡后七年始卒。事迹见《明史》卷二百五十一。《南宋书》，《四库全书》入别史存目。此书材料不出《宋史》，但削去奏疏及所历官阶，务从删略，未见增补。唯列传去道学、奸臣、叛臣之名，与《宋史》异。《宋史》不分南北宋，列传人物有南北错综者，此书所收，皆南宋人物。作工具书用，尚可，以与王偁《东都事略》相较，则不可相提并论。《东都事略》资格在《宋史》之上，可作材料书用。

丙、《宋史记》二百五十卷　王惟俭撰。惟俭，字损仲，祥符人，万历二十三年进士。事迹见《明史》卷二百八十八《文苑传》，言“苦《宋史》繁芜，手删定，自为一书”。王士禛《居易录》十云：“钱牧翁云：王侍郎损仲留心宋后三史，苦《宋史》烦芜，删定成书。吴兴潘昭度抄得副本。损仲家图籍沉于汴京之水，未知吴兴抄本云何。庚午岁，石门吕葆中无党游太学至京师，予见其行笈有此书，盖即潘本，涂乙宛然，凡二百五十卷，首纪、次表、次传、次志，纪十五，表五，列传二百，志三十，通为《宋史记》。”可见损仲此书已有定稿。

朱彝尊《曝书亭集》卷四十五《书柯氏〈宋史新编〉后》云：

先是揭阳王昂撰《宋史补》，台州王洙撰《宋史质》，皆略焉不详，至柯氏而体稍备。其后临川汤显祖义仍、祥符王惟俭损

> 仲、吉水刘同升孝则咸有事改修，汤、刘稿尚未定，损仲《宋史记》沈于汴水，予从吴兴潘氏抄得仅存，然三史取材，纪传则有曾巩、王偁、杜大圭、彭百川、叶隆礼、宇文懋昭，编年则有李焘、杨仲良、陈均、欧阳守道，礼乐则有聂崇义、欧阳修、司马光、陈祥道、陈旸、陆佃、郑居中、张玮，职官则有孙逢吉、陈骙、徐自明、许月卿，舆地则有乐史、王存、欧阳忞、税安礼、王象之、祝穆、潘自牧，志外国则有徐兢，著录则有王尧臣、晁公武、郑樵、赵希弁、陈振孙，类事则有徐梦莘、孟元老、李心传、叶绍翁、吕中、马端临、赵秉善，述文则有赵汝愚、吕祖谦。诸书俱在，以予浅学，亦曾过读，其他宋金元人文集，约存六百家，郡县山水志以及野史说部又不下五百家，及今改修，文献尚有可征，予尝欲据诸书考其是非同异，后定一书，惜乎老矣，未能也。

竹垞所言修宋史者尚有王昂、汤显祖、刘同升诸人，即竹垞本人亦有修宋史之意，已收集史料，未能成书。可见明末清初从事宋史修改工作者之多。

缪荃孙手札，有论及《宋史记》一节云："此书见《明史·王惟俭传》，清初惟朱竹垞论及此书，云已沉于汴水，自后乾嘉诸老皆未之见。此本为宋宾王抄校之本，又竹垞所未及知者，廑存天壤，海内无第二本也。"此又一抄本，实则朱竹垞从潘昭度抄得之本，抗战前入北京图书馆，卷首有凡例四十八则，包括辽金，不主道学立传，大致与《宋史新编》立意相同。今北京大学图书馆有清乾隆癸丑年(1793)太仓宋宾王校抄本《宋史记》，计有本纪十五卷，年表五卷，列传二百卷，志三十卷。

丁、《宋史稿》二百十九卷　陈黄中撰。黄中，字和叔，吴江人。父景云以经史名家，黄中此书未刊行。《潜研堂文集》卷二十八有跋，言“本纪十二，志三十四，表三，列传一百七十，共二百十九卷。其纠旧史之失，谓韩琦与陈升之、王珪同传，薰莸无别；陈东、欧阳澈，与宋季一僧一道士同传，拟于不伦；康保裔，战败降契丹，官节度使，事见《辽史》，而以冠忠义；杜审琦，卒于天成二年，而以冠外戚；凌唐佐，本纪既书降金，而又入之忠义；李穀、窦贞固，皆五代遗臣，入宋未仕，不应立传，皆确不可易。于奸臣传进史弥远、嵩之，而出曾布，颇与鄙意合。若王安石之立新法，引佥人，虽兆宋祸，而本无奸邪之心，郑清之虽党于弥远，其在相位，亦无大恶，和叔俱以奸臣目之，未免太甚矣！此稿增删涂乙，皆出和叔手迹，然前后义例不能划一，纪传无论赞，志无总序，盖犹未定之稿，较之柯氏《新编》，当在伯仲之间耳！”

戊、《南都事略》　邵晋涵曾撰此书，欲比美《东都事略》，未成。《十驾斋养新余录》载其儒学、文艺、隐逸三传目录。

以上诸家均因不满意《宋史》，欲重新编修，其结果，或有其志而未能成书，或成书而未刊行，或则刊行已久而不为史家所重。此外，清钱塘人厉鹗《宋诗纪事》，搜罗至广，补传数千家。清归安人陆心源有《宋史翼》四十卷和《宋史纪事补遗》，亦可供参考。

（五）《宋史》版本

《宋史》最早为至正刊本，次为成化朱英重刊本，此二本不易得，今百衲本即以二本配合影印。

明代南北监本，南监本源于成化本。

《宋史》卷三十五《孝宗纪》缺一页，监本以三十一卷一页移来，而又误置于原缺页之后一页，成前缺后多之形式。明朱明镐《史纠》不知为版本之误，以为作者疏忽，过矣。

殿本行款与监本不同，末句已酉杨存，径改曰地震，《群书拾补》已补此四百字。

又卷二九一《田况传》亦缺一页，卢文弨未补出，百衲本不缺。

2.《辽史》

《辽史》一百一十六卷，记辽二百多年史事，也兼叙了辽建国以前契丹族和辽末耶律大石所建西辽的历史，成书仓促，内容阙略，但因记载辽代史事的其他书籍很少，所以具有较高的史料价值。

（一）《辽史》的史料来源

《辽史》虽有一百一十六卷，实际很简略。以年代论，辽建国三百零五年（907—1211），欧阳玄《进辽史表》作享国二百十九载，去西辽八十八年而言（1124—1211）。时间虽不短，但可以据以写史的材料却不多，因为契丹之俗，记载本少。圣宗时始命刘晟、马保忠监修国史，而先世事迹，直至兴宗、道宗时始裒辑成书。

《辽史》卷一百零四《文学传下・耶律孟简传》云："太康中，始得归乡里。诣阙上表曰：'本朝之兴，几二百年，宜有国史以垂后世。'乃编耶律曷鲁、屋质、休哥三人行事以进。上命置局编修。"这是兴宗时的情况。道宗大安元年，史臣进太祖以下七帝实录，实际上圣宗以前事都是追述而成的。

《辽史》史料缺乏，其原因有三：其一是契丹虽有文字，只是注音拼音，行于民间，用以著作则不够。其二是辽虽用汉人文字，已在得燕云十六州后，所谓十六州只限于河北、山西北部等地，范围不广，而且严禁文字南流，沈括《梦溪笔谈》中有这方面的记载。其三是辽代汉文著作，传至今日者，只有四部，即《龙龛手鉴》四卷，辽释行均（燕京僧）作；《续一切经音义》十卷，释希麟（燕京僧）作；《星命总括》三卷，耶律纯作（从《永乐大典》中辑出）；《焚椒录》一卷，王鼎作（记辽太后事，真伪难辨）。其余单篇散文，亦不甚多。清末（光绪二十二年）缪荃孙曾辑《辽文存》六卷，光绪三十年王仁俊又辑《辽文萃》七卷，寥寥可数。

《辽史》所据为耶律俨《实录》和陈大任《辽史》两种。

耶律俨，《辽史》卷九十八有传，其父耶律仲禧本是析津李氏，赐国姓。俨字若思，官至知枢密院事，赐经邦佐运功臣，封越国公，修《皇朝实录》七十卷。陈大任修《辽史》在金灭辽后三十年。

《辽史》卷七十一《后妃传》序云："耶律俨、陈大任《辽史·后妃传》，大同小异，酌取其当著于篇。"卷四十三《历象志·闰考》多处提及耶律俨和陈大任的书，可见《辽史》的作者们虽然在《进辽史表》中批评说"耶律俨语多避忌，陈大任辞乏精详"，但他们的书仍是修《辽史》的重要依据。

（二）《辽史》的编纂方法

辽与西夏情况相似，西夏无专书，辽却有专史，这是因元灭金，金灭辽，系统相承的缘故。

《辽史》卷一百零四《刘辉传》中说："寿隆二年，复上书曰：'宋欧阳修编《五代史》，附我朝于四夷，妄加贬訾。且宋人赖我朝宽大，许通和好，得尽兄弟之礼。今反令臣下妄意作史，恬不经意。臣请以赵氏初起事迹，详附国史。'上嘉其言。"

《辽史》材料不多，编纂却费安排。本纪三十卷，各帝所占卷数颇不平衡：

太祖	二卷	太宗	二卷	世宗	一卷
穆宗	二卷	景宗	二卷	圣宗	八卷
兴宗	三卷	道宗	六卷	天祚皇帝	四卷

凡与宋交聘往来，皆入本纪。使臣姓名，一一不遗。兴宗再定和议之后，唯书贺即位、吊国丧等大事，其余生辰正旦等使一概不书，有前详后略之势。《金史》立《交聘表》，不知《辽史》何以不立此表。

《辽史》志占三十卷，计有：

《营卫志》三卷　包括宫卫、行营、部族。

《兵卫志》三卷　包括兵制、御帐亲军、宫卫骑军、大首领部族军、众部族军、五京乡丁、属国军和边境戍兵。

《地理志》五卷　包括上京、东京、中京、南京、西京五道，记录了当时的地理建置情况。

《历象志》三卷　包括历、闰考、朔考、象、刻漏和宫星。闰考中有闰月，常署耶律俨和陈大任之名。

《百官志》四卷　包括北面二卷和南面二卷。《百官志三·南面》序中说："契丹国自唐太宗置都督、刺史，武后加以王封，玄宗置经略使，始有唐官爵矣。其后习闻河北藩镇受唐官名，于是太师、太保、司徒、司空施于部族。"枢密之设，自太宗入汴始。《南面朝官》的序中又说道："既得燕、代十有六州，乃用唐制，复设南面三省、六部、台、院、寺、监、诸卫、东宫之官，诚有帝王之盛制，亦以招徕中国之人也。”

《礼志》六卷　包括吉仪、凶仪、军仪、宾仪、嘉仪，提供了当时契丹部落等的风俗习惯方面的材料。

《乐志》一卷　包括国乐、诸国乐等。

《仪卫志》四卷　包括舆服、符印、仪仗。其中有国舆、国服、国仗、汉舆、汉服、汉仗等名目。

《食货志》二卷　其中记载说：“各部大臣从上征伐，俘掠人户，自置郛郭，为头下军州。凡市井之赋，各归头下，惟酒税赴纳上京，此分头下军州赋为二等也。”这是了解辽代赋税状况的一则重要资料。

此外，还有《刑法志》二卷。

《辽史》有表八卷，其名目有：

世表	皇子表	公主表	皇族表
外戚表	游幸表	部族表	属国表

《廿二史劄记》卷二十七“辽史立表最善”条说：“表多则传自可少”，部族，属国亦列之于表，“凡朝贡叛服征讨胜负之事，皆附书其中，又省却多少外国等传”。

《辽史》表中材料，多载于本纪、列传及志中（如《营卫志》已载部族，而《部族表》又载之，《兵卫志》每县兵数即为一行，《百官志》又以一官为一行），唯列表则一目了然，殊便阅读。

《辽史》有列传四十六卷。正传二百四十人，耶律氏有传者一百四十四人（附传合计），其中有赐姓者，如耶律俨、耶律隆运（即韩德让）。次则萧氏，如《后妃传》二十人，十八人为萧氏（《廿二史劄记》卷二十七又有“辽后族皆姓萧氏”一则）；《列女传》五人，三人为萧氏。

由此可见《辽史》列传几乎为耶律氏和萧氏两大家族所囊括。

列传中单独立传者六十五传（附传合计共七十七人）。此外有类传，其名目有：文学、能吏、卓行、列女、方技、伶官（一人）、宦官（二人，与伶官合一卷）、奸臣（二卷）、逆臣（三卷）、外纪（高丽、西夏），末卷为国语解。

《辽史》中有自称辽兵者，此元人修史时口气，无足怪者。周中孚《郑堂读书记》引以为疑，非的论也。周或踵《陔余丛考》之说耳。

辽与宋交涉，当参阅《宋史》。如杨业之被擒，《辽史》卷八十三《耶律斜轸传》中说："斜轸闻继业出兵，令萧挞凛伏兵于路。明旦，继业兵至，斜轸拥众为战势。继业麾帜而前，斜轸佯退，伏兵发，斜轸进攻，继业败走，至狼牙村，众军皆溃。继业为流矢所中，被擒。斜轸责曰：'汝与我国角胜三十余年，今日何面目相见！'继业但称死罪而已……既擒，三日死。"这段记载与《宋史》有出入。《宋史》说"乃不食三日死"。然则自称死罪的话，恐怕是《辽史》的夸口之词。其实，在《辽史》中，杨业事既详于《耶律斜轸传》，又载于本纪和《耶律奚底传》。本纪第十一说，统和四年，继业"遇斜轸，伏四起，中流矢，堕马被擒。疮发不食，三日死。遂函其首以献"。《耶律奚底传》中说"继业败于朔州之南，匿深林中。奚底望袍影而射，继业堕马。先是，军令须生擒继业，奚底以故不能为功"。这两处记载也都没有提及自称死罪之事，而不食而死的说法则是与《宋史》相一致的。所以有关宋辽交往之事必须参阅两史。

（三）《辽史拾遗》

《辽史拾遗》二十四卷，清厉鹗撰。厉鹗，字樊榭，钱塘人。其书乾隆八年(1743)刻,内纪十二、志四、表二、传三、外纪一、国语解二。新补志二,一为选举,一为经籍,在十六卷中。传共补十八人。引书三百五十八种,材料一为使臣、商贾、降人、间谍之口说,一为地方志,其中有些地方尚需严格审订。

乾隆五十九年(1794),杨复吉刊《辽史拾遗补》五卷,引《旧五代史》(厉未见)、薛应旂《宋元通鉴》、《续资治通鉴》及《契丹国志》(厉引过,有漏)等及清人考证之书。

《辽史》祖本及殿本均不佳,乾隆改译本更坏,百衲本《辽史》名为至正本,实系覆元刻本,亦多谬误。

3.《金史》

《金史》一百三十五卷,记载由金太祖阿骨打到金亡约一百二十年史事。在宋辽金三史中,《金史》向来被评为简要。《四库提要》说,元人于此书经营已久,与宋、辽二史取办仓促者不同,故其首尾完密,条例整齐,约而不疏,赡而不芜,在三史之中,独为最善。

(一)《金史》的史料来源

金立国自阿骨打收国元年(1115),至金哀宗天兴三年(1234)即宋理宗端平元年亡国,共一百二十年。金入据中原至于河南,文化较契丹高,故自太祖、太宗以后,各朝均有实录。金章宗喜文学,故于世宗实录修撰最详。金亡,元帅张柔收金实录,中统二年,送实录于史馆;后来,王鹗又修成了《金史》。所以,阿鲁图《进金史表》中说:“张柔归金史于其先,王鹗辑金事于其后。”张柔,即张弘范之父。王鹗,字百一,曹州东明人,金正大元年状元,仕金至左右司郎中。金亡时为张柔所救,元世祖即位,首授翰林学士承旨,制诰典章,皆所裁定。《元史》卷一百六十《王鹗传》未提及他修《金史》之事,但记载了他向元世祖上奏"置局纂就实录,附修辽、金二史"并得到同意的情况。王恽《玉堂嘉话》卷一说王鹗所修《金史》有"帝纪、列传、志书,卷帙皆有定体"。可见是一部比较完整的著作,是至正年间重修《金史》的重要依据。

金源史料,元好问最为留意。元好问,字裕之,号遗山,秀容(今山西忻州)人。《金史》卷一百二十六《元好问传》中说他"晚年尤以著作自任,以金源氏有天下,典章法度几及汉、唐,国亡史作,己所当任。时金国实录在顺天张万户(张柔)家,乃言于张,愿为撰述,既而为乐夔所沮而止。好问曰:'不可令一代之迹泯而不传。'乃构亭于家,著述其上,因名曰'野史'。凡金源君臣遗言往行,采摭所闻,有所得辄以寸纸细字为记录,至百余万言"。纂修《金史》,多本其所著。

今考《金史》史料除实录外,有元好问《壬辰杂编》、杨奂《天兴近鉴》,二书今已亡,当时曾采入《金史》。金、元之间的刘祁有《归潜志》十卷,专记金亡前、南渡以后的历史,记佥军制度颇详;王鹗又有《汝南遗事》;元好问又有《中州集》,所采多金人诗,有小传,亦是修《金史》时的重要资料。此外,金人文集今存者九家,如赵炳文、王若虚、元遗山集,《四部丛刊》有之。山东海丰(今无棣)吴氏曾刻《九金人集》,可见《金史》的史料比《辽史》为多。

(二)《金史》的编纂方法

《金史》本纪十九卷。第一卷为世纪,记太祖以前先世,第十九卷为世纪补，记追尊诸帝。

志十四篇，共三十九卷。价值较高的有《食货志》五卷，《选举志》、《百官志》各四卷，《地理志》三卷。

表二篇，一为《宗室表》；二为《交聘表》，分上、中、下三卷，最清晰。

列传七十三卷，历来对《金史》的批评较多的，是这一部分，现约略举之：

王伦、张邦昌，《宋史》有传，《金史》无立传必要而都有传，这实际上是重复。

崔立杀宰相、劫后妃等，以汴京降蒙古，《金史》不入叛、逆臣传中而与完颜奴申同卷，这是编次失当之处。

赵翼在《廿二史劄记》卷二十七“金史失当处”条中说：“宗弼用兵，处处与韩常俱。富平之战，宗弼陷重围中，韩常流矢中目，怒拔去，以土塞创，奋呼搏战，遂解围，出宗弼。仙人关之战，宗弼陈于东，韩常陈于西。顺昌之败，韩常以大将亦被鞭责。柘皋之战，王德先败韩常于昭关，《宗弼传》内屡错见其事。又《高福昌传》记韩常用法严，遣吏送囚于汴，或道亡，监吏惧罪，乃尽杀之以灭口。后衍庆宫图画功臣，韩常以骠骑大将军亦得绘像。是韩常固金初一大将，累有战功，《金史》必宜有传，乃竟无之，亦属挂漏。”

此外，杨朴佐太祖开基，见于《辽史》，而《金史》却不为立传，亦属此列。

《金史》列传人名极复杂，尤其译名舛异，究为一人、为二人不易分别。

如宗杰，太祖子，目录作本名木里也，而卷六十九传作没里野。

《系年要录》则以斡离不为宗杰,《金史》以斡离不为宗望。

宗翰,卷七十四说,本名粘罕,又名粘没罕。《系年要录》则作宗维,《礼志》作粘哥。

宗望,卷七十四作斡离不,又名斡鲁补,《礼志》作斡里不、讹鲁补。

卷七十九《施宜生传》中所及耶律辟离剌,《交聘表》则作耶律辟里剌。

又如阿忽带,卷一百一十《冯璧传》中作阿虎带,卷一百一十一《内族讹可传》中又作阿禄带。

纥石烈执中即胡沙虎,纪传中忽而纥石烈执中,忽而胡沙虎,忽而纥石烈胡沙虎。

除此之外,《宋史》金人名多与《金史》不符,如《秦桧传》之室撚,《岳飞传》之龙虎大王、盖天大王等,《金史》无其人。再如《宋史》卷四百七十一《邢恕传》中说赵伦携宋赐余睹诏书,而《金史·萧仲恭传》却说是萧仲恭的事,难道是使宋时变易了姓名吗?总之,姓名的异同,对于阅读宋辽金元等史的人来说,是经常遇到的问题。

汪辉祖撰《辽金元三史同姓名录》,甚有用,凡与宋辽金三史有关者当参阅。当然,最好应别作《一人异名录》,问题会解决得更彻底些。

清代研究《金史》成绩突出的,当推施国祁。施国祁,乌程人,著有《金史详校》十卷、《金源札记》二卷、《礼耕堂丛说》等。施氏治《金史》三十年,用力甚勤,详校分三类,一为总裁失检,是属于体例方面的问题;二为纂修纰缪,是属于事实错误;三为写刊错误,是属于校勘方面的问题。

十九 《元史》

《元史》二百一十卷，明宋濂、王祎等撰，记太祖至顺帝十四朝历史，编次多有疏漏、舛误之处，但成书早，保存有极丰富的史料，对其重要性不可忽视。

（一）《元史》纂修经过与作者

《元史》前后纂修两次。第一次于洪武二年（1369）奉诏开局，八月成书。第二次于洪武三年（1370）二月开局，七月成书。纂修时间不足一年。钱大昕《十驾斋养新录》卷九“元史”条说：“综前后仅三百三十一日，古今史成之速未有如《元史》者。”

两次开局修史的总裁都是宋濂、王祎二人。第一次纂修官为应聘的山林遗逸之士汪克宽、胡翰、宋僖、陶凯、陈基、曾鲁、高启、赵汸、张文海、徐尊生、黄篪、傅恕、王锜、傅著、谢徽及赵壎十六人，第二次是朱右、贝琼、朱廉、王彝、张孟兼、高逊志、李懋、李汶、张宣、张简、杜寅、殷弼、俞寅、王廉、赵壎等十五人，前后共三十人，两次并与者赵壎一人而已。其中胡翰、高启、赵壎等八人《明史》有传，另有事迹可考者十五人，则附见于《明史》卷二百八十五《赵壎传》中。此外，《王廉传》见《曝书亭集》卷六十二。第二次纂修时，王祎曾推荐天台文士徐一夔，徐未至，但对修《元史》事很关心，有《与王待制书》，见《皇明文衡》卷二十六。

宋濂（1310—1381），字景濂，其先金华潜溪人，迁居浦江。元末因李善长荐，投入起义军朱元璋部，授江南儒学提举，后命授太子经，改起居注，迁侍读学士。洪武九年，除翰林学士承旨，知制诰，兼修国史。后因孙罪受牵连，遣戍茂州。十四年，行至夔，卒。濂以文章名当世，辅朱元璋有功，与刘基、叶琛、章溢并称为“四先生”。著有《宋学士文集》，其事迹见《明史》卷一百二十八本传。

王祎(1322—1373)，字子充，义乌人，元末即以文名，后为朱元璋召用，甚受礼遇，授江南儒学提举司校理。修《元史》成，拜翰林待制，同知制诰，兼国史院编修官。洪武三年，预教大本堂。六年，奉旨招谕元梁王，在云南尽节死。著有《王忠文公集》，事迹见《明史》卷二百八十九《忠义传》。

今洪武祖本李善长《进元史表》载，第一次书成为纪三十七、志五十三、表六、传六十三。目录后，宋濂洪武三年题记谓第二次成本纪十卷、志五卷、表二卷、传三十六卷。盖第二次修《顺帝纪》，《百官》、《宰相》二表分上下卷，《五行》、《河渠》、《祭祀》、《百官》、《食货志》有下卷。传多二卷，原因不明。宋濂又说“合前后二书，复厘分而附丽之，共成二百一十卷”，即本纪四十七卷、志五十八卷、表八卷、传九十七卷。

(二)《元史》的史料来源

徐达攻克北京，搜其秘阁图籍，尽解金陵，故史料极多，可为《元史》早日成书创造条件。《元史》史料的根据有实录、国史和《经世大典》、《元典章》等书，还有碑版文集和专门采访的资料。

一是实录。徐一夔在其与王祎书中，说元朝“不置日历，不置起居注，独中书置时政科，遣一文学掾掌之，以事付史馆，及一帝崩，则国史院据所付修实录而已，其于史事固甚疏略”。徐又指出《元史》宁宗及其以前各朝资料，多凭实录撰写。又元十三朝实录之得以保存，危素有功焉。《明史》卷二百八十五《危素传》云：“危素字太朴，金溪人……至正元年，用大臣荐，授经筵检讨，修宋辽金三史……由国子助教迁翰林编修，纂后妃等传，事逸无据，素买饧饼馈宦寺，叩之得实，乃笔诸书，卒为全史……（徐达入北京），乃趋所居报恩寺入井。寺僧大梓力挽之起，曰：‘国史非公莫知。公死，是死国史也。’素遂止。兵迫史库，往告镇抚吴勉辈出之，元实录得无失。”危素入明为翰林学士，但未参与修《元史》，所著有《危太朴集》行世。元十三朝实录今已失佚。

二是《经世大典》。《明史・赵壎传》和《徐一夔传》，皆谓修《元史》曾据《经世大典》诸书。《经世大典》是元朝纂修的一部记载当代典章制度的书，编者为虞集、赵世延等人。据虞集序称，此书于文宗天历三年开局纂修，至顺二年五月编成。《经世大典》以类编次，而明朝的《永乐大典》则以韵编。其书今亡，唯《元文类》卷四十至卷四十三有《经世大典叙录》四卷，记载篇目共十篇，分两大部分，即第一部分君事四：帝号、帝训、帝制、帝系；第二部分臣事六：治典、赋典、礼典、政典、宪典、工典。前四篇非主要部分，后六篇则内容比较重要。

赋典是食货，内容极丰富，分目很细，其《赋典・版籍》中说：“南北混一越十有五年，再新亡宋版籍，又得一千一百八十四万八百余户，南北之户总书于册者，计一千三百一十九万六千二百有六，口五千八百八十三万四千七百一十有一，而其山泽溪洞之氓又不与焉。”仅此八十余字，元统一后十余年的户口数，已可知其梗概。

政典分类二十，其帙一百二十三，叙军政，有征伐、招捕、军制、军器、屯田、驿传、弓手、急递等目。《序录》所列屯田数颇为准确详尽，还有"驿传"中"站赤"一卷，即今《大典》之偶存于世者，已由日本学者影印出版。最突出的是政典叙录中的"招捕"一篇，为我们保存了一大批有关农民起义和少数民族起义的宝贵资料。

工典分类二十二，其中有宫苑、官府、城郭、桥梁、仓库，又有玉工、金工、木工、抟埴之工、石工、丝枲之工、毡罽、皮工、画塑、诸匠等目，可以反映元代手工业的情况和特色。

《元史》职官、兵、刑、食货诸志，多取之《大典》，已无可置疑。志以外的部分也有取自《大典》者。至天文、五行诸志，则有郭守敬所创简仪、仰仪诸说，《河渠志》则有郭守敬成法及欧阳玄《河防记》等，可以为据。

三是文集碑传。《元史》列传部分，所据除《实录》外，还有苏天爵的《元名臣事略》和《元文类》，材料亦不缺乏。钱大昕曾撰有《(补)元史艺文志》四卷，其中卷二正史类、实录类、编年类、杂史类、谱录类、地理类，卷三经绎类、杂家类、类事类、天文类、历算类所列各书，当时多有保留，亦可供修史者参阅。尤其是卷四别集类，著录元人诗文集达七百五六十种之多，其中的一部分，纂修诸人亦可看到。商务印书馆所出《四部丛刊》集部曾精选元人文集达二十部，所载碑传已有不少，更不用说元末明初保留的那些了。

四是采访。《元史》分两次纂修，原因是顺帝一朝史事，史籍缺乏，必须作进一步的调查采访。《进元史表》中已称："若自元统以后，则其载籍（主要指未修实录）无存，已遣使以旁求，俟续编而上进。”采访的规模和方法是，由洪武二年六月开始，“仪曹会诸使臣，发凡举例，具于文牍，分行各省”，而重点在山东、北平。“凡诏令、章疏拜罢奏请，布在刀册者，悉辑为一。有涉于番书，则令译而成文。其不系公牍，若乘舆巡幸、宫中隐讳、时政善恶、民俗歌谣，以至忠孝、乱贼、灾祥之属，或见之野史，或登之碑碣，或载群儒家集，莫不悉心咨访。”以上俱见《宋学士文集》卷七《送吕仲善使北平采史序》、卷十四《吕氏采史目录序》。结果成档一百二十帙，“所榻碑文北平四百通，山东一百通不在数中”。采史可考者有吕复（即吕仲善）、黄盅、欧阳佑、危于幰（危素之子）等人。像这样的调查工作，在历史上也是少见的。

（三）《元史》的编纂方法及后人对《元史》的批评

洪武刊本卷首有纂修《元史》凡例，凡五项：

甲、本纪准两汉史，事实与言辞并载。

乙、志准《宋史》，条分件列，览者易见。

丙、表准《辽史》、《金史》。

丁、传准列代史而参酌之。

戊、纪志表传之末，不作论赞，据事直书，使其善恶自见。

从《元史》的各部分内容看，基本上达到了上述的要求。本纪大事详尽，多载诏令奏疏，以《顺帝纪》分量最大，《世祖纪》史料亦多。食货、职官、兵、刑各志，十分充实，今实录和《经世大典》已不存，其价值就更大了。

但《元史》也有很大的缺点。一是内容重复，二是疏舛，三是因仍旧文,四是人名不统一。顾炎武《日知录》卷二十六云:"《元史》列传八卷速不台,九卷雪不台,一人作两传。十八卷完者都,十九卷完者拔都亦一人作两传。盖其成书不出一人之手。"其集注云:"三十七卷石抹也先,三十九卷石抹阿辛,亦是一人两传。"顾氏又云:"诸志皆案牍之文,并无溶范。"

钱大昕《十驾斋养新录》卷九"元史"条云:"本纪或一事而再书,列传或一人而两传,宰相表或有姓无名,诸王表或有封号无人名。"同卷"元初世系"条亦云"史臣未见秘史,故于元初世系颇漏略"。

《元史》中的诏旨也都引用旧文,如卷一百二十四《忙哥撒儿传》,内有诏书一篇,文极古雅,仿古尚书体,乃宪宗蒙哥诏书。又卷二十九《泰定帝纪》又有泰定元年登极诏书,全用白话,乃译蒙文而成者。两个诏书相比,极为不类。后者于乾隆时已删改而润饰之,成为文言。今五局本、苏州局本《元史》此诏已用改译本。

赵翼《廿二史劄记》卷二十九有"元史人名不画一"条,还有"金元二史不符处"、"宋元二史不符处"条,举例甚多,极为允当。但他在"元史"条中,又说列传卷三十二前是第一次进呈的,已有泰不花、余阙等传(二人是元末的色目人),而卷三十三后,又开始列耶律楚材、刘秉忠等人之传,这是第二次进呈者。赵氏的这种看法是没有根据的。钱大昕以为,列传卷三十二前是蒙古、色目人,卷三十三后则是汉人、南人,这是完全按照元朝修国史的安排方法。钱氏之说颇有说服力。

清人汪辉祖还撰有《元史本证》五十卷,专论《元史》缺点,做法与吴缜的《新唐书纠缪》相同,但只是发现矛盾,未能解决矛盾。

(四)后人补修或改修《元史》者

甲、《元史类编》四十二卷　邵远平撰,四朝别史本。

邵远平,字戒三,浙江仁和人。其高祖经邦,曾于明嘉靖中撰《宏简录》一书,事迹见《明史》卷二百零六《邵经邦传》。《宏简录》意在续郑樵《通志》,完成唐宋部分,远平续以元代,故称《元史类编》。《类编》成于康熙三十六年(1697),有纪传,无志略,似未成全书。但剪裁得当,材料且多于《元史》,注明出处,儒林、文苑二传所补尤多。

乙、《元史新编》九十五卷　魏源撰,有光绪三十一年刻本。

魏源,字默深,湖南邵阳人,为清代嘉道间著名学者。著有《古微堂集》、《古微堂诗集》、《海国图志》、《圣武记》等书。事迹见《清史稿》卷四百八十六本传。《新编》体例完备,共本纪十四卷、列传四十二卷、表七卷、志三十二卷。列传名目甚多,此外又有类传,书前有凡例与语解。此书多采用《元史类编》之本纪,去《元史》错舛、疏漏,改《元史》案牍之文,是第一部企图较大规模修改旧元史之书。但为魏源未成稿,多后人所补成,源自谓要改修《元史》,比其书为《新五代史》,后人称其文章雅洁,议论明快,限于材料,疏漏之处仍所不免。

魏源自上《进呈表》,开首即说《元史》八月成书,实十一月之误;又说钱大昕撰《元史经籍志》,实为《元史艺文志》之误;又说《元史类编》,四库著录别史类,实则四库未收此书。魏氏于卷首有《元史语解略》,强不知以为知,既改也里可温为耶里可温,谓为回教别名,即回教之阿浑,由《元典章》称先生曰耶里可温而知,不知元人称基督教为也里可温，而先生乃元人称道士者。此皆魏氏务在博大，而精审不足，未能细加检核之故。

魏氏书中云："《辽金元三史国语解》为官书，即在京师亦难购觅，况南方下士乎，今一依旧史以存其实。"然于驢、狗、醜、也、兒诸字，皆改为驴、苟、丑、耶、而，所谓治丝愈乱也。

丙、《元史译文证补》三十卷　洪钧撰，光绪二十三年刻。

洪钧，字文卿，吴县人，同治七年状元，光绪十九年(1893)卒，年五十五。事迹见《清史列传》卷五十八、《清史稿》卷四百四十六本传，费念慈所撰墓志见《碑传集补》卷五。

洪书的特点在于应用西方资料。他在光绪时出使俄、德、荷、奥等国，为公使。本人不通西语，因让使馆人员翻译，其中有波斯文写的拉施特《史集》，还有多桑的《蒙古史》、霍渥尔特的《蒙古史》等，这就是所谓的"译文"。该书又应用西方资料以证《元史》之误，补《元史》之缺，并自加双行小注以考证其异同，这就是所谓的"证补"。

但《译文证补》亦为未成稿，其中若干篇皆有目无文，如查合台诸王补传、速不台传注、克烈部补传等。而所写成之太祖本纪异证，定宗、宪宗本纪补异，拔都补传，阿里不哥补传，哲别补传等，所用西方资料，则很丰富。

丁、《元书》一百零二卷，自叙二卷　曾廉撰，宣统三年刻。

曾廉，湖南邵阳人，与魏源同乡，中湖南乡试举人。他以《元史类编》、《元史新编》为底本增益之，写成《元书》，文仿司马迁、欧阳修，书末自序，即仿太史公为之。自云反对康梁变法，上万言书以相排斥，足见其思想的顽固。

戊、《蒙兀儿史记》二百六十卷　屠寄撰。

屠寄，字敬山。此书为未定稿，民国初年先出十册，后出四册，至民国二十三年始由其后人全部刻出，共二十八册。

屠氏认为《元史》之名不能概括蒙古的范围，又以蒙古一名不如蒙兀的语音确切，而《唐书》最早称蒙古为蒙兀室韦，故用以为书名。此书亦大量搜集外国资料，翻译收入。对洪钧书有缺者，《蒙兀儿史记》多能补之，对西北、西南诸汗国的沿革和地理都有详尽的考订。对蒙古各部的记载亦较洪书为详。即元朝大事，也多有他书未载者，如《顺帝纪》谈北京地震，《元史》、《新元史》等书俱未载。

己、《新元史》二百五十七卷　柯绍忞撰，有民初徐刻本，开明二十五史景印本。

柯绍忞，字凤荪，山东胶州人，所撰《新元史》，计本纪二十六卷、表七卷、志七十卷、列传一百五十四卷，外附目录一卷。民国九年，以大总统命令列为正史。大总统徐世昌且为出资刊印，民国十一年印出，为徐刻本。《新元史》所采外国材料，多据洪钧《元史译文证补》及其未刻稿（藏陆润庠处），并采用《永乐大典》。

民国十三年，日人因《新元史》之成就，赠柯绍忞以文学博士称号。博士论文审查会谓此书优点有三：第一，参照西方史料；第二，参考《元朝秘史》；第三，参考《永乐大典》中所辑之《经世大典》残书以及《元典章》等书。缺点有二：第一，取舍增删之处未尽得宜，关于禁止汉人武器之事，一概省略，可惜。《艺文志》应补入，也里可温材料未能较旧史为详。第二，考证有未当之处。其结论是：《元史类编》长在博引旁搜，短在琐碎冗蔓；《元史新编》长在文章雅洁，论断明快，短在记事简略，史料不备。此论文兼有二书之长，而并无二书之短。审查报告还指出："作者柯君，承袭诸家之后，参考诸家之著述，修改《元史》表面似易成功，实际则等于群雄割据迭兴之后，而成统一之功，其为难处正自不少也。”

《新元史》增传甚多，然亦有《元史》有传而新史反漏者，如谭资荣，见旧史卷一百六十七，新史仅在其子澄传略及之；任速哥，旧史卷一百八十四；胡长孺，旧史卷一百九十；靳昺，旧史卷一百九十八，新史均未载。《新元史》亦有重复者，卷二百三十四《儒林传》敬瑛字文书，卷二百四十一《隐逸传》杜瑛字文玉，二人皆河北灞县人，隐河南缑氏县，著《春秋地理原委》，卒谥文献。又《儒林·许谦传》附张枢，《隐逸·杜本传》亦附张枢，二人皆金华人。

《新元史》增事甚多，如韩林儿、徐寿辉等起义的事迹，材料多超过《元史》，但缺点是眉目线索不清，又不注明出处，使研究者不能贸然引用。

此书每卷原有考证，第一、二卷考证最多。刻书时以其分量过多，删去之，故今本首尾皆无考证，且原稿皆已散失。柯氏死后，其子刻其草稿，成《新元史考证》。解放前，陈叔陶有《新元史本证》，也指出了该书很多相互矛盾和错舛之处。

总之，《新元史》问世后，对《元史》的改造并无过多出色之处。不但《元史》的价值不能因之而减削，即屠寄的《蒙兀儿史记》亦可继续与之相抗衡，故解放后，《蒙兀儿史记》一书已被翻刻。

二十 《明史》

《明史》三百三十二卷，目录四卷，共三百三十六卷，清张廷玉等撰。《明史》的卷数在二十四史中占第二位，编纂时间之长占第一位。明朝的历史与前代已有显著不同。在政治上，专制主义中央集权达到了高峰，阶级矛盾、民族矛盾和统治阶级内部的矛盾也日益加剧。在经济上，明后期出现了资本主义的萌芽。故研究明代的历史很复杂，很多问题，非《明史》所能包括，但《明史》仍不失为研究明朝历史的主要参考书。

（一）《明史》的纂修和作者

《明史》纂修时间很长，如果从清顺治二年（1645）下诏修《明史》算起，至雍正十三年（1735）成书，共达九十一年，刻版在乾隆四年（1739），从编书到最后与读者见面计九十五年。

纂修《明史》经过三个阶段。

甲、第一阶段：从顺治二年到康熙十七年。顺治二年，即清入关的第二年，始下诏纂修《明史》，以内三院大学士洪承畴、冯铨、范文程等负责编写。当时史料缺乏，实录不全，献书者极少，用人也不当。朱彝尊《曝书亭集》卷四十五《书两朝从信录后》说："《熹宗实录》成，藏皇史宬，相传顺治初大学士涿州冯铨复入内阁，见天启四年纪事，毁己尤甚，遂去其籍无完书，论世者颇以《两朝从信录》是征。"冯铨是阉党，其言行多为士大夫所不齿。天启实录七年亦有缺者，崇祯朝无实录。更主要是当时政局不稳，农民军和南明小朝廷中的一些人仍在抗清；顺治十六年（1659）郑成功与张煌言曾率兵围攻南京；康熙初又有三藩之叛。修史的条件不成熟，故牵延时日，无成绩可言。

乙、第二阶段：从康熙十八年到康熙六十一年。这时清朝对三藩的平定已操胜算，统治日渐巩固了。康熙十八年开博学弘儒科，延揽名士和遗民，号召三品以上官吏举荐，举荐不力者处罚。结果考中五十名，分一、二等，授翰林院编修、检讨等官职，着编纂《明史》。参与修史得力的学者有张烈、乔莱、陈维崧、朱彝尊、汤斌、汪琬（以上一等），潘耒、施闰章、尤侗、方象瑛、毛奇龄、吴任臣、严绳孙（以上二等）等人。他们之中的某些人分纂或自纂的明史拟稿，至今犹存，兹列举如下：

尤侗，字展成，长洲人。居史馆三年，分纂列朝诸臣传、外国传，有《明史拟稿》六卷、《明史·外国传》八卷，载入其所著《西堂余集》中。

朱彝尊，字锡鬯，秀水人。曾七次上书总裁论修明史体例，分纂《成祖纪》及列传三十篇，列传载入其所著《曝书亭集》中。

毛奇龄，字大可，又名甡，萧山人。居史馆六年，分纂《王文成公传》、《后妃传》等，著有《胜朝彤史拾遗记》六卷、《武宗外纪》一卷、《后鉴录》七卷、《蛮司合志》十五卷，俱载入其《西河合集》中。

汤斌，字孔伯，河南睢州人。居史馆二年，分纂本纪、列传、历志等共二十卷，今存《潜庵先生拟明史稿》二十卷，载入《汤文正公遗书》中。

汪琬，字苕文，长洲人。居馆数月，乞病归。分纂明史列传一百余篇，今存《拟明史列传》二十四卷，载入《钝翁全集·钝翁续稿别稿》中。

方象瑛，字渭仁，遂安人。居史馆三年，先后分撰《景帝本纪》和景泰、天顺、成化、隆庆、万历各朝列传一百六十多传，今存《明史分稿残编》二卷，载入《振绮堂丛书二集》中。

最初，史局初开，以翰林院掌院学士徐元文为监修，叶方霭、张玉书为总裁，继任监修有李霨、王熙、熊赐履、张玉书，总裁有徐乾学、陈廷敬、王鸿绪。徐元文曾奏准陆续征聘人才，万言以副贡召修《明史》，成《崇祯长编》，姜宸英为《明史》撰《刑法志》，黄虞稷分撰部分列传及《艺文志》，皆其佼佼者。徐元文，江南昆山人，是明末清初学者顾炎武的外甥，他又延聘史学家万斯同住其家中，作为《明史》一书的总审稿人。徐元文本人不甚通史学，但他对《明史》的完成，是有推动之功的。

万斯同，字季野，浙江鄞县人，是黄宗羲的学生。他以“布衣”参加审定《明史》，不署衔，不受俸。钱大昕《潜研堂文集》卷三十八《万先生斯同传》说他“束发未尝为时文，专意古学，博通诸史，尤熟于明代掌故，自洪武至天启实录皆能暗诵”。《石园文集》所附墓志铭说他“先是，从云在楼借读二十一史，补其缺略，作东汉后历代诸表。又尝作开国行朝诸臣年表，提纲挈领，其举要多类此也。论史籍则谓诸家疏漏抵牾，无一足满意者，而欲以实录为宗，诸书为辅”。《方望溪先生全集》卷十二《万季野墓表》记载他对方苞说：“凡实录之难详者，吾以他书证之，他书之诬且滥者，吾以所得于实录者裁之，虽不敢具谓可信，而是非之枉于人者盖鲜矣。”可见万斯同是史学专家，是明史专家和实录专家。他之能摒弃时文，专攻考史，在当时也是难能可贵的。万氏先馆于徐元文家，后又受聘于王鸿绪，先后审定《明史稿》两种，一为三百一十三卷本，另一种是四百一十六卷本，并称为万氏《明史稿》。

康熙四十一年(1702)，万斯同卒于北京王鸿绪家。王鸿绪，字季友，松江娄县人，曾于康熙二十一年、二十五年、三十三年先后任

《明史》总裁，卸任归家后，他即在万氏《明史稿》的基础上略加改动删削，于五十三年(1714)进呈《明史》列传二百零五卷。据《碑传集》卷二十一张伯行撰墓志铭，王鸿绪于雍正元年六月，又第二次进纪志表传三百一十卷，这即是王氏《明史稿》，亦即以后王氏子孙私刻出的《横云山人史稿》。

丙、第三阶段：从雍正元年到乾隆四年。雍正元年，清廷重开史局，以隆科多、王顼龄为监修，张廷玉、朱轼等为总裁，并及纂修官二十五人，又以王氏《明史稿》为据，于雍正十三年成书，即为今之通行本《明史》，并在乾隆四年刻印。书前有张廷玉《进明史表》说："聚官私之记载，核新旧之见闻，签帙虽多，抵牾互见。惟旧臣王鸿绪之史稿，经名人三十载之用心，进在彤帏，颁来秘阁，首尾略具，事实颇详。在昔《汉书》取材于马迁，《唐书》起本于刘昫，苟是非之不谬，讵因袭之为嫌。爰即成篇，用为初稿。"

或谓"经名人三十载之用心"，所指即万期同，亦即钱大昕在传中说的："乾隆初，大学士张公廷玉等奉诏刊定《明史》，以王公鸿绪《史稿》为本而增损之，王氏稿大半出先生手也。"

(二)《明史》的史料来源

甲、实录　《明史》史料丰富，主要据十五朝实录。明朝实录除崇祯一朝未修外，其他皆大部分保存，故可与《明史》对校。《明实录》的特点是：第一，每有大臣卒时，则附以大臣小传。第二，有诏谕，但所收大臣奏疏更多。第三，万历以后，实录许缙绅传抄，故明季仕官之家往往有之，至今得存者，未始非传抄之功。今传1942年江苏国学图书馆梁鸿志影印本，不甚佳。修《明史》时也据

《清实录》，如崇祯时袁崇焕被杀，后修史者得阅《清太宗实录》，才知是中了清朝的反间计，是一个冤案。

乙、邸报　即朝廷内部传阅的材料，主要是奏章的底本，明后期史事多凭邸报。《顾亭林文集》卷三《与公肃甥书》说："惜昔时邸报，至崇祯十一年方有活板，自此以前并是写本。而中秘所收，乃出涿州（指冯铨）之献，岂无意为增损者乎。访问士大夫家有当时旧钞，以俸薪别购一部，择其大关目处，略一对勘，便可知矣。"可知邸报也曾流传民间，故顺治、康熙间因修史购求遗书，其中主要一项即是汇集的邸报。

丙、方志文集　明人文集清初存二千余部，方志亦多。朱彝尊《史馆上总裁第二书》曾指出："明之藏书，玉牒、宝训贮皇史宬，四方上于朝者贮文渊阁。而万历中……阁中故书十亡其七，然地志具存，著于录者尚三千余册。阁下试访之有司，请于朝，未必不可得。"朱彝尊又建议凡属文集、奏议、图经、传记等项图书皆需采访。图经即指地志而言。

丁、各家私史　明朝着重搞当代史的史家较多，著名的有王世贞、郑晓、焦竑、朱国桢等。王世贞《弇州山人史料》前编三十卷、后编七十卷（或称《弇山堂别集》），其中《锦衣志》、《中官考》、《马政考》及《史乘考误》十一卷等，俱为纂修《明史》者所本。王又撰有《嘉靖以来首辅传》，或谓《明史稿》中的《张居正传》即由《首辅传》删节成文（见汪由敦《松泉文集·致明史馆某论史事书》）。焦竑撰《国朝献徵录》一百二十卷，很得万斯同的钦佩，他认为该书"搜采最广，自大臣以至郡邑吏，莫不有传。虽妍媸备载，而识者自能别之，可备国史之采择者，惟此而已"（见《石园文集》卷七《与范笔山书》)。此外,李贽《续藏书》、郑晓《吾学编》、何乔远《名山藏》、陈建《皇明通纪》、朱国桢《明史概》、尹守衡《明史窃》以至谈迁《国榷》等,皆为修《明史》者所采择。至于笔记小说,如沈德符《野获编》、叶盛《水东日记》、朱国桢《涌幢小品》等等,更是美不胜收。但有些书因其中某些问题涉及清朝的忌讳,未便阅读引用,这即不可避免地造成了纂修《明史》在选材方面的局限性。

(三)《明史》的编纂方法

《明史》纪二十四卷、志七十五卷、表十三卷、传二百二十卷。

本纪是个纲,简明扼要,与《元史》本纪显然不同。《景泰纪》处理得当,钱大昕《十驾斋养新录》卷九“明史”条说:“其例有创前史所未有者,如《英宗实录》附景泰七年事,称郕戾王,而削其庙号,此当时史臣曲笔。今分英宗为前后两纪,而列《景帝纪》于中,斟酌最为尽善。”

表有《诸王表》五卷,《功臣表》三卷,《外戚表》一卷,《宰辅表》二卷,《七卿表》二卷。诸王、宰辅等表便于查检。七卿为首创,钱大昕所谓“盖取《汉书·公卿表》之意。明时阁部并重,虽有九卿之名,而通政、大理非政本所关则略之,南京九卿亦闲局,无庸表也”。七卿,即六部尚书加都察院都御史。

志中的礼、乐、天文、历难读。《历志》附图为前志所无。《五行志》无大用,一是简单有缺漏,如地震水旱等灾情;二是专写五行方面的书,如孙之騄《二申野录》八卷今仍存,较《明史》此志要详赡得多。《艺文志》重要,其体例与前史不同在于专记明一代之书目。该志出名家黄虞稷手,黄曾撰有《千顷堂书目》。他也有错误,如卷九十七《艺文二》著录邓名世《古今姓氏书辨证》四十卷，这是宋人的著作，插入后即自乱其例。《刑法志》写得好，对“厂卫”的作用有较详的介绍，出姜宸英手。《食货志》为潘耒编辑，清以后公论甚好，但错舛百出，不堪推敲。

列传占二百二十卷，是全书的主干。有类传，如后妃、诸王、公主、循吏、儒林、文苑、忠义、孝义、隐逸、方伎、外戚、列女、宦官、阉党、佞倖、奸臣、流贼、土司、外国、西域等。《四库提要》说：“列传从旧例者十三(应作十七)，创新例者三，曰阉党，曰流贼，曰土司。”又说，其所以创《阉党传》，“盖貂珰之祸，虽汉唐以下皆有，而士大夫趋势附羶，则惟明人为最夥，其流毒天下亦至酷，别为一传，所以著乱亡之源，不但示斧钺之诛也”。创《流贼传》，是以李自成、张献忠领导的农民军“至于亡明，剿抚之失，足为炯鉴”，非其他小规模起义可比，“亦非割据群雄之比，故别立之”。

《明史》不采取子孙附传，而用同事附传。如卷一百八十八《刘崑传》，附十余人，皆劾刘瑾者；卷一百八十九《夏良胜传》附正德南巡受杖者一百四十余人；卷一百九十一《何孟春传》附二百三十九人。又卷二百九十六《孝义传》序中则载有七百多人名，其实俱无多大事迹，记其名以资表扬而已，这是过去封建史家作传的一种手法。

《明史》的纂修体例，因接受了过去史家的经验，十分整齐完备。赵翼《廿二史劄记》卷三十一“明史”条说：“近代诸史，自欧阳公《五代史》外，《辽史》简略，《宋史》繁芜，《元史》草率，惟《金史》行文雅洁，叙事简括，稍为可观，然未有如《明史》之完善者。”他在同卷“明史立传多存大体”条，亦对《明史》表彰备至。甚至虽有不满处，亦不敢贬斥，如“周延儒之入奸臣传”一题下，应加“不当”二字，才与内容符合，但却从略。“刘基廖永忠等传”条，下未接“疏舛”二字，“乔允升刘之凤二传”下未接“重复”二字，此正所谓其不敢贬斥者也。钱大昕在《廿二史考异》中，对《明史》只字未提，《十驾斋养新录》虽言修《明史》事，亦与赵翼的看法略同。清人对《明史》例不敢议，由此可见。至于建州三卫故事及南明遗事，更不能轻易涉及，否则即遭致文字之祸。《明史稿》原来已为南明三王立传，张廷玉修《明史》时即被撤除，这也是避讳，是为了清朝政府进一步巩固统治的需要。

（四）《明史》与《明史考证捃逸》

乾隆四十年（1775），清朝复下诏修正《明史》。这次主要是改译名，因辽金元史内，凡译音讹舛、译字俚俗者已奉旨修正，如兔应改图，儿应改尔，孙应改苏，打应改达，《明史》亦然，以求划一。《本纪》中袄郎兔改为鄂兰图，把都儿改为巴图尔，也先改额森，扩廓帖木儿改库库特穆尔等。至四十二年，又正式设总裁和纂修官。一是修正了本纪二十四卷，除改译名外，文笔略有更动，内容不变，即今通行的故宫刻本《明史本纪》。二是对列传进行了改译名和部分考证，未正式颁行。

光绪时，军机处行走王颂蔚在方略馆中发现蓝皮抄本黄签条，即乾隆四十二年纂修官所作的考证，王即派人抄出，辑为《明史考证捃逸》四十二卷。（后又有补遗一卷、附录一卷。）考证分几方面：1.校正了某些错字、倒字、脱字、衍文或脱文；2.指出了有关年代、职官、地理和各种制度的错误；3.用本证或他证法发现本书的一些矛盾，并存待考；4.以实录等书增补列传之不足。《明史考证捃逸》尽管残缺不全，所考亦多细微末节，对读《明史》者也颇有参考价值。该书现有民国四年刘承幹《嘉业堂丛书》刻本，百衲本《明史》后有附刻本，开明二十五史本则把全书拆散，分别附在《明史》各个列传之后，更便于翻阅。闻近人黄云眉撰《明史考证》一书，约二百万言，若能早日印出，其作用即可远超于《捃逸》之上。

附：《清史稿》

《清史稿》五百二十九卷，除目录外，本纪二十五卷、志一百三十五卷、表五十三卷、列传三百一十六卷。

本纪　十二帝，包括入关前的太祖（努尔哈赤）和太宗（皇太极）两帝纪。

志　共十六类。其中比较重要的有《时宪志》十六卷、《交通志》四卷、《邦交志》八卷、《地理志》二十八卷、《食货志》六卷、《兵志》十二卷。《邦交志》、《交通志》为前史所无。《交通志》又包括铁路、轮船、电报、邮政，反映了清末的时代特点。

表　共十类，其中包括《大学士年表》、《军机大臣年表》、《部院大臣年表》、《疆臣年表》、《藩部世表》、《交聘年表》等。

传　有三千多人的传，也有类传，其中《畴人传》是创新例。

《清史稿》修于1914—1927年间。修史时所立清史馆的馆长最初为赵尔巽，赵死后又由柯绍忞代理。在馆中任职的人有总纂、纂修、协修等名目，参与史事的学者有王树枏、吴廷燮、缪荃孙、夏孙桐、吴士鉴、张尔田和朱孔彰、朱师辙父子等八九十人。朱师辙撰有《清史述闻》，记清史馆编史事，解放后已铅印。

《清史稿》未被列入正史，因未经当时官府承认，又是初稿。赵尔巽曾在序言中说“盖此稿并非视为成书也”。于是只仿王鸿绪《明史稿》例，称为《清史稿》。

此书所据的史料是极丰富的，有清代国史馆的国史底本、各朝实录、圣训、方略、会典、则例、方志、文集碑传和档案等等。《清实录》、蒋良骐《东华录》、王先谦《东华录》、朱寿朋《光绪东华录》，以及《宣统政纪》等书为本纪的依据。《大清会典》、《大清会典事例》、《清文献通考》，以及刘锦藻的《清续文献通考》等书为志的根据。《清史列传》、《耆献类徵》、《碑传集》、《续碑传集》，以及各家文集等书为列传所本。而这些著作大都完整保存，可与《清史稿》互相参照。当然，《清史稿》在其中最概括简略，是转手多次以后的资料。

《清史稿》是学清史的人的基本参考书，但缺点很多。首先是修史诸人多系清朝遗老，复辟思想浓厚，坚持站在清统治者的立场上写书，对反清者极力诽谤谩骂。如辛亥革命前，革命志士吴樾炸出洋考察搞立宪骗局的五大臣，本是一个正义的革命行动，而卷二十四《德宗本纪》中却诬蔑为“匪徒猝掷炸弹”。清朝遗臣亡于民国初年的，传中只写甲子，不奉民国正朔，如卷四百七十二《劳乃宣传》：“丁巳复辟，授法部尚书”；同卷《沈曾植传》：“丁巳复辟，授学部尚书。事变后，卧病海上，壬戌冬卒。”卷四百四十九《冯煦传》则说他辛亥革命时，“闻国变，痛哭失声。越十有五年，卒”。

其次是夸美清朝统治。如卷一百二十《食货志·序》中说：“凡滋生人丁，永不加赋，又普免天下租税，至再至三。呜呼，古未有也。”卷五百二十六《属国传》说：“环列中土诸邦，悉为属国，版图式廓，边备积完，茫茫圣德，盖秦、汉以来未之有也。”实在是无稽之谈。书中一方面于清朝皇帝无不颂扬，另一方面凡明代后裔及遗民举兵抗清的，均呼为贼寇。如《世祖本纪》："顺治十八年，海寇郑成功逐荷兰人据之。"这是把民族英雄郑成功诬蔑为海寇。于太平天国起义则更是切齿痛恨，行文所及，非伪即匪，《洪秀全传》中以为"中国危亡，实兆于此"，真是本末倒置。对于帝国主义侵略头目戈登镇压太平天国极为夸奖，却不载其火烧圆明园的严重罪行。说到辛亥革命，记叙中"谋乱"、"作乱"、"伏诛"等贬词迭出，不绝于书。

再次，在编纂体例方面，重复舛漏更不待言。史馆的工作在十四年间时修时停，有时无专人负责，组织松懈，各随己意为编写，况修史诸人未能细查实录，故而差谬时见。至于档案，充栋盈梁，更谈不上多看，所以此书历来不为人所重。以其内容论，志、表尚属有用，本纪简略，列传最下。

《清史稿》有"关外本"和"关内本"的区别。"关外本"是金梁携至沈阳改动的本子，有金梁的《校勘记》，增有康有为传、张勋传、张彪附传，金梁自署办理史稿校刻事宜总阅衔头，其实金并非修史之人。"关外本"又改过一次，把张彪附传撤了，增加了陈黉举、朱筠、翁方纲三传。"关内本"则把康有为传、张勋传和金梁《校勘记》一并删去。此外，几种本子的其他内容也略有更动。

下　编

编 年 体 类

一 《资治通鉴》

《资治通鉴》二百九十四卷，目录三十卷，考异三十卷，北宋司马光等撰，是一部极有价值的编年史，从周威烈王二十三年（前403）至后周世宗显德六年（959）止，共记一千三百六十二年的史事，是我国编年史中包含时间最长的一部巨著。

（一）《通鉴》的作者

司马光，字君实，宋陕州夏县（今山西夏县）人，仁宗宝元元年（1038）进士，历仕仁宗、英宗、神宗三朝，至哲宗即位，做了几个月的宰相，卒于元祐元年（1086）九月，年六十八，赠太师温国公，后人称他为司马温公。事迹见《宋史》卷三百三十六本传。

《通鉴》始修于英宗治平三年（1066）四月。在这以前，司马光已编成了从战国到秦的八卷编年史，名曰《通志》，进呈英宗。这是《通鉴》的最早样本。英宗命他继续做下去，置书局于秘阁，这是正式修书之始。当时尚无书名，称为论次历代君臣事迹而已。第二年十月，神宗即位，名其书曰《资治通鉴》，亲自给它作了一篇序文。

这是定名为《资治通鉴》之始。

司马光初修书时，官职是御史中丞、翰林学士。熙宁初，王安石当国，他因不赞成新法，离开朝廷，以端明殿学士知永兴军（今陕西西安），三年（1070），判西京御史台（在洛阳），其后四任提举嵩山崇福宫。自是居洛阳者十五年，总是以书局自随。他这段时间的主要工作是修《通鉴》。司马光是个极谨慎踏实的人，他自己说过："视地而后敢行，顿足然后敢立。"（《答刘蒙书》）他在政治上是保守派。这时王安石正推行新法，他反对无效，政治上被排斥，久居洛阳，实际是投闲置散。他从此把全副精力用之于修《通鉴》。直到元丰七年（1084）成书，年已六十六。等到第二年神宗死，哲宗立，政局改变，新法罢黜。司马光自元祐元年闰二月为宰相，到九月初一卒，实际负责政局只有六个多月。后来蔡京当国，立元祐党人碑，以司马光居首，夺他的官，禁他的书，把新法推行不好，完全归罪于司马光，这是不公允的。

从司马光修书的年代来看，《通鉴》一共修了十九年。这十九年，正是司马光从四十八岁到六十六岁的时间，也是他的学问的成熟时期。但像这样一部大书，必然需要助手。司马光有助手，而且是以当时第一流的人作助手。元丰七年十一月进呈《通鉴》的表文中助手也列名，它的次序如下：

检阅文字　司马康
同　　修　范祖禹
同　　修　刘　恕
同　　修　刘　攽
编　　集　司马光

这几个人《宋史》都有传。刘攽,《宋史》卷三百一十九本传说:“字贡父,临江新喻(今江西新余)人,与(兄)敞同登科,仕州县二十年,始为国子监直讲……熙宁中,判尚书考功,同知太常礼院。”“尝贻安石书,论新法不便……斥通判泰州。以集贤校理、判登闻检院、户部判官知曹州。”“为开封府判官,复出为京东转运使……徙知兖、亳二州……黜监衡州盐仓。”“哲宗初起知襄州。”刘攽与兄敞,敞子奉世,称为三刘,熟悉两汉史事,撰有《两汉书刊误》。但从他的经历看,他历仕州郡和京师,未尝居洛阳。他只修两汉部分的长编,和司马光不可能当面商谈《通鉴》的工作。

刘恕,《宋史》卷四百四十四《文苑传》说:“字道原,筠州(今江西高安)人。”“司马光编次《资治通鉴》,英宗命自择馆阁英才共修之。光对曰:‘馆阁文学之士诚多,至于专精史学,臣得而知者,唯刘恕耳。’即召为局僚。”此事《司马文正集》卷六十五《刘道原十国纪年序》载之。并云:“凡数年史事之纷错难治者,则以诿之〔道原〕,光蒙成而已。”刘恕卒于元丰元年(1078),年四十七,他参加修《通鉴》只有三分之二的时间。

范祖禹,《宋史》卷三百三十七附其从祖镇传说:“字淳甫,一字梦得……幼孤,叔祖镇抚育如己子……进士甲科,从司马光编修《资治通鉴》,在洛十五年,不事进取。书成,光荐为秘书省正字。”《司马文正集》卷四十五有元丰七年《荐范梦得状》云:“自祖禹年未二十为举人时,臣已识之,今年四十余,行义完固,常如一日……臣于熙宁三年奏祖禹自前知资州龙水县事同修《资治通鉴》,至今首尾一十五年。由臣顽固,编集此书久而不成,致祖禹淹回沉沦,不得早闻达于朝廷。”由此看来,范祖禹在同修书诸人中年龄最小,在书局时间最久，贡献也最多。

这几位助手的分工，据胡三省《新注资治通鉴序》云："修书分属，汉则刘攽，三国讫于南北朝则刘恕，唐则范祖禹，各因其所长属之，皆天下选也。"以言所长，刘攽之于汉，号称专家；范祖禹自撰《唐鉴》，专精李唐一代：刘恕自撰《十国纪年》，其长于五代史可知。全祖望《鲒埼亭集外编》卷四十有《通鉴分修诸子考》，以为"贡父所修盖自汉至隋，而道原任五代"。"通部义例，〔温公〕多从道原商榷，故分修虽止五代，而实系全局副手。"全氏谓温公与道原商榷义例，此说是；谓道原只修五代，贡父乃修至隋，此说非是。全氏得之温公《与范淳夫帖子》，盖修书初期有此拟议，并未实行。《文献通考·经籍考》云："公子康公休告其友晁说之曰：此书成，盖得人焉，史记、前后汉则刘贡父，三国历九朝而隋则刘道原，唐迄五代则范淳夫。"此事根据晁说之《嵩山文集》中《送王性之序》，文集九朝作七朝，盖传写之误，三国至北周恰为九朝，连隋则十朝了。这和《宋史·刘恕传》所说"恕于魏晋以后事考证差谬，最为精详"，亦相符合，足见胡三省之说，本不误，全氏欲以孤证推翻之，不可信。

这样一个修书的集体，以年龄论，刘攽（1023 年生）少司马光四岁，刘恕（1032 年生）少司马光十三岁，范祖禹（1041 年生）少司马光二十二岁。至于检阅文字的司马康，《宋史》附在光传后，又少于范祖禹九岁。他只是检阅文字，不在同修之列。这可以说是一个老少结合的集体。《司马文正集》有推荐黄庭坚校阅《通鉴》的劄子，要庭坚和范祖禹、司马康一同校阅，这已是元祐元年《通鉴》正要刊版时的事情了。当时校勘《通鉴》的有十三人，黄庭坚是其中一人。

《通鉴》所以能成此巨著，享此盛名，和这个编书的集体有关，和司马光这个主编的认真负责更有关系。同修诸君虽同预修史，实际只是作长编，对材料，参与论议，至于总持大纲，笔削取舍，都是司马光自任其劳。我们今天能够看到的还有一个司马光手写的《通鉴》永昌元年的提纲，有文物出版社影印本。这个提纲，后来改动也很大，但可以看出司马光的勤勤恳恳。他在《进通鉴表》中所谓"臣之精力，尽于此书"，应是实情。因此，全书义例一贯，文字亦大体一律，这是集体合作与个人负责相结合的典范。

（二）《通鉴》的史料来源

《通鉴》记一千三百六十二年史事，所用史料，除十七史外，凡前代史书在宋代还存在的，都搜集参考。苏轼作司马光行状，说到神宗赐颍邸（神宗原封颍王）旧书二千四百二卷，这在当时也算不小的卷数。与司马光同时的李淑、宋敏求都以藏书名家，皇家图书馆崇文院所藏书又多南唐写本，史料是不愁缺乏的。但究竟《通鉴》引用了多少史料，这是一个不容易答复的问题。《四库提要》据宋人高似孙所撰《纬略》的记载，说《通鉴》引书有三百二十二种（《守山阁丛书》本《纬略》只有二百二十二种）。清光绪中胡元常刻《通鉴全书》时，曾根据《通鉴考异》所载书名录出，凡二百七十二种，包括十七史在内，却不包括文集中材料。从《考异》中提到的书名来看，已有如此之多，《考异》所没有提到的书，一定还不少，这只能大体估计，说明《通鉴》史料的丰富。更重要的一点，《通鉴》所采用的史料，今天存佚参半，如果《通鉴》当时不收入，则已烟消云散；如果《考异》不提书名，我们更不知道那些书中是些什么内容了。

从《通鉴》全书来考查，史料多少，亦不平衡。从战国至三国一段，大致用《战国策》、前四史、荀悦《汉纪》、袁宏《后汉纪》之类。七家《后汉书》当时尚有存者，司马光参考司马彪、华峤诸家书，像《后汉书·班固传》论，移作《通鉴》的论，不标范晔，直称华峤论曰，便是例证。晋至隋的一段，除正史外，诸家《晋书》及南北朝史亦有存者，如孙盛《晋阳秋》、习凿齿《汉晋春秋》、裴子野《宋略》、崔鸿《十六国春秋》、萧方等《三十国春秋》等均在引用之列。特别是《宋略》引用较多，引裴子野论至十次之多。至于杂史文集，此一时期，材料渐多，征引亦不少。唐五代一段，材料来源与欧阳修、宋祁修《新唐书》、《五代史记》时条件相同。司马光很重视柳芳《唐历》。此外原始材料所在有之，考一件事可以有几种不同记载互相补充，互相订正，有左右逢源之乐，较三国以前史料缺乏的情况大不相同。《通鉴》于五代事多取《旧五代史》，今本《旧五代史》是辑本，愈觉《通鉴》材料的可贵。

试以《通鉴》三个时期的卷数作一比较：

战国至三国	六百四十六年	共七十八卷
晋至隋	三百五十三年	共一百零六卷
唐五代	三百四十三年	共一百一十卷

从上面的卷数中可以看出，《通鉴》的史料是后多于前；当然，论史料价值，也是后胜于前。

（三）《通鉴》的编纂方法

《通鉴》是编年史。从《史记》以后，作纪传体史的人多，作编年史的人较少，编年史流传的更少，可以借鉴的不多。司马光要编写一部大书，首先要考虑体例，不能不接触下列几个问题。

第一是限断问题。一般说来，既然是编次历代君臣事迹，应该从古到今，一直通下来。可是，《通鉴》既不是从古代写起，也不是到宋代止，而是从周威烈王二十三年（前403）起，到后周世宗显德六年（959）止。为什么从周威烈王二十三年写起？这是司马光的独特见解。如果从古代起，不用说，编年有困难。如果从有年代可计的朝代写起，那么《史记・十二诸侯年表》起于共和元年（前841）。就是从战国写起的话，那么《史记・六国年表》是从周元王元年算起。周威烈王二十三年距周元王元年已七十三年，前人从未以这年来划分时代。司马光不敢续《春秋》，又不按《史记》的分段，却认为这一年周天子命韩、赵、魏三家为诸侯，是周室衰落的一大关键。《通鉴》在这一年有论一篇，以为“三晋不请于天子而自立，则为悖逆之臣。今请于天子而天子许之，是受天子之命而为诸侯也，谁得而讨之？故三晋之列于诸侯，非三晋之坏礼，乃天子自坏之也”。这是司马光在本书中开宗明义的第一篇论，揭示出维护周天子的统治和原有的政治制度的意愿，和书以《资治通鉴》命名是完全一致的。

下限为什么止于五代？这由于宋代自有国史，不依据国史而另编一本，有困难。况且事涉本朝，有些事也不好说。司马光于英宗治平元年进《历年图》，已明确从周威烈王二十三年到后周显德六年止，这是《通鉴》的雏形，可见原定计划早就如此。司马光别有《稽古录》二十卷，是极简单的编年史，重要的事情加论断。这是一部从古到今的书，在《历年图》前面补上伏羲至威烈王二十二年一段，显德六年以后，又补上他自己所作的《国朝百官公卿大事记》

(此书今无传本),直到英宗治平四年神宗即位止。朱熹很欣赏《稽古录》,因为它简而明。另外司马光还写了《涑水记闻》一书,那是专述当代的史事的。

第二是起草长编的问题。做像《通鉴》这样一部大书,不可能毕其功于一役,中间有个工序问题。司马光决定先做长编,然后就长编删定成书。长编的要求,材料不妨广泛,年月必须清楚,把所有比较重要的历史事实,都按年月排比起来,这是很费力的事情,也是极细致的工作。从纪传体的材料改为编年史,常常苦于时间不明确。司马光有《与范内翰(祖禹)论修书帖》云:"且将《旧唐书》纪志传及《统记》、《补录》并诸家传记小说以至诸人文集稍干时事者,皆须依年月注所出篇卷于逐事之下;《实录》所无者亦须以年月日添附;无日者附于其月之下,称是月;无月者附于其年之下,称是岁;无年者附于其事之首尾;其无事可附者,则约其事之早晚,附于一年之下。"(见《通鉴释例》)这里提出一些处理年月日的办法,指示周详。在另一个与范淳夫的帖子中也提到"请从高祖初起兵修长编至哀帝禅位而止,其起兵以前、禅位以后事,于今来所看书中见者,亦请令书吏别用草纸录出,每一事中间空一行许素纸(注:以备剪开粘缀故也)。隋以前者与贡父,梁以后者与道原,令各修入长编中,盖缘二君更不看此书。若足下止修武德以后、天祐以前,则此等事尽成遗弃也。二君所看书中有唐事,亦当纳足下处,修入长编耳"。这个帖子,牵涉到分工问题,这是最初分工,后来有变动,上文已经辨明了。这里可注意的是助手分别担任做一个时期的长编,要互相支持,省得重复费工夫,交待很明确。

长编的分量是很大的,相传唐朝一代就有六百多卷,但经司马光删定的只有一百多卷，可见在长编上加工也还有一段艰苦的历程。不过长编的基础好，第二次加工就好办了。司马光卒后，洛阳尚有两间屋子的残稿，多半应是长编底本，可惜没有留下来。这种编书的方法可以学习。

第三是纪年问题。中国古代无年号，春秋王元年，公元年，当时纪年，如此而已。自汉武帝以后，每个皇帝都要建元立号，在统一时代，问题不大，一到分裂时期，用哪个的年号纪年，事实上牵涉到封建时代所谓正统和闰位问题。如三国鼎立，《通鉴》取曹魏的年号来纪年。照《通鉴》黄初二年的一篇论中说明："苟不能使九州合为一统，皆有天子之名而无其实者也。""然天下离析之际，不可无岁、时、月、日以识事之先后。据汉传于魏而晋受之，晋传于宋以至于陈而隋取之，唐传于梁以至于周而大宋承之，故不得不取魏、宋、齐、梁、陈、后梁、后唐、后晋、后汉、后周年号，以纪诸国之事，非尊此而卑彼，有正闰之辨也。"此事《司马文正集》卷六十一《答郭纯长官书》亦反复说明："借其年以记事尔，亦非有所取舍抑扬也。"

尽管司马光再三解释，编年史上用谁的年号纪年，仍然被看作严重的问题。事实上三国只用曹魏年号，下面又不分注吴蜀的年号，显然曹魏是主体，因之有太和二年诸葛亮入寇的记载，为后人所訾议。朱熹《通鉴纲目》就要反过来以蜀汉为正统来相抵制。除三国的情况外，南北朝全用南朝年号，连隋文帝开皇九年以前的事情都记在陈的年号下。这个问题，虽然司马光也以三国的例子来解释，我们看，当时多少有些夷夏南北之辨。以宋齐梁陈纪年，与唐以来的传统也不一样。这一点后世人反对少，那是因为一种民族思想在酝酿。但一部编年史既然写南朝，也写北朝，甚至北朝的事情写得比南朝多，不分注北朝年代，使读史者茫然不辨，纪年则为南朝，纪事则为北朝，很不方便，亦不合事实，这种纪年方法有缺点。

以上是第一阶段工作上要解决的问题。第二阶段是如何处理史料，研究史料，修成全书的问题。

第一是要哪些史料，不要哪些史料问题，这是取舍问题。此书名为《资治通鉴》，顾名思义，是要巩固封建统治。《通鉴》既是为政治服务的书，他的选材，无疑的是偏重政治史的了。鉴就是镜子，镜子能反映现象，美者自美，丑者自丑。《通鉴》于历代王朝的政治措施，政治集团中重要人物的事迹和言行，特别是教忠教孝的事例，凡属于封建道德范围内的所谓美事，尽力予以正面表扬。也有一些当时认为很重要的史料，如制礼、作乐等事，我们今天看来，实在没有什么用处。这是时代不同，观点不同的缘故。另一方面，政治十分腐败，甚至"伤天害理，残民以逞"，丑恶不堪入目的事情，《通鉴》也不厌其详地记述，这是反面教员，当作深切鉴戒和教训的。尽管司马光目的是给统治阶级敲警钟，筹对策，而客观上暴露了封建社会的阴暗面。事实上阴暗面的材料大大超过了光明面，这是封建社会的本质所决定的。

政治史中最突出的又是军事方面的材料占很大的篇幅。其中有对外的战争，有和汉族以外各族的战争，大部分是统治集团争夺政权的战争，也有相当多的农民起义和镇压农民起义的战争，一句话，是阶级斗争的反映。从前人说《左传》是相斫书，以《通鉴》比《左传》，战争的比重更大。战争是政治的重要表现，战争的篇幅多是不足怪的。《通鉴》于对内对外的战争，大小毕书。虽然，他有一定不移的立场，但每一战役，双方讨论军事计划的争论，对战事成败的分析，以及战争具体过程，详详细细地叙述。如历史上有名的赤壁之战，淝水之战，高欢、宇文泰沙苑之战，李存勖、朱温夹寨之战，写述都很生动。这是研究我国古代军事史的好材料。清代胡林翼作《读史兵略》，大部分采自《通鉴》。

政治史以外，关于经济史方面材料，《通鉴》也有一定的重视。历代经济制度和一时的经济措施，与国计民生有关的事情，大体不漏，但不详尽，尤其是记载生产斗争资料太少。《通鉴纪事本末》搜集二百三十九件大事，经济只有两件。此因经济材料分散，不及政治史集中可以成篇，不能因此便说《通鉴》完全不注意经济。至于文化史和文学、艺术、宗教等比经济更少。文学家如屈原、陶渊明都未提及，杜甫是从王叔文口中吟诗才提到的，一行是因进谏才提到的。像王通、刘知幾书其卒年，这种并不太多，可能因为书的分量已够大了，与政治无直接关系的就删削得更多了。

第二是史料本身有异同，这是考异问题。古代史料缺乏，一件事情只有一种记载，无法比较。魏晋以后，史料逐渐增多，一件事情有几种说法，甚或相反，这该怎么办？这种问题，以前的历史学家也遇到过，大致根据修史者自己的判断决定，究竟结论对不对，他既未说明缘由，后人也无从查考。司马光对这个问题的态度是实事求是的。凡是材料有异同的，他经过反复研究，选择比较可靠的修入《通鉴》。他比前人更进一步，把各种不同说法和自己选择决定的理由，和盘托出，逐条说明，作成《通鉴考异》三十卷。《通鉴》的做法，史料不注出处，有了《考异》，可以看出司马光每条材料都是认真负责的。当然，主观片面的地方也难免，应该说基本是正确的。这是修《通鉴》的副产物，也是《通鉴》这部书在史料学上的一种贡献。

第三是因事立论的问题。史书重在记事，事实说明，是非也就清楚了。古来史书如《左传》有“君子曰”，《史记》有“太史公曰”，《后汉书》有“论曰”，这是作者因事立论，表示自己对这种事或这个人的看法，有褒有贬，都是想以自己的观点影响读者。《通鉴》的前身《历年图》就有论，《稽古录》也有论，足见论是司马光所重视的事情。《通鉴》共有一百八十六篇论，其中分两类，第一类以“臣光曰”三字发端的，是他自己的议论，共一百零二篇。第二类是历来史家原有的论赞，他认为对的，移作《通鉴》的论，这样的论有八十四篇，自荀子、贾谊、太史公、扬子《法言》、班固父子、荀悦、仲长统、陈寿、鱼豢、华峤、袁宏、习凿齿、孙盛、干宝、虞喜、徐众、范晔、沈约、裴子野、崔鸿、萧子显、萧方等、颜之推、李延寿以至柳芳、权德舆、李德裕、欧阳修等，少则一篇（太史公亦止一篇），多则十篇（裴子野十篇）。这些论最多的一卷中有五篇，也有几卷十几卷没有一篇论的。大抵事情善恶很明显的，不需要作论。刘知幾《史通·论赞》篇所谓“论著所以辩疑惑、释凝滞，若愚智共了，固无俟商榷”。《通鉴》正是这样。司马光所论述的多是有关治乱之机，即所谓为君之道，事君之道。他是因事进谏，积极为封建政治服务。其中迂腐之论，带毒素的，自然很多，但亦有平正的，如卷二百六十三论唐代宦官这一篇，是最长的一篇，卷二百九十一论冯道的一篇，于引欧阳修论之后再加发挥，不可一概而论。

第四是全书的目录问题。《通鉴》是一部大书，据司马光自言：《通鉴》成后，只王胜之阅读一遍，其余未及数卷，便已欠伸。王胜之名益柔,《宋史》卷二百八十六附其父《王曙传》。这样一部书,当时只一人读完,可见部帙太大,阅读费时。何况此书虽按年编录,头绪纷繁,要寻找一件事情,亦颇不易。这个问题,司马光考虑到了,因此于修书同时,作成《通鉴目录》三十卷,把每年的重要事情,标题列举,可以按目录检寻,比较方便。清代齐召南作《历代帝王年表》,即是以《通鉴目录》为依据。这三十卷目录中,有关历法朔闰和甲子,都是根据刘羲叟的《长历》而成。刘羲叟是宋代天文历法专家,修《通鉴》时已卒。《通鉴》采用其书,故历法舛错较少。但刘氏《长历》今无其全书,亦赖《通鉴》得以保存。

(四)对《通鉴》的评论

《通鉴》这部书,集合当时第一流历史家,以十九年的时间才得完成,后世史家对此书的评论一向是备极推崇的。我们以今天的眼光来衡量,《通鉴》依旧是一部有价值的重要史籍。当然缺点也是有的,这里分别论之。

《通鉴》这部书的优点,可分两个方面:

从史料方面说,《通鉴》的史料价值很高,一方面由于搜集材料的丰富,一方面由于审查材料的认真,它保存了许多历史资料,其中一大部分是今天看不到的。就以农民起义的史料而论,像唐代袁晁起义、裘甫起义、黄巢起义,《通鉴》所记都比较详细。特别是《通鉴》对历史事件的时间,考得清清楚楚,对研究历史的人有很大帮助。总之,《通鉴》的史料绝大多数是可以相信的。具体说来,三国以后至隋的史料价值胜于战国秦汉,唐五代的史料价值又胜于三国以后至隋的一段。

从编纂方法说，先作长编，后成本书，有目录，有考异，比前代史书有很大进步，对后来史书有很大影响。全书体例谨严，前后脉络分明，长于叙事，详而不芜。尤其是史料出于众书，文字风格，如出一手，都经过一番剪裁陶铸。司马光是一个踏实的人，此书是一部实实在在的书。钱大昕云："读十七史，不可不兼读《通鉴》。《通鉴》之取材，多有出于正史之外者，又能考诸史之异而裁正之。昔人所言，事增于前，文省于旧，唯《通鉴》可以当之。"（见《潜研堂文集》卷二十八《跋宋史新编》）我们就拿这句话作为《通鉴》优点的总结吧。

至于缺点，也可从两方面讲：

关于编纂体例，分裂的时代采用年号，应该分别标明，这一点上文已提过。此外，一年之中，有先后两朝交替的时期，一年有两三个年号，《通鉴》只用后改的一个年号，如建安二十五年（220）正月，汉献帝改为延康元年（《通鉴》据《三国志》，若《后汉书》，则改元在三月），冬十月辛未（二十九），魏改黄初元年，是一年有三个年号，但《通鉴》只用黄初元年。也有某些皇帝在同一年中自己改两三次年号的，如武则天天授三年（692），四月朔改元如意，九月庚子（初九）改元长寿。《通鉴》只纪长寿元年。由此可得一结论，凡一年有二至三个年号的，《通鉴》总是用最后一个年号，人们就一时不易知道上一个年号到底止于几年。这样的记年法是有问题的，这叫作头齐脚不齐。从编书的人来说，体例划一，可省许多麻烦，对研究历史的人来说，则是增加困难。宋代洪迈《容斋随笔》早已提出这个问题；顾炎武《日知录》二十《年号当从实书》、《史书一年两号》等篇亦有评论。此外，目录及每卷前面总述年代，不用甲子，而用《尔雅》岁阳、岁名等古名，极不方便。

关于《通鉴》的立场观点问题，肯定是为封建统治服务的，但亦不专学《春秋》从褒贬上下功夫。书中写了不少农民起义可歌可泣的事情，当写农民受官吏的残酷剥削，不能生活下去，起来反抗时，这都还不离事实。一到农民举兵起义，就把他们写成“贼”和“寇”，这是地主阶级的根本立场，司马光在这方面有很大的局限性。他在“臣光曰”中，积极为维护封建统治出主意，他企图总结一套封建统治的历史经验。“臣光曰”就是他的理论。他在政治上是保守派，在“臣光曰”中也有充分反映，如卷七论燕太子丹派荆轲刺秦王，他认为很冒险，斥荆轲为盗；卷十二论贯高，以为使张敖亡国者贯高之罪；卷十七论李广、程不识的用兵，他不赞成李广，认为他冒险，不如程不识稳当。关于唐代牛僧孺、李德裕朋党之争中，李德裕主张取维州，牛僧孺主张舍维州，这问题的是非向来有争论，司马光赞成牛僧孺的主张。胡三省注云：“元祐之初，弃米脂等四寨以与西夏，盖当时国论大指如此。”西夏问题，也是宋朝新旧党争中的一个焦点，司马光当政后实行他的主张，宁可捐弃国土。这是他的保守思想直接影响到政治，问题比较严重。因此，读《通鉴》这部书，必须对司马光的论点有个正确的分析，才不致受他的这些影响。

（五）《通鉴》的胡注

《通鉴》是一部大书，引史事及有关典章制度，有许多地方不容易懂得，因此，《通鉴》到了南宋时期，已有三家释文。一是司马康《释文》，刻于海陵（泰州），故称为海陵本。陈振孙《直斋书录解题》

著录,有二十卷;《宋史·艺文志》作六卷,现已不存。二是史炤《释文》,《书录解题》及《宋史·艺文志》均作三十卷,今存。三为蜀费氏本《通鉴音释》,附正文下,今传,但有残缺。据胡三省考证,一、三两本都是书贾请人做的,海陵本托之于司马康,费本间有自己的意见,都是从史炤释文抄袭而来的。史炤释文很陋,且多错误,胡三省作《释文辨误》,多所纠正。从宋末到现代,《通鉴》最好的注本,是胡三省注。

胡三省,字身之,台州宁海人,生于宋绍定三年(1230),卒于元大德六年(1302),年七十三。这是根据《宁海县志》载其子所撰墓碑才知道的。《宋史》、《元史》均无胡三省传,《新元史》有传,极简单,无甚史料。这个人的事迹湮没了六百多年,直到陈援庵先生作《通鉴胡注表微》才弄清楚。

胡三省二十七岁登宝祐四年(1256)科进士,和文天祥(状元)、陆秀夫、谢枋得等为同年。宋末曾充贾似道沿江制置司机宜文字,江上师溃,隐居著书,注《通鉴》二百九十四卷。所居狭小,硐旁多古梅,世称梅硐先生。注书经过,见自撰《新注资治通鉴序》。序作于至元二十二年乙酉(1285)。钱大昕《疑年录》据胡氏《通鉴释文辨误自序》作于至元二十四年丁亥,遂断定五十八岁,此后考胡氏生平的,以钱氏说为主。余嘉锡先生抗战中撰《疑年录稽疑》时,尚未发现胡身之墓碑。如果不是从《海宁县志》发现墓碑,我们今天可能还不知道。

胡三省自言从宝祐丙辰出身进士科起,至乙酉成书,前后三十年,中间还丢过一次稿子,重新注过。他两次注法也不一样,第一次稿是依陆德明《经典释文》例作广注九十七篇,著论十篇,这是注和《通鉴》本文分开的做法。第二次稿才以《通鉴考异》及他自注散入《通鉴》原文之下，便是今天传世的本子。

十七史中，除前四史外，胡氏以前，无人作注（徐无党注《五代史记》，仅述书法，不是注书正轨）。胡三省《通鉴注》自《晋书》以下，至于五代，都要自起炉灶作注，工程非常艰巨，比王胜之读《通鉴》一遍当然难，比袁枢作《通鉴记事本末》也难得多。胡注优点很多，举其重要的可分三点：

1. 胡注不单是作注，实兼校勘。胡氏所用《通鉴》相传为元兴文署刊行之本，凡是原书有错误之处，胡氏为之校正。他用的校书方法，理校（根据理论和学识判断）为多；他校（以各种有关书籍来校）次之；本校（以本书校本书）、对校（取古本相比对）则较少。我们就胡氏所改定的字和今天流传的宋本来对，胡氏改的往往是对的，可见校勘功夫很深。当然，胡注也难免有错，如《日知录》卷二十七摘出他断句有错误，便是一例。

2. 胡三省于《通鉴》所载有关典章、制度、音韵、训诂，都有详细注解，特别对官制、地理两方面原原本本，考证精详，因此，向来以胡氏为地理专家。其实，细看胡注，胡氏何止长于地理而已，他是一个博学而有识见的人，注的本身，也是一部博大而精深的学术著作。

3. 胡三省生当元兵南下，南宋灭亡的时代，和司马光修《通鉴》时大不相同。他在民族危急，生死存亡之际，注中随时发表议论，往往有“呜呼痛哉！”“天乎人乎！”等沉痛呼声。如卷二八五契丹南下，后晋出帝与后妃相聚而泣，召翰林学士范质草降表，注曰：“臣妾之辱，惟晋宋为然，呜呼痛哉！”又云：“亡国之耻，言之者为之痛心，矧见之者乎？此程正叔所谓真知者也，天乎人乎！”胡氏入元不仕，这种悲愤的文章，处处蕴藏亡国遗民不忘恢复的思想。清代赵绍祖作《通鉴注商》十八卷，对胡注多所纠弹。首先他不了解胡氏的身世，就不可能了解胡氏的思想，反以此相讥，正好暴露赵氏的浅陋。

研究《通鉴》胡注的书，清人如陈景云撰《通鉴胡注举正》，原有十卷，现存一卷，凡六十三条，以考证地理为多。钱大昕《通鉴注辨正》二卷，共提出一百四十余条，亦以考地理为主，间及声音、句读。如言范雎之雎，当读子余切，不当读虽；万俟丑奴不当读万作莫之类，这些胡氏亦非无所本。但读音有误，宋人通病，胡氏亦难免，胡注于一卷之内，一字之音，注而又注，亦可自省。至钱大昕看不起胡三省，以为夏虫不可与语冰，未免失言。

陈援庵先生于 1944、1945 两年，成《通鉴胡注表微》一书，分刊于《辅仁学志》第十三、十四两卷，近年科学出版社有单行本。书分二十篇，前十篇为本朝、书法、校勘、解释、避讳、考证、辨误、评论、感慨、劝戒，是关于史法的。后十篇为治术、臣节、伦纪、出处、边事、夷夏、民心、释老、生死、货利，是关于史事的。表微的作法，以《通鉴》原文顶格写，胡注低一格，下注《通鉴》卷数，陈先生自己的话又低一格，眉目很清楚。总计用胡注精语七百五十条之多，引证的书籍除正史外，有二百种之多。自有此书，胡三省的思想、学问和胡注的价值，始得大白于世。

（六）与《通鉴》有关的几部书

甲、《通鉴纲目》五十九卷　朱熹嫌《通鉴》事实太详，书法还不完备，从《通鉴》中节取事实，纲仿《春秋》，目仿《左传》；纲为朱熹手定，目为其门人赵师渊所作。此书专重书法，正统观念比《通鉴》还要加强，为统治阶级服务更进一步，无史料价值。但由于朱熹名气太大，书又简明，因此，宋明以来，很多人就丢开《通鉴》而读《纲目》。实在《通鉴》据事直书，善恶已明；《纲目》弄出许多规矩，事实又不足以说明，专从褒贬上做文章，没有意义。更可恶的是：宋明以来，替《纲目》一书附加上许多花样，叫作《发明》（尹起莘）、《书法》（刘友益）、《考异》（汪克宽）、《质实》（冯智舒）等，简直把《通鉴纲目》神秘化了。

到清朝康熙四十六年，在《纲目》之上，又加御批。这样，在捉摸朱熹的书法之外，又要揣摩御批了。乾隆三十二年，又编《御批通鉴辑览》一书，自古代至明末，批的更多。这些议论，大部分充满了封建反动思想，若为研究清代帝王如何统治各族人民的思想和方法，倒是提供了很多材料。清朝亡后，这些书早已被人抛弃，不过我们还随时可以接触到，初学的人当它基本知识看是可以的，有分析能力的也不妨阅读。因讲述《通鉴》，附论于此。

乙、《资治通鉴补》　严衍撰。严衍，字永思，嘉定人，明万历时秀才。据《资治通鉴补自序》，年四十有一，始读《通鉴》，万历四十三年乙卯（1615）始作《通鉴补》，小成于崇祯三年庚午（1630），又穷十年之心力以改辑之，至崇祯甲申（1644）《宋元续编》亦复告竣。一同修书的还有他的学生谈允厚，谈亦作序一篇。

严衍生平记述很少，钱大昕《潜研堂文集》为他作传，材料不出严氏《通鉴补自序》和谈允厚序的范围。严氏要补《通鉴》，当然是对《通鉴》有所不满，据崇祯十二年谈允厚序中说，《通鉴》有七病：

一曰漏　言太删、太节，亦有重要事件不载者。

二曰复　言一事两载，如贞观十一年七月、十一月均记突厥大雪，杂畜多死等。

三曰紊　言后事在前，前事在后，编次失序。

四曰杂　言张李互见、甲乙迭书，使读者南北纷歧，东西眩瞀。

五曰误　言事有舛差，分一人为二人，合二人为一人。

六曰执　言温公取舍由己，太固执。

七曰诬　言以皮日休仕于黄巢，其事近诬。

严氏师生，熟读《通鉴》可以说是胡三省后对《通鉴》用功最勤的人，发现《通鉴》一些缺点，击中司马光要害的地方也是有的。但有些地方由于严氏师生对司马光原书体例不够了解，看法未必对。他们补的项目有二十二项，如第一项"严正统"，根据朱子《纲目》，不以王莽纪年，就不是实事求是的精神。又如"补文章"、"补贤媛"、"补艺术"、"补释道"等，这也补，那也补，和原来的《通鉴长编》有何区别？安知严所补的不正是司马光所删削的？王应奎《柳南随笔》称严氏书为膨胀《通鉴》，可见所补亦未妥当。其次，司马光收罗二三百种史料，取精用宏，严氏师生仅从十七史来补充，这就不是高明办法。他又删去《通鉴》一些文字，这样就不是《通鉴补》，而是《通鉴删》了。

但严氏书存残统一项，这正是针对通鉴纪年方法的缺陷，如《通鉴》书黄初元年，《通鉴补》则书建安二十五年，以存汉之残统。当然这样改也有缺点，最好是分别写。又如《通鉴》每一年号只在第一年标上年号，其余只写二年三年，猝然展卷，竟不知为何年。《通鉴补》则一律写上年号，所谓僭国年号亦分注于下，这倒是一项改进办法。因此，尽管此书补得过多，未免固陋，如果为了研究《通鉴》而读《通鉴补》，则颇能发现问题，严氏师生三十年精力对后人还是有所贡献的。

《通鉴补》书成长期未刻版，道光四年（1824）去成书时已一百八十年，阳城张敦仁取《通鉴补》中补正《通鉴》原文的一部分，汇录成《通鉴补正略》，分上中下三卷刊印。张氏序中极望当世有好古之人为严氏刻全书。这个愿望，直到咸丰初江夏童氏始以聚珍版排印百余部，书遂流传。光绪二年（1876）盛氏思补楼刊本问世，此书流行渐广，始为治史者所重视。光绪二十八年上海益智书局又据盛氏本石印。但刻本并无所谓《宋元续编》这一部分，想是早就遗失了。

除上述两书外，与《通鉴》有关的重要著作还有袁枢的《通鉴纪事本末》，在本书下编纪事本末类中有专题论述，此处不赘。

（七）《通鉴》的版本

《通鉴》祖本为元祐元年杭州刻本，今不可见。绍兴二年（1132）有余姚重刻本。江安傅增湘影印宋椠百衲本，用七种宋本凑集而成，以余姚本为主，仅存一百七十六卷。涵芬楼《四部丛刊》本，号称余姚本，其实避讳至光宗止。唯北京图书馆所藏绍兴二年本二百九十四卷是足本。此外，《目录》、《考异》，《丛刊》亦各有影宋单刻本。章钰有《通鉴校宋记》，共用九个本子校对。

《通鉴》胡注有元刊本，今不易得。清嘉庆二十一年（1816）鄱阳胡克家复刊胡注本，这是现存胡注的好本子。后来江苏书局、武昌书局石印本都从此本出。江苏书局本前二〇七卷用胡刻原版印刷，后八十七卷翻胡刻本，在一般胡注刻本中是比较好的。胡元常刻《通鉴全书》，刻本并不见好，而是包括有关《通鉴》的书大小九种，比较完全而已。商务印书馆排印本，分订六十册，有句读，流行很广。近年中华书局新印标点本，精装十大册。此书标点者均为历史专业教授，姓名附于每卷之末，校点极认真，每年加西历，每一事另起一行，又引章钰《通鉴校宋记》作参考，对读者有很大帮助。通鉴版本，当以此为最佳。

二 《续资治通鉴长编》

《续资治通鉴长编》，今本五百二十卷，南宋李焘撰。这是一部杰出的记北宋九朝史事的编年体史书。

李焘(1115—1184)，字仁甫，一字子真，号巽岩，眉州丹棱(今四川丹棱)人，唐朝宗室之后。南宋高宗绍兴八年(1138)进士。初任川中地方官多年，后任兵部员外郎兼礼部郎中、礼部侍郎等。淳熙十一年(1184)，以敷文阁学士致仕，未几病卒。除《续资治通鉴长编》外，另著有《易学》、《春秋学》、《历代宰相年表》、《唐宰相年表》、《五代将帅年表》等。事迹详见《宋史》卷三百八十八本传。

李焘为南宋大史学家，博极群书，尤其熟悉当代典故。其书仿司马氏《资治通鉴》例，以编年之体，记北宋之事。唯焘不敢自比于《通鉴》，故称《长编》。

此书材料多取政府档案、实录、杂史、文集等；编撰前后历时四十余年，史料相当丰富。其进书状自称“宁失之繁，毋失之略”。据赵希弁《读书附志》言,《长编》卷帙达九百四十六卷,其中各朝分卷如下:太祖至英宗五朝,一百七十五卷;神宗朝二百二十八卷;哲宗朝二百二十卷;徽宗朝三百二十三卷。正因为卷帙如此庞大,故难于传写,当世诸本已有详略不同,神、哲、徽、钦四朝之书只由秘书省缮写一部,未经镂版,故自元以来世鲜传本。至清代,传抄本只一百零八卷,至英宗止。今本乃四库馆臣从《永乐大典》中辑出。浙江书局刻本,卷数虽已五百二十,然仍有残缺。英宗、神宗两朝有缺,徽、钦两朝全无。《潜研堂文集》卷二十八《跋续资治通鉴长编》云:"馆臣于《永乐大典》中抄得神、哲两朝长编,自熙宁三年四月至元祐八年六月,自绍圣四年四月至元符三年正月,仅二十六年事,而卷帙转加于旧。盖年代弥近,则见闻弥广故也。"神、哲两朝,正当王安石变法前后新旧党争剧烈时期,《续资治通鉴长编》保留材料极为完备。此书出,可补《宋史》缺失者甚多,只可惜本身也不完全。

《长编》仿《通鉴》之法,亦作有考异,排比一事的不同史料,可资学者参证,然无史论。其作书方法,周密《癸辛杂识》曾记之:"焘为《长编》,以木橱十枚,每橱抽替匣二十枚,每替以甲子志之,凡本年之事,有所闻必归此匣,分日月先后次第之,井然有条。"这在当时是比较科学的编辑史料的方法。

焘以南宋人,撰北宋史书,用力专且久,故《长编》极富史料价值。例如宋真宗大中祥符五年命主客郎中、知制诰王曾为契丹国主生辰使,宫苑使、荥州刺史高继勋为副,出使契丹。使还,王曾言及幽州一带地理形势及沿革,又旁及风俗人情。此材料录自宋国史契丹传,而《长编》卷七十九则一一具载,可与《文献通考》及《辽史·地理志》相互参证，且远比二书早出。可见《长编》一书实为研究北宋历史的基本史料。

南宋时，杨仲良作《皇宋通鉴长编纪事本末》一百五十卷，即将李氏此书以纪事本末法改编之。杨书《四库全书》未收，阮元进呈时，初不知何人所撰，陈均《九朝编年备要》曾引此书，云为杨仲良作，今有广雅书局刻本，亦缺六、七两卷及一百十四至一百十九卷，五、八两卷不全。此书收徽、钦二朝事，可补今本《续资治通鉴长编》之缺。清人黄以周撰《通鉴长编拾补》即利用此书还之编年，有光绪十二年浙江书局刻嘉庆张金吾活字本。

李焘幼子李埴，曾撰《皇宋十朝纲要》二十五卷，系编年体宋代史，记北宋九帝及宋高宗朝史事。是书篇幅不大，但所记宋代州域沿革、宰辅及进士题名诸材料，间有《续资治通鉴长编》及李心传《建炎以来系年要录》等所未收者，有一定价值。焘四子李壁撰《王荆公诗注》五十卷，亦能世其父学。

三 《三朝北盟会编》

《三朝北盟会编》二百五十卷，南宋徐梦莘撰。这是专记徽、钦、高三朝宋金交涉史事的编年史书。

徐梦莘(1124—1205)，字商老，临江(治今江西樟树市西南临江镇)人，绍兴二十四年(1154)进士。为南安军教授，改知湘阴县，知宾州。以议盐法不合，罢归。事迹详见楼钥《攻媿集》所载墓志铭及《宋史》卷四百三十八《儒林传》。

徐氏一生嗜学博闻,多著述,除《三朝北盟会编》之外,另著有《北盟集补》、《会录》、《读书记忘》等。关于《会编》一书写作目的,《宋史》称:梦莘"恬于荣进,每念生于靖康之乱,四岁而江西阻讧,母襁负亡去,得免。思究见颠末,乃网罗旧闻,会粹同异,为《三朝北盟会编》"。

此书以记宋金外交史事为基本内容,故《四库提要》列之于纪事本末类。徐氏将宋金通使和谈及用兵之事悉为排比整理,铨次本末,自政和七年(1117)海上之盟迄绍兴三十一年(1161)完颜亮之毙。上下四十五年中,凡敕、制、诰、诏、国书、书疏、奏议、记序、碑志等无不赅载。据《四库提要》云:"所引书一百零二种,杂考私书八十四种,金国诸录十种,共一百九十六种,而文集之类,尚不数焉。"足见材料来源相当丰富。

此书编纂方法以编年叙事,年经月纬,案日胪载。全书分上、中、下三帙,上为政、宣二十五卷,中为靖康七十五卷,下为炎、兴一百五十卷。靖康中帙之末,有诸录、杂记五卷,则以无年月可系者,仿《通鉴》之例,别加编次,附之于末。

其所以名曰"会编",盖以征引材料皆全录原文,无所去取,亦不加更改,使其是非并见,同异互存,以备史家采择,故其史料价值很高。

清人曾以为此书所记金人事迹往往传闻失误,又当日臣僚札奏多夸张无据之词,不尽可信。其实,徐氏博采官私记载,又以当朝人叙当朝事,其价值不容低估。《四库提要》认为"南宋诸野史中,自李心传《系年要录》以外,未有能过之者"。这个评价并不为过。总之,《会编》一书是研究两宋之际史事尤其是宋金关系史的基本史料。

是书传世之本中，有光绪越东排印本。

四 《建炎以来系年要录》

《建炎以来系年要录》二百卷，南宋李心传撰，是专记南宋高宗朝史事的编年史书。

李心传（1166—1243），字微之，井研（今四川井研）人。初考乡试，落第后，绝意不再应举，闭户著书，后以崔与之等荐，为史馆校勘，赐进士出身，修《中兴四朝帝纪》、《十三朝会要》等。曾任著作佐郎，四川制置司参议官，后官至工部侍郎。撰有《道命录》、《旧闻证误》、《建炎以来朝野杂记》等，为南宋著名史学家。事迹详见《宋史》卷四百三十八《儒林传》。

《建炎以来系年要录》仿《资治通鉴》之例，编年系月，与李焘《续资治通鉴长编》相续，述高宗朝建炎元年至绍兴三十二年一朝三十六年史事，叙事翔实，考异甚详。

此书材料以国史、档案等为主，参以案牍、奏议及各家野史、文集、碑铭、志诔等汇集而成。元代修宋、辽、金三史时，曾广购逸书，其目见袁桷、苏天爵二集，俱无此书名，可见当时流传已绝。存于世者，唯《永乐大典》所载之本，材料极为重要。《四库提要》有云："文虽繁而不病其冗，论虽歧而不病其杂，在宋人诸野史中，最足以资考证。"评价是很高的。

关于此书书名，《文献通考》作《系年要记》，《宋史》本传作

《高宗系年要录》，互有不同。四库馆臣据《永乐大典》所题，与心传《朝野杂记·自跋》，以及王应麟《玉海》相合，故定为《建炎以来系年要录》。

今本《建炎以来系年要录》系由四库馆臣自《永乐大典》中辑出。《书目答问》尚云未有刻本，现除四库本外还有广雅本及四川刻本。心传又撰《旧闻证误》以记北宋事。其《建炎以来朝野杂记》四十卷，略同于纪传体史书之“书”或“志”，与《系年要录》相表里。

五 《续资治通鉴》

《续资治通鉴》二百二十卷，清毕沅撰。上接《资治通鉴》，下讫元代，为编年体宋、辽、金、元史。

毕沅（1730—1797），字秋帆，一字纕蘅。江苏镇洋（今太仓）人，乾隆二十五年状元。累任陕西、河南巡抚，湖广总督。在任募民垦荒，革除弊政，倡导文教，亦参与镇压清中期历次农民起义，为高宗弘历所宠信。事迹详见《清史稿》卷三百三十二、《清史列传》卷三十。

毕沅善于网罗士人，知名学者如严长明、程晋芳、邵晋涵、洪亮吉、孙星衍、章学诚皆受知门下，助其著作。《续资治通鉴》一书实则出自众手。

是书意在续写《资治通鉴》。在此以前，明代薛应旂曾撰《宋元资治通鉴》一百五十七卷，王宗沐撰《宋元通鉴》六十四卷，清初徐乾学撰《资治通鉴后编》一百八十四卷。自毕《鉴》出，诸书多废，是否毕《鉴》真有大过于人之处，实亦不然。

北宋至高宗史事有李焘、李心传之书，孝宗以后至元朝二百余年事，后来编者难乎为继，毕《鉴》后出，当修至明代，然亦止于宋元而已；且学《资治通鉴》用岁阳、岁名纪年，诚属可笑。

此书又照乾隆《辽金元三史国语解》，改辽金元人名，如忽必烈改译呼必赉，阿里不哥改译额埒布格等，虽于改译名下附注旧名，但时有始见不注而注于后见，时而全注，时而忘漏，且常将译名错记等等，以至事多谬误，使用很不方便。

此书成，本拟请钱竹汀作序，钱只复一信婉言谢绝；其不欲代负责任，可以想见。

六 《明实录》《清实录》

《明实录》，五百册，共二千九百二十五卷。包括自明太祖到明熹宗十三朝（建文附太祖，景泰附英宗）及崇祯朝的辑补本，是明代官修的编年体史料长编。其各朝实录卷数及册序如下：

太祖洪武朝（附建文帝）	二百五十七卷	第1—32册
太宗永乐朝	一百三十卷	第33—53册
仁宗洪熙朝	十卷	第54—56册
宣宗宣德朝	一百一十五卷	第57—79册
英宗正统、天顺朝（附景泰帝）	三百六十一卷	第80—143册
宪宗成化朝	二百九十三卷	第144—187册

孝宗弘治朝	二百二十四卷	第188—225册
武宗正德朝	一百九十七卷	第226—257册
世宗嘉靖朝	五百六十六卷	第258—338册
穆宗隆庆朝	七十卷	第339—353册
神宗万历朝	五百九十六卷	第354—459册
光宗泰昌朝		第460—461册
熹宗天启朝	七十九卷以后无卷数	第462—497册
思宗崇祯朝	十七卷	第498—500册

《清实录》,共一千二百二十册,包括清太祖到清德宗十一朝实录。宣统朝另有《宣统政纪》三十册,皆是清代官修的编年体史料长编。各朝《实录》册数是:

总目十册	满洲及太祖十册
太宗二十册	世祖三十册
圣祖七十册	世宗四十册
高宗四百册	仁宗一百册
宣宗一百五十册	文宗一百一十册
穆宗一百四十册	德宗一百一十册

实录为编年体史书,最早见于记载的有《梁皇帝实录》,记梁武帝事。唐以后每一皇帝死后,嗣君必敕史臣撰修实录,沿为定例。据统计,历代实录共有一百一十六部,但绝大多数已佚。唐代仅存《顺宗实录》,宋代仅存《太宗实录》残本,比较完整的是明、清两代的实录。

《明实录》,万历以前藏于皇史宬,世莫能见。万历中稍稍传写流布,缙绅之家往往传抄,顾亭林文集曾言之。故顾炎武、万斯同等人皆见过实录。清代实录藏于禁中,臣僚之家无得而有,然蒋良骥《东华录》及王先谦《东华录》皆从实录中抄出。蒋氏纂《东华录》自天命至雍正凡六朝,长沙王先谦为之增补,王书晚出,书序作于光绪甲申,即光绪十年(1884)闰五月;王氏复以乾隆至同治五朝之事续之,光绪二十四年(1898)刊行,与蒋氏书合称《十一朝东华录》。《清实录》未出前,此书极重要。《清实录》印行后,由于部帙大,此书仍便于检查。

实录所据为档案。明代档案流传至今甚少。清代二百六十余年档案,今存故宫博物院,按年按月按日包扎保存,此实最重要史料,且是一大部编年史资料。我们研究清史及近代史当十分注意此等史料。

档案与实录文字有不同。档案上御批例写白话,至载入实录则改为文言。如"这本说的有理"改为"所奏正是","知道了"易为"据闻","该部议奏"易为"下部议"等是。

由档案载入实录,史臣于史事亦有所删削。如曾静一案,原应载入《世宗实录》,今则删去;王氏《东华录》载有其事,可知《东华录》亦采《实录》以外如《大义觉迷录》等。蒋氏《东华录》有史可法与摄政王往来书札,《实录》亦不载,皆由蒋氏录自档案耳。

编纂体例,两书略有不同,《明实录》于大臣之卒即附其小传,《清实录》则不立小传。

《明实录》止于崇祯,《崇祯实录》殆后人补辑,只三册。《清实录》则止于光绪。其后史事,《宣统政纪》可补之。

《明太祖实录》凡三修。一修于建文时,已焚;再修于永乐之初;今所存为三修本。大抵再修三修,只为靖难一事,又改成祖生母硕妃为高皇后而已。《清实录》,乾隆以前屡经改修。《太祖实录》三修,《太宗实录》亦经再修,《世祖实录》康、雍间两次修成。

现存《明实录》为民国二十九年根据南京国学图书馆抄本影印;《清实录》为日本占领东北后,根据沈阳崇谟阁本实录影印。

纪事本末类

纪事本末这一种体裁，在中国史学史上出现是比较晚的。中国史学最早是编年体。太史公出，创造了包括纪传表志的综合体例，南北朝以至唐宋，大致如是。至南宋始有纪事本末一体，以事件为主，不以年代、人物为主。史体遂备。

纪事本末一体，自来皆称始于袁枢《通鉴纪事本末》。《四库提要》以徐梦莘《三朝北盟会编》入于纪事本末类。梦莘之书全记宋金外交，实一专史，与纪事本末意义相似。然以时代论之，梦莘与袁枢同时而长于枢，其作书时间亦略早于枢，其作书之困难亦倍于枢；今仍以枢书开始，用"纪事本末"之名故耳。史学至于宋，以纪事为主之体已经成熟，故徐梦莘与袁枢初不相谋，而其结果实相似也。

一 《通鉴纪事本末》

《通鉴纪事本末》四十二卷，南宋袁枢撰，是我国第一部纪事本末体史书。

袁枢(1131—1205)，字机仲，建安(今福建建瓯)人。孝宗初试礼部词赋第一，曾任太学录。乾道九年(1173)出为严州教授，嗣任太府丞兼国史馆编修官，累迁工部侍郎兼国子祭酒，知江陵府。事迹详见《宋史》卷三百八十九本传。

袁枢作《通鉴纪事本末》，本传列在他做严州教授的时候，说袁枢常喜诵司马光《资治通鉴》，苦其浩博，乃区别其事而贯通之，为《通鉴纪事本末》。参知政事龚茂良得其书，奏上。孝宗读而嘉叹，以赐东宫及分赐江上诸帅，且令熟读，曰："治道尽在是矣。"本书杨万里序云："初，予与子袁子同为太学官，子袁子录也，予博士也，志同志，行同行，言同言也。后一年，子袁子分教严陵(今浙江桐庐西南)。后一年，予出守临漳，相见于严陵，相劳苦，相乐，且相楙以学。子袁子因出书一编，盖《通鉴》之本末也。"杨序作于淳熙元年(1174)三月，相别不过二年，袁氏即成《通鉴纪事本末》，可见此书编辑时间不长。又据王应麟《玉海》言，淳熙三年，参政龚茂良言袁枢所编纪事，省益见闻，诏严州摹印十部。元年成书，三年便已摹印，足见流传很快。但北京图书馆藏宋本是淳熙二年严陵郡庠刻本，则《玉海》"三年"当是"二年"之误。向来称《通鉴纪事本末》的初印本叫作严陵小字本，便是这个本子。

《通鉴纪事本末》的编纂目的是解决读《通鉴》的困难。《通鉴》这样一部编年史，一件事情连续好多年的，它只是每年记述，如果想了解全貌，便要翻阅好几卷，很不方便。袁枢只是把分散的事集中起来，以事件为中心，仍按《通鉴》原来年次，抄上原文和司马光的论，给它标上一个题目，袁枢自己没有一句话。这样，共编纂了二百三十九条目。这种做法，看来容易，但也需相当功力。首先，选出这么多题目，就要熟悉《通鉴》内容，发凡起例，又必须有史学见解。我们能算出袁枢做纪事本末只用二年时间，但没有方法估计他熟读《通鉴》到底花了多少年。等他的《通鉴纪事本末》出来了，不仅为《通鉴》的读者服务，而且同时开创了历史编纂的一种新体裁。用清代史学大家章学诚的话说，是“文省于纪传，事豁于编年”(《文史通义·书教下》)，所以是一种很好的体裁，对后世的历史编纂颇有影响，并且不断有所发展，这却是袁氏所预想不到的了。

袁枢所编集的共二百三十九条，另有附录六十六事，即附在各条后面，总共三百零五件大小事情，其中绝大部分是军事、政治方面的。经济方面只有唐朝两条：一是奸臣聚敛，一是两税之弊。这是因为《通鉴》所载经济史料本来较少，有记载的也比较零散，不易凑集。至于文化方面，则一条也没有。

二百三十九条的题目，按其性质和袁氏用字习惯，很可以看出袁枢的立场。袁氏书法，每一题目有一个动词。常用的动词如：

用“平”字二十九次　如光武平赤眉，唐平东都，太宗平突厥；

用“据”字二十三次　如孙氏据江东，苻氏据长安，钱氏据吴越；

用“灭”字二十三次　如魏灭蜀，周灭齐，契丹灭晋；

用“叛”字二十三次　如七国之叛，六镇之叛，吐蕃叛盟；

用“乱”字二十次　如西晋之乱，安史之乱，藩镇之乱；

用“篡”字二十次　如王莽篡汉，杨坚篡周，郭威篡汉；

用“寇”字十次　如元魏寇宋，裘甫寇浙东；

用“伐”字九次　如祖逖北伐，桓温伐燕；

用“逆”字八次　如太平公主谋逆，宦官弑逆；

用“讨”字七次　如袁绍讨公孙瓒，隋讨高丽。

其余如“专政”，“用事”，“归”，“祸”，“亡”，“变”，“争”等字，不一一举。从这里反映袁枢维护封建统治的立场，充满了正统王朝的思想。所谓大事，无非是夺天下，争王位，牺牲的当然是千千万万的人民。如果说，《通鉴》是“相斫书”，这里相斫就更为明显。历代封建王朝残酷地镇压农民起义，在这些战争中更暴露了封建统治者残暴的本来面目。但农民起义此伏彼起，始终进行着斗争。《通鉴》反映了这一点，《通鉴纪事本末》更集中反映了这一点。

《通鉴纪事本末》的分量，约占《通鉴》二分之一(《四部丛刊》本《通鉴》八十册，字小册薄；《通鉴纪事本末》四十二册，册厚字大，约略相当)，足见《通鉴》材料不是纪事本末所能概括，特别是零碎材料，纪事本末无法集中。除了材料集中的题目查阅《通鉴纪事本末》比较方便外，其余还只有阅读《通鉴》，不能因为《纪事本末》重要和方便，便看轻《通鉴》中其余材料。《通鉴纪事本末》材料尽出于《通鉴》，《通鉴》原书具在，引用时仍当根据《通鉴》。这样《通鉴纪事本末》只能作为检阅《通鉴》的工具书，不能作为原始材料。宋人蔡文子作《袁氏通鉴纪事撮要》八卷，北京图书馆有宋刻本。他嫌袁氏书还太多，再删去一些，简则简矣，用处则更小了。

《通鉴纪事本末》这部书，宋本四十二卷。明末张溥在《通鉴纪事本末》每一篇后作一论，即附原篇之后。张溥，字天如，太仓人，为复社领袖，能做文章。因为每篇后加一论，后来把卷数分为二百三十九卷。此本流行后，四十二卷本反少了。这两个本子一有论，一无论，分别很容易。明末王夫之亦作《读通鉴论》三十卷，那是从《通鉴》中自己发现问题才做文章的，和张溥的做法不同。

二 《宋史纪事本末》

《宋史纪事本末》二十六卷，明陈邦瞻撰。陈邦瞻(？—1623)，字德远，高安(今江西高安)人，万历二十六年(1598)进士。曾任南京吏部稽勋司郎中，福建按察使、布政使，后兼户、工二部侍郎，专理军需，天启三年卒。事迹详见《明史》卷二百四十二，然传中未及撰此书之事。

《四库提要》言："初，礼部侍郎临朐冯琦欲仿《通鉴纪事本末》例，论次宋事，分类相比，以续袁枢之书，未就而没。侍御史南昌刘曰梧得其遗稿，因嘱邦瞻增订成编，大抵本于琦者十之三，出于邦瞻者十之七。"四库所据者刘曰梧序，然今本无此序。

冯琦(1558—1603)，字用韫，万历五年(1577)进士，官至礼部侍郎，以反对矿税著名，死时年仅四十六。《明史》卷二百十六有传。琦为冯惟讷从孙，家世有文名。《明史》本传亦未言撰《宋史纪事本末》事。《明史·艺文志》及《千顷堂书目》均以此书为冯琦作，然以为二十八卷。盖此书创于冯而成于陈，可由《四库提要》之言得之。张溥作论将此书分为一百零九卷，仅题"高安陈邦瞻德远编辑"。

《宋史纪事本末》本来不易作。与《通鉴纪事本末》相比，后者仅就《资治通鉴》抄录成书，首尾次序一依原书；加之《通鉴》乃出于名家之手，编次精湛，本有脉络可寻，故袁枢作纪事本末，其事易。而《宋史纪事本末》则不然，《宋史》卷帙太大，又分列事实于纪志表传，欲求一事之始末，必尽阅有关纪志表传，尚须审订年月，排比成书，费力甚大；加之《宋史》又为诸史中最为芜杂者，故编次《宋史纪事本末》，其事尤难。

邦瞻纂此书，所据名为《宋史》，实不止《宋史》，其所包括有宋辽金元四史，间收正史之外的书。今就全书一百零九目分析之：

宋事占绝大部分：八十九目。

因宋而及辽金元：十二目。

专述金者：一目，金亮之恶。

专述辽金者：一目，金灭辽。

专述金元者：三目，蒙古灭金、金河北山东之没、蒙古取汴。

专述元者：三目，蒙古诸帝之立、蒙古立国之制、北方诸儒之学。

以上各篇，无论专述金元或兼及辽金元，年代皆依宋年号，此乃司马光《通鉴》之例。《四库提要》云："书中纪事既兼及辽金两朝，当时南北分疆，未能统一，自当称宋辽金三史纪事，方于体例无乖，乃专用宋史标名，殊涉偏见。至《元史纪事本末》，邦瞻已别有成书，此内如《蒙古诸帝之立》、《蒙古立国之制》诸篇，皆专纪元初事实，即应析归元纪之中，使其首尾相接，乃以临安未破，一概列在宋篇，尤失于断限。"这种批评固然出于清人对此等地方唯恐牵涉清朝，而不得不如此说，但议论本身亦可备一说。

此书内容较《通鉴纪事本末》为充实，除军事杀伐而外，多及制度，如：

礼乐议　　治河（浚六塔二股河）

王安石变法　　正雅乐　　营田之议

天书封祀　　盐茶榷罢　　刺义勇

濮议	学校科举之制	花石纲之役
道教之崇	陈亮恢复之议	道学崇黜
公田之置	蒙古立国之制	北方诸儒之学

此等题目均极重要,此因宋代文治胜于武功,有此等问题,然后有此等记载,然亦见作者关心制度文化。

此书张溥每篇作一论,然邦瞻有时亦有论,通行本尚保留。如:

卷二《收兵权》论兵聚京师,藩篱日削之误;

卷十二《平北汉》论先下太原后取燕蓟之非计;

卷十五《交州之变》论宋之不振;

卷二十三《丁谓之奸》言莱公不如王曾;

卷七十五《建炎绍兴诸政》言请和之后,人主耳目壅蔽;

卷七十六《孝宗之立》悲岳飞建储之请而惜其智。

论中亦有引史臣旧论或前人著作之论者,如吕祖谦、吕中、李焘、薛应旂、丘濬等。

从所引前人之论观之,知陈邦瞻所参考书籍不止于四史而已。且文笔生动,叙事清晰,明代著作虽多,能像此书切实有用者亦不多见。读宋史,不可不读此书。

附:《元史纪事本末》《续通鉴纪事本末》

陈邦瞻又有《元史纪事本末》,仅四卷,共二十七事,材料得自《元史》及商辂《通鉴纲目续编》。书中对元代推步之法,科举学校之制以及漕运、河渠诸大政记载极详,尚有相当参考价值。但总的看来是书太简略。盖先为《宋史纪事本末》,元事已有数篇。此书

第一篇即为《江南群盗之平》，殊觉突然。又观其剪裁，亦不如《宋史纪事本末》之密。

清末，武威人李铭汉撰《续通鉴纪事本末》一百一十卷，实一百一十篇，共八十九卷。此书材料，文、谢之死以前，绝大多数用《宋史纪事本末》，旧卷九十以后，则用《元史纪事本末》，《江南群盗之平》诸条大致亦用《元史纪事本末》。凡宋与辽金元交涉，译名皆用乾隆改译之名。此书光绪癸卯间雕，然无大用，其价值远在宋元两部纪事本末之下。

三 《明史纪事本末》

《明史纪事本末》八十卷，清谷应泰撰。谷应泰（1620—1690），字赓虞，别号霖仓，丰润（今河北丰润）人。顺治四年（1647）进士，官至浙江提学佥事。此书刻于顺治十五年，有傅以渐序，应泰自序，成于《明史》之前。是年桂王尚在广西，郑成功、张煌言在闽浙海上；次年，义师至金陵，东南震动。谷氏此书，凡八十目，其末一目为《甲申殉难》，南都立国及鲁王、唐王等均不列入。

此书材料自何而来，是一个问题。《四库提要》据邵廷采《思复堂集·明遗民传》称："山阴张岱曾辑明一代遗事为《石匮藏书》，应泰作纪事本末，以五百金购请，岱慨然予之。"又称："明季稗史虽多，体裁未备，罕见全书，惟谈迁编年，张岱列传，两家具有本末，应泰并采之以成纪事。据此，则应泰是编，取材颇备，集众长以成完本，其用力亦可谓勤矣。"

张岱《石匮书》，莫友芝《郘亭知见传本书目》尚云海昌朱氏藏有抄本，正集二百二十一卷，记十三朝事；后集六十三卷，系思陵以后事。陶庵（张岱号）此书全仿《史记》，如司马氏有《仲尼弟子列传》，因有《阳明弟子列传》之类。莫氏盖据邵位西（懿辰）所记。

莫氏又引姚际恒云，《明史纪事本末》乃海昌士人谈迁所作，后论则杭州诸生陆圻所作也。又郑元庆述朱竹垞（彝尊）言，此书德清徐侍郎倬所著，为诸生时为谷所识拔，以此报之。

谈迁字孺木，海宁（今浙江海宁西南）人，撰《国榷》。黄宗羲《南雷文定前集》七《谈孺木墓表》云：谈迁"汰十五朝之实录，正其是非；访崇祯十七年之邸报，补其缺文；成书名曰《国榷》。当是时，人士身经丧乱，多欲追叙缘因以显来世，而见闻窄狭，无所凭借，闻君之有是书也，思欲窃之，以为己有。君家徒四壁立，不见可欲者，夜有盗入其室，尽发藏稿以去。君喟然曰：'吾手尚在，宁遂已乎？'从嘉善钱相国借书复成之"。

综上所述，此书究竟是否谈迁所作还是疑问。迁书为编年体，为纪事本末绝好资料，这一点是很自然的，因此谷氏用谈迁资料可以肯定，用张岱《石匮书》资料亦可肯定。谷氏未必见《实录》，但谈、张二书用《实录》，故谷氏书材料于年月大致可靠，可做材料书用。

至于陆圻（字丽京，杭州人，为西泠十子之冠）、徐倬（字方虎，德清人，康熙间进士）究竟是代谷氏作书或为谷氏校阅是书，不可考。

《明史纪事本末》凡八十目，自"太祖起兵"至"甲申殉难"止，一朝大事，大致具备。因是一卷一事，故卷帙大小不一，详略悬殊。

以广雅本为例，其中篇幅较多的，如：

十六	燕王起兵	五十六页
六十六	东林党议	四十页
七十一	魏忠贤乱政	四十六页
七十二	崇祯治乱	四十一页
七十五	中原群盗	六十二页

篇幅较少的，如：

十九	开设贵州	六页
二十三	平山东盗	四页
七十	平徐鸿儒	五页
七十六	郑芝龙受抚	六页

此书材料最不可靠的是“建文逊国”一篇。文中说建文与程济出亡，做了和尚，从水关御沟出，到了云南、四川。永乐七年，太监郑和航海，又数往来云贵间，踪迹建文帝，至英宗正统五年，到北京；中间插入杨应祥冒充建文帝一节，又谓陵在西山，不封不树云云。建文出亡一节，王世贞早已力辟其妄。谷氏此书引用野史，王鸿绪《史例议》卷下驳之。建文出亡之说，传说极为神秘，自王鏊《震泽纪闻》、郑晓《吾学编》，至史仲彬《致身录》、程济《从亡随笔》，妄诞极矣。朱竹垞《明史提纲跋》谓“逊国”群书，可信者绝少，十九皆作伪无稽，其《上史馆总裁第四书》已辨史、程书之妄。自《明史》以前，于此事众说纷纭，《明史》出而是非定。朱竹垞答人问书法，以宫中火，帝崩对，可谓有识。

总之，谷氏此种材料或从《石匮书》等转述，不改明末人好奇之习耳。

《明史纪事本末》除《亲征漠北》、《俺答封贡》两卷外，每卷后均有一论，写法仿《晋书》“论”“赞”，用骈丽之文。这些论，多数为谷氏自己所作，间或亦有直接引用他人之论者。如卷五十六《李福达之狱》即用高岱之论，卷六十六《东林党议》用倪元璐之论，卷六十八《三案》之“梃击”、“移宫”二案即用夏允彝之论。

谷应泰自己所作的论，如《崇祯治乱》篇，谓崇祯“殚虑竭精，勤求民瘼……治世足以奋列，而乱世足以救亡”，不知崇祯实一极端专制残暴之主。可见谷论亦未必至当。

另，《明史纪事本末》卷七十八《李自成之乱》，曾述及崇祯十七年，吴三桂借清兵后，与自成战，三桂悉锐出战，无不一以当百，下又连云三桂破自成兵。乾隆阅至此，甚不满意，以为当时打仗，必清兵出力，当改正。然今本仍旧如此。

四 《左传纪事本末》

《左传纪事本末》五十三卷，清高士奇撰。高士奇（1645—1704），字澹人，号江村，钱塘（今浙江杭州）人。以工书法为康熙所宠遇，命供奉内廷，曾任太子少詹事，官至礼部侍郎。《清史列传》卷十、《清史稿》卷二百七十一有传。

《左传纪事本末》书前有康熙二十九年（1690）韩菼序。高氏此书，是以南宋章冲《春秋左氏传事类始末》为基础编撰的。章冲字茂深，章淳之孙，叶梦得之婿，与袁枢同时。冲颇究心于《左传》，取诸国事迹，排比年月，各以类从，使节目相承，首尾完具，题名《春秋左氏传事迹始末》，共五卷。高氏即因章冲此书而广之，以列国事迹，分列专题，自成起。又杂采经史诸子，为“补逸”、“考异”、“辨误”、“考证”、“发明”，附于正文之下。

此书卷首有凡例四条：

（一）左氏之书，虽传《春秋》，实兼综列国之史，兹用宋袁枢纪事本末例，凡列国大事各从其类，不以时序，而以国序。

（二）首王室，尊周也。次鲁，重宗国也，《春秋》之所托也。次齐、晋，崇霸统也。次宋、卫、郑，三国皆为与国，其事多，且《春秋》之枢纽也。次楚，次吴、越，其国大，其事繁；后之者，黜其僭也。次秦，志其代周，且恶之也。陈、蔡、曹、许诸小国散见于诸大国之中，微而略之也。晋楚之争霸，俱详见晋事中，晋为主，楚为客也。

（三）是书凡左氏传文，罕有所遗。或有一传而关涉数事者，其文不得不重见，则随其事之所主为文之详略。

（四）三代秦汉之书，经史诸子杂出繁多，其与左氏相表里者，皆博取而附载之，谓之“补逸”；其与左氏异同迥为别者，并存其说，以备参伍，谓之“考异”；其有踳驳不伦，传闻失实者，为厘辨之，谓之“辨误”；其有证据明白，可为典要者，别而志之，谓之“考证”；参以管见，聊附臆说，谓之“发明”。

此书排列，眉目清楚，《左传》传文顶格写；“补逸”、“辨误”等皆低一格，所引非《左传》文字也；论皆称“臣高士奇曰”，以此书曾进呈康熙故也。

《左传纪事本末》为一极好之工具书。《四库提要》在论中将此书与章冲《春秋左氏传事类始末》作对比说：“冲书以十二公为记，此则以国为记，义例略殊。又冲书门目太伤繁碎，且于《左传》原文颇多裁损，至有裂句、摘字，而联合成者。士奇则大事必书，而略于其细，部居州次，端绪可寻，与冲书相较，虽谓之后来居上可也。”

以上所讲五种纪事本末，加上张鉴的《西夏纪事本末》三十六卷、李有棠的《辽史纪事本末》四十卷、《金史纪事本末》五十二卷、杨陆荣的《三藩纪事本末》四卷，即为坊间所通行的“九朝纪事本末”。

自宋以来，史体有以史事为主的一体，其形式不外乎纪事本末，亦步亦趋。自明至清，此体逐渐发展。《四库提要》所收如《蜀鉴》十卷，宋郭允蹈作；《炎徼纪闻》四卷，明田汝成作；《绥寇纪略》十三卷，清吴伟业作；《滇考》二卷，清冯甦作；《绎史》一百六十卷，清马骕作；《平台史略》一卷，清蓝鼎元作，已非“纪事本末”所能范围。

清代官书中，又有“方略”一种，实亦纪事本末之类，如：《平定三逆方略》六十卷，勒德洪等撰；《亲征朔漠方略》四十卷，温达等撰；《钦定平定金川方略》三十二卷，来保等撰；《钦定临清纪略》十六卷，于敏中等撰；《钦定台湾纪略》七十卷。如此等类，凡清代用兵皆有“方略”、“纪略”。

此外，《圣武记》十四卷，魏源撰；《湘军志》十六卷，王闿运撰，亦此类也。

至近代，此体最为发展，以年月为次，以事之首尾为起讫。如《武昌革命真史》、《筹办夷务始末》、《六十年来中国与日本》等皆是。

政　书　类

政书是记述历代王朝经济制度、政治制度的书籍。“政书”这个名称，目录学上以前无定名，是清代修《四库全书》时开始使用的。各书所记载的制度，在当时是用以巩固封建制度，维护贵族、地主阶级的统治地位的。今天我们要研究那个时代的历史，必然要了解那个时代的经济基础和上层建筑的情况，那么这些材料可以说明一些问题；但不能说已有充分材料可以完全说明问题。

记载这一类材料的史籍，最主要的，二十四史中有“志”这一类，上编已经论及。正史中的“志”，详略不同，就是比较详细的，也只是概括叙述，不是原来的档案。因为原来的档案不容易保存，所以收在史籍中的虽然只是一个大概，毕竟可以留传下来，供我们参考。

政书是在“志”以外的一些专讲典章制度的书籍。这些书中像《通典》、《文献通考》等是把古今制度联系起来讲的；像《唐会要》、《五代会要》等是把某一朝制度分类编纂的；像《大明会典》、《大清会典》等是把当时制定的原文件汇集成册的；还有专讲某一部分制度的档案书籍，像《唐律疏义》、《大清律例》等，我们也要择要讲及。

这一类材料，是研究当时社会经济、政治、文化的具体资料。它的说服力是比较大的。但是，有一点必须体会：一种制度没有可能行之一代而不变，也没有可能行之任何地区、任何环境而不变的。我们必须从事件的各方面联系去考察，也必须是从一种制度的本身发展去了解，这样才能全面。切不可根据一种材料抱残守缺，否定其他材料。例如唐代府兵的府数，各书所载颇有出入：

《唐会要》卷七十二：旧府六百三十三，关内三百六十一。

《新唐书》卷五十：置府六百三十四，关内二百六十一。

《樊川文集·原十六卫》：折冲果卫府五百七十四。

由上可知，《唐会要》与《新唐书》所记已有文字之异，至杜牧所记则出入甚大，即使都是说唐初，唐初也有很长一个时期，不能胶柱鼓瑟，必须有这样一种看问题的眼光才对。不然，很容易走到主观片面的路上去。

一 “十 通”

1.《通典》

《通典》二百卷，唐杜佑撰，是一部记述古代经济政治制度沿革的史书。上起传说中的唐虞，下迄唐天宝末，食货等部分间又述及唐肃宗、代宗、德宗时期的情况。旧目录学以《通典》列“政书”之首。

杜佑(735—812)，字君卿，京兆万年(今陕西长安)人。家历世仕宦，以荫入仕，历代宗、德宗、顺宗、宪宗四朝。贞元中为淮南节度使，十九年(803)入相，元和初封岐国公。所著除《通典》外，有《理财要诀》十卷，《管氏指略》二卷，《宾佐记》一卷。《旧唐书》卷一百四十七、《新唐书》卷一百六十六有传。

杜佑作《通典》的经过，据《旧唐书》本传云：“初，开元末，刘秩采经史百家之言，取《周礼》六官所职，撰分门书三十五卷，号曰《政典》，大为时贤称赏，房琯以为才过刘更生。佑得其书，寻味厥旨，以为条目未尽，因而广之，加以《开元礼》、《乐书》，成二百卷，号曰《通典》。贞元十七年，自淮南使人诣阙献之。”

刘秩是刘知幾次子。他作《政典》只是以《周礼》六官为范围，书止三十五卷，与《通典》分量悬殊。今《政典》已亡佚，其内容当包括在《通典》中。

杜佑进书表有“自顷缵修，年逾三纪，识寡思拙，心昧辞芜”之语。以贞元十七年(801)言之，佑已望七之年，上推三十六年，初作书时，当在代宗大历之初。李翰作《通典序》云：“淮南元戎之佐，曰尚书主客郎京兆杜公君卿，雅有远度，志于邦典，笃学好古，生而知之。以大历之始，实纂斯典，累年而成。”翰序无年月可按，所说始作《通典》之年，与佑自作表文相符。唯言佑为淮南元戎之佐，指佑为淮南从事之时，应在大历间，李翰也卒于大历间。大历共十四年，似乎十数年间，《通典》已作成。照李翰序文中说：“杜公亦自为序引，各冠篇首，或前史有阙，申高见发明以示劝戒。”可见连正文暨序论都已具规模，后来二十多年，只是整理补充。今考书中偶有记事至贞元间的，这是后来补充的材料。以三十多年时间修成一书，其功力之深可知。

从杜佑当时政治地位来说，他自地方官做到淮南节度使，而淮南是当时的重镇，后来又做到宰相，当然是统治阶级中主要人物。他对古代的典章制度有一些研究，对唐代经济制度，礼、乐、兵、刑沿革，很多是出自经历见闻，所以言之有物。另一方面，从历史的发展来看，唐朝是一个统一的封建王朝，开元天宝间，又是唐代经济政治具有相当高度发展的时期，在历史学上，已不能满足于分散的片断的记载，而是需要有系统的、全面的记载和研究了。《通典》起于古代，止于天宝，正是反映了这种时代的要求。

《通典》共分九门，每门卷数依次如下：

食货　　十二卷
选举　　六卷
职官　　二十二卷
礼　　　一百卷（前代六十五，唐三十五）
乐　　　七卷
刑（分为二）：
　甲兵　十五卷
　五刑　八卷
州郡　　十四卷
边防　　十六卷（即周边诸少数民族及外国传）

以上九门，指兵、刑各一门而言，若兵、刑只算一门，便止八门，李翰《通典序》以为八门，即此之故。九门之中，各有子目。每门前有总序，后面许多地方有论。

《通典》材料的来源，唐以前主要是把各史的"志"系统起来，魏晋以后的文集和其他资料，也被充分利用；唐朝的材料，取自实录、国史及政府档案等，内容更为丰富。是书最重要的一点是"通"，是从古到今的"通"。书虽止于天宝末，但天宝以后的事并不是一概不记。佑自序云："本初纂录，止于天宝之末，其有要须议论者，亦便及以后之事。”这是因为杜氏作书本意想为当时政治服务，特别是他有意见的事情，不能不牵连记述。今按书中《食货》九，述钱币，至肃宗乾元元年(758)；《食货》十一，述榷酤，至代宗大历；述茶，至德宗贞元九年(793)，就是这种例子。

《通典》的内容编纂次序，和以前纪传体史书中的“志”有很大不同。前史中有“志”的如《史记》八“书”，礼乐居首，律历次之，平准第八。《汉书》十“志”，律历居首，礼乐次之，食货第四。《晋书》十“志”，天文第一，地理第二，食货第八。《隋书》十“志”，礼仪第一，音乐第二，食货第六。《通典》不载天文、五行等与政治经济没有直接关系的事情，这是杜佑的高明处。特别值得注意的是，《通典》把食货列在第一，这是前史从来没有的。自序云：“所纂《通典》，实采群言，征诸人事，将施有政。夫理道之先，在乎行教化，教化之本，在乎足衣食。《易》称：‘聚人曰财。’《洪范》八政，一曰食，二曰货。管子曰：‘仓廪实，知礼节，衣食足，知荣辱。’夫子曰：‘既富而教，斯之谓矣。’”这里提出教化之本，在于足衣食，这是杜佑的朴素的唯物主义的看法，它和离开实际生活高谈礼乐的唯心主义思想有显著的不同。

杜佑历任地方行政官吏，在淮南的措施，权德舆曾撰《岐国公杜公淮南遗爱碑铭》颂扬他。碑铭云：“初，公之至也，岁丁骄阳，人有菜色，于是息浮费以悦之，蠲杂征以利之。夫家之税有冒役者，免其罪以购之；废居之豪有委积者，盈其值以出之。濒海弃地，芟刍填游，一夫之勤，百亩可获。”这是说旱灾之后，注意解决民生疾苦，奖励生产的措施；而其结果则“连营三十二，积谷五十万，工以悦使，人以乐成”。这篇碑文，可能颂扬得过了一些，但杜佑是个重视人民经济生活的官吏，当无可置疑。

唐代安史乱后，北方经济权操诸节度使手中。《元和郡县志》说他们连户口都不申报，自然不肯负担中央经费，唐朝政府的经济命脉转赖江淮。《资治通鉴》贞元二年(786)云：“关中仓廪竭……上忧之甚，会韩滉运米三万斛至陕，李泌即奏之。上喜，遽至东宫，谓太子曰；‘米已至陕，吾父子得生矣！’”这种困难的情况，到德宗时代，已很严重。杜佑目睹其事，自然有深刻体会，衣食不足，哪里谈得到兴礼作乐呢！

下面我们试从食货一门中看它的细目：

第一　田制上

第二　田制下　水利田　屯田

第三　乡党　土断、版籍并附

第四　赋税上

第五　赋税中

第六　赋税下

第七　历代盛衰户口　丁中

第八　钱币上

第九　钱币下

第十　漕运　盐铁

第十一　鬻爵　榷酤　算缗　杂税　平准、均输并附

第十二　轻重

这种土地制度、赋税制度、户口盛衰的问题，都是封建社会关键性的问题，杜佑不仅系统记叙，而且发表自己的意见。如《食货》七“历代盛衰户口”中说，隋平陈前，户止三百六十万，平陈得五十万，

十八年后户增四百八十余万，并不是人口增加这么快，而是从前剥削太重，民多依附豪室。他说："高颎睹流冗之病，建输籍之法，于是定其名，轻其数，使人知为浮客，被强家收大半之赋；为编氓，奉公上蒙轻减之征，先敷其信，后行其令，烝庶怀惠，奸无所容。隋氏资储遍于天下，人俗康阜，颎之力焉。功规萧、葛，道亚伊、吕，近代以来，未之有也。"（《食货》七，"丁中"）杜佑对高颎予以这样好的评价，是因为高颎能解决历史上最高统治者和豪强地主争夺农民的问题。他很称赞高颎设轻税之法，比浮客对豪族的负担来得轻。先向农民宣传归入国家编户的好处和作浮客所受剥削的苦处，然后正式下命令，这样水到渠成，轻而易举地把浮客归入编户。隋朝户口的情况如此，隋以前自然是如此，唐朝又何尝不如此。

杜佑又说："国家贞观中，有户三百万，至天宝末，百三十余年，才如隋氏之数。圣唐之盛，迈于西汉，约计天下编户，合逾元始之间，而名籍所少三百余万，直以选贤授任，多在艺文，才与职乖，法因事弊"；"职事委于群胥，货贿行于公府，而至此也"。唐至天宝有户八百九十万，比汉平帝元始二年（公元 2 年）的一千二百二十三万少三百余万。从历史发展观点来看，一定不止此数。杜佑论中自注以为当有千三四百万。可是剥削日重，浮浪日重，天宝以前固然不能达到西汉盛世，而天宝以后到德宗建中初更少到只有百三十余万户，靠了"分命黜陟，重为案比"，才增加百八十万，共得三百二十万。这正是实行"两税法"以前的情况。可以看出这一时期户口逃亡的严重，更可以反映当时统治者和人民之间的矛盾。《新唐书·杜佑传》另有杜佑上书论及此事，可见"历代盛衰户口"中的一些议论是针对当时政治而发的。当然，光靠检查户口也不是根本的办法，杜佑在《食货》末又有论，以为“欲人之安也，在于薄敛。敛之薄也，在于节用。若用之不节，而敛之欲薄，其可得乎？”

杜佑《通典》每类都有序论，很多是精辟的见解。如论“选举”，则云：“非今人多不肖，古人多材能，在施政立本使之然也。而况以言取士，既已失之，考言唯华，失之愈远。若变兹道，材何远乎？”这是他对以诗赋取士的评论。论及“职官”则云：“出租赋者减耗若此，食租赋者岂可仍旧？如一州无三数千户，置五六十官员，十羊九牧，疲吏烦众。”他主张削减冗官以减轻人民负担。又论“州郡”云：“夫天生烝人，树君司牧，是以一人治天下，非以天下奉一人，患在德不广，不患功不广。秦汉以后，以重敛为国富，卒众为兵强，拓境为业大，远贡为德盛。争城杀人盈城，争地杀人满野，用生人膏血，易不殖土田。小则天小怨咨，群盗蜂起，大则殒命歼族，遗恶万代，不亦谬哉！”这和《边防》序中所说，对待“夷狄”当“来则御之，去则备之”，不主张像开元、天宝之际“边将邀宠，竟图勋伐”。又以为“古之中华，多类今之夷狄”，以驳斥“人之常情非今是古”。这些议论充分说明杜佑的政治见解都是针对唐代的实际问题，不仅是一个对前代典章制度熟悉的人而已。

《通典》的史料价值和政治见解已如上述，因此，研究唐天宝以前的典章制度，《通典》是极重要的书籍。它的成书在《唐会要》和《旧唐书》之前，讲唐代史自是第一等史料了。此外，《通典》各类中常有小注，极有用，不仅解释文义，也是补充并考订材料。例如在《州郡》中一面援引《汉书·地理志》的记载，同时，也根据史实指出它的某些舛谬之处。更由于《通典》所引唐以前史书都是卷子本，不少已经散失，于是，这部书又往往为史料辑佚和校勘工作提供了珍贵的来源和依据。王国维就曾辑出杜环《经行记》;陈援庵先生从“乐典”中辑出《魏书·乐志》向来所缺的一页。这些都是很好的例子。

正因为《通典》有这许多优点,所以向来对它的评价是很高的。

李翰序文赞是书曰:“采五经群史,上自黄帝,至于有唐天宝之末,每事以类相从,举其始终,历代沿革废置,及当时群士论议得失,靡不条载附之于事,如人支脉散缀于体……使学者得而观之,不出户,知天下,未从政,达人情,罕更事,知时变,为功易而速,治学精而要……非聪明独见之士孰能修之?”

《四库提要》亦赞曰:“博取五经群史及汉魏六朝人文集奏疏之有裨得失者,每事以类相从。凡历代沿革悉为记载,详而不烦,简而有要,元元本本,皆为有用之实学,非徒资记问者可比,考唐以前之掌故者,兹编其渊海矣!”

《通典》和《通鉴》,一为制度,一为史事,合而观之,相得益彰。

当然,《通典》这样一部大书,也难免有缺点。《四库提要》列举好些条,如《食货》载北齐租调之法,清和三年,令民十八受田,输租调,而露田之数失载;《钱币》不载陈永定元年制四柱钱法;《榷酤》不载后周榷酒坊法;《州郡》分九州以叙沿革,而信都郡冀州当属兖而误属冀。又极诋《水经》及郦道元《水经注》为僻书,诡诞不经,亦未免过当。这中间《通典》偶失于记载,未为大病。至如杜佑这样一个史学家对《水经注》不能有正确估价,自是偏见。但《四库提要》言:“《边防》门所载多数万里外重译乃通之国,亦有仅传其名不通朝贡者,既不临边,亦无事于防,题曰‘边防’,名实亦舛。”这则是由于作者不明杜佑为什么要用“边防”二字意义的缘故了。

2.《通志》

《通志》二百卷，南宋郑樵撰，上起三皇，下迄隋代（礼、乐、刑、政，引而至唐），是综合历代史料而成的通史。

郑樵（1103—1162），字渔仲，学者称夹漈先生。兴化军莆田（今福建莆田）人，家世仕宦。年轻时于夹漈山下苦学三十年，自负不下刘向、扬雄。宋室南迁，曾致书南宋官员以自荐，表示“使樵直史苑，则地下无冤人”（《夹漈遗稿》卷三），但未为所用。晚年专心整理《通志》，书成进呈，授枢密院编修，后遭劾。年五十九卒。郑樵著述宏富，今存除《通志》外，尚有《夹漈遗稿》、《尔雅注》等。事迹见《宋史》卷四百三十六《儒林传》。

郑樵主张通史，反对断代。其撰《通志》二百卷，计本纪十八卷，皇后列传二卷，年谱四卷，略五十一卷，列传一百二十五卷。“年谱”即各史之“表”，“略”即各史之“志”，体例一本旧史，只是古今打通，包括各朝而已。纪、传方面，他自己说“即其旧文，从而损益”。这种做法并非根本改造，而郑樵也自乱其例。如本纪、列传止于隋朝，年谱亦简单之至。他在《通志》总序中说道：“《唐书》、《五代史》皆本朝大臣所修，微臣所不敢议，故纪、传迄隋，若礼乐政刑，务存因革，故引而至唐。”既名通史，应从古至今，宋事既不敢写，唐、五代又因为是宋人修的史而不敢轻议，那怎么又能称通史呢？

《通志》纪传取自旧史，大量删削，连缀成书。列传新增沈田子、沈林子、沈璞等传目，实际材料出于沈约《宋书·自序》，不过移置一下。因此，《通志》本纪、列传既无新内容，实无多大用处。郑樵好为独断之学，《通志》纪传中丝毫无所体现，勉强地说，只是把诸史的论、赞一概删去，是一快事，但这也由于郑樵自作《通志》纪传，势不能用前史论、赞，亦不得不删而去之。

历来“三通”并称。《四库提要》以《通典》《通考》入“政书类”，以《通志》入“别史类”(《通志》,《通考·经籍考》在“故事类”，至《宋史·艺文志》收入“别史类”)，其原因即在于《通志》虽有本纪列传，实无多少参考价值。

至于二十略则为郑樵一生精力所在，亦为《通志》之精华。其目录及卷数如下：

氏族六　六书五　七音二　天文二
地理一　都邑一　礼四　谥一
器服二　乐二　职官七　选举二
刑法一　食货二　艺文八　校雠一
图谱一　金石一　灾祥一　草木昆虫二

此二十略中，氏族、六书、七音、都邑、草木昆虫五略是以前正史所没有的。氏族、都邑、草木昆虫三略，其源本于《史通·书志》篇。刘知幾对于历代史书设志日多颇不以为然，认为“可以为志者，其通有三焉，一曰都邑志，二曰氏族志，三曰方物志”。《通志》中的草木昆虫即《史通》所谓方物。至于六书、七音则本于小学。此外皆前史及《通典》所有。《宋史·郑樵传》言：“初为经旨，礼乐、文字、天文、地理、虫鱼、草木、方书之学，皆有论辨，绍兴十六年上之。”这大概是二十略的前身。今考二十略如六书、七音、艺文、校雠、图谱、金石、草木虫鱼诸略都属研究学术和有关文化史方面材料，郑樵能注意及此，别开生面，应当予以肯定。

二十略中，礼、乐、职官、选举、刑法、食货诸略，本于杜佑《通典》。《通典》止于天宝，《通志》亦止于天宝。郑樵曾痛斥班固只是因人成事，以此例彼，难免讥议。其实，这几略的内容，《通典》“礼”的卷数多，是由于收入《大唐开元礼》，《通志》只详前代，至唐则云“事具《开元礼》”一语而已，故礼止二卷。食货一类，《通典》视为最重要的，《通志》止有二卷，只是简化《通典》，议论亦多采《通典》，唯赋税下有郑樵自己一论，反对两税法，主张恢复均田。这是书生之见，不考当时实际，也不知道后此户口日繁，哪能做到每人百亩？职官一略卷数较多，郑樵自己考证也多，这方面看出他是下了功夫的。但宋代官制最为复杂错乱，郑樵只论至唐初，又不联系宋代情况，有很大局限性。

《通志》二十略中，地理类分为地理、都邑二略。地理不载州郡，仅略撮水道和历代疆域，太简略。都邑载唐末朱朴献迁都之议，主张迁都南阳，以为是建都的极选。郑樵很惋惜朱朴的建议没有被采纳，接着痛论：“自昔帝王之都，未有建宸极于汴者”，“宋祖开基，大臣无周公宅洛之谋，小臣无娄敬入关之请，因循前人，不易其故，逮至九朝，遂有靖康之难”。而其结论则云：“呜呼！江沱不足宴安也！毋已，则采唐人之议，取南阳为中原新宅，且以系人望云。”这篇序是在《通志》中唯一牵涉到宋的一篇。为什么他主张迁都南阳？大概南宋之初，有此一种论议，不图恢复则已，要图恢复只有建都荆襄。如《宋史·赵鼎传》言：“经营中原，当自关中始。经营关中，当自蜀始。欲幸蜀，当自荆襄始。吴越介在一隅，非进取中原之地。荆襄左顾川、陕，右控湖湘，而下瞰京洛，三国必所争。”《宋史·陈亮传》亦言：荆襄之地“东连吴会，西连巴蜀，南极湘湖，北控关洛，左右伸缩，皆足以为进取之机”。当时所谓荆襄，南阳也在其中。

都邑略内容亦有特点，即除载帝王都城（止于隋）外，又有四夷都，涉及今少数民族地区部族与中国周围国家，远至于大秦、大食、天竺。也有的只记部族，并未能指出都域所在，大抵抄《通典·边防》而成，并无自己意见。

总的说来，《通志》二十略内容很丰富，发凡起例颇有见解。但门类既广，一人之力有限，并不充实。既明会通之义，只能起自上古止于隋代，使全书有首无尾，厚古薄今，亦不完备。《宋史》本传云“樵好为考证伦类之学，成书虽多，大抵博学而寡要”。这个评论是恰当的。“三通”并称，以今天的眼光来看，《通志》远不及《通典》。《通典》除史料充实以外，杜佑对当代政治制度、政治措施，有实际生活体验，故能指陈利弊。郑樵居夹漈山，谢绝人事，闭门聚书，从事著作，论前代政治制度止于隋唐，只是有些研究心得，不能作为材料依据。

这部书比之《文献通考》也不如。清代章学诚《文史通义》卷五专有《申郑》一篇，《答客问》三篇。《申郑》篇言樵“独取三千年来遗文故册，运以别识心裁，盖承通史家风，而自为经纬，成一家言者也。学者少见多怪，不究其发凡起例，绝识旷论，所以斟酌群言，为史学要删；而徒摘其援据之疏略，裁剪之未定，纷纷攻击，势若不共戴天；古人复起，奚足当吹剑之一吷乎？”又云：“郑君区区一身，僻处寒陋，独犯马、班以来所不敢为者而为之，立论高远，实不副名；又不幸与马端临之《文献通考》并称于时，而《通考》之疏陋转不如是之甚。末学肤受，本无定识，从而抑扬其间，妄相拟议，遂以比类纂辑之业同年而语。”学诚这篇文章大力为郑樵辩护。他以为郑樵是专门绝业，马端临不过是一种类纂，针锋是对着戴震、吴颖芳等人。但对郑樵的弱点也不能袒护。我以为完全不肯定郑樵是出于意气，一定要说郑樵《通志》比马端临《文献通考》好，也不公允。

3.《文献通考》

《文献通考》三百四十八卷，元马端临撰，记载上古到宋宁宗时的典章制度。

马端临（约1254—1323），字贵与，江西乐平人，南宋末宰相马廷鸾之子。《四库提要》言其咸淳中漕试第一，适廷鸾忤贾似道去国，端临因留侍养，不与计偕。元初起为柯山书院山长，后终于台州儒学教授。《宋元学案》卷八十九有传，言其师事休宁曹泾，“师承有自，以荫补承事郎，宋亡不仕”。又言“留梦炎为吏部尚书，与先生之父同为宋相。留梦炎降元后，召致先生，欲用之，以亲老辞。及父卒，稍起为慈湖、柯山二书院山长，教授台州路（按儒学教授秩九品，山长非命官），三月，引年终于家”。《新元史》卷二百三十四《儒林传》中的马端临传全据《宋元学案》，无新史料。

马廷鸾，《宋史》卷四百十四有传，其罢相在咸淳八年（1272）（见《宰辅表》），传言其“自罢相归，又十七年而薨”，则廷鸾之卒当在至元二十六年（1289）左右。父卒，端临始出为山长。

端临著书年月，据今本《通考》前列仁宗延祐六年（1319）四月弘文辅道粹德真人王寿衍上表进呈，卷数门类，首尾完整，则此书至迟当在延祐六年前完成。书首又有《抄白》一篇，言“本儒用心二十余年”云云，则此书始撰当在至元之末。又言至治二年（1322）刻印，系由作者亲自校勘，书刻成则在泰定元年（1324），意端临或尚在人世，距临安之陷已四十九年，已年过七十。

《通考》的编纂方法与《通典》相同，其门类分为二十四，亦多仍《通典》之旧：

田赋七	钱币二	户口二
职役二	征榷六	市籴二
土贡一	国用五	选举十二
学校七	职官二十一	郊社二十三
宗庙十五	王礼二十二	乐二十一
兵十三	刑十二	经籍七十六
帝系十	封建十八	象纬十七
物异二十	舆地九	四裔二十五

其中十九门乃《通典》旧有，只经籍、帝系、封建、象纬、物异五门新立。

此书内容既与《通典》相近似，何不径用“续通典”之名而另起炉灶？因门类多寡、著作体例皆有不同，更主要是，马端临欲包举古今自为一书，意以为《通考》出，凡《通典》所长者皆有之，且又可补《通典》之不足。故其书上自古初，下至宋宁宗嘉定，为一完整体系。《通考》虽止于宋宁宗嘉定间，然亦有例外者，如田赋四，记咸淳六年江西饶州东平县士民白劄子请除“盐蔆米”一事，此本南唐旧法，当时苛捐杂税有“盐米”“蔆钱”之名，前者乃食盐杂税，后者为入库杂税。《通考》所载，本不及咸淳事，但欲见此项蠲除之难，故将其本末附于创法之后。

此书材料来源，宋以前用诸史及《通典》，宋则据国史、会要及诸儒议论。书中选举、学校、刑法诸门引“先公曰”，即其父廷鸾之说也。端临自序谓：“凡叙事则本之经史，而参之以历代会要以及百家传记之书，信而有征之者从之，乖异传疑者不录，所谓‘文’也；凡论事则先取当时臣僚之奏疏，次及近代诸儒之评论，以至名流之燕谈，稗官之记录，凡一语一言可以订典故之得失，证史传之是非者，则采而录之，所谓‘献’也。”故此书名曰《文献通考》。

此书编排方法：引诸史事实顶格，补充材料低一格，诸儒议论又低一格，端临自有议论则著一“按”字以别之，间有小注。眉目清楚，使读者查阅时较《通典》为易。其议论多平实，亦有感慨甚深者。如《兵考》六，论宋骄兵悍卒，不能北向御敌，“卒不免用屈己讲和之下策，以成宴安江左之计，及其末也，夏贵之于汉口，贾似道之于鲁港，皆以数十万之众，不战自溃。于是卖降效用者非民也，皆宋将也；先驱倒戈者亦非民也，皆宋之兵也。夫兵既不出于民，故兵愈多而国愈危，民未叛而国已亡，唐宋是也”。又云：“夫兵所以捍国，而皆得不肖之小人，则国之所存者幸也，纪纲尚立，威令尚行，则犹能驱之以亲其上，死其长；否则，溃败四出，反为生民之祸，而国祚随之矣。可胜慨哉！”可见端临眷念故国，对南宋末政治之腐败极为愤慨。其所以不出仕，出仕后又仅为儒学教授，以其心未尝忘宋也。

《通考》为自古至宋系统叙述制度的历史，其价值与《通典》等。《通典》止于唐中叶，《通考》止于宋，而言“相等”何故？《通典》材料可贵在唐，《通考》材料以唐中叶至宋为佳，各有重点，取舍也不同。再者，《通考》出于《宋史》之前，《宋史》之志又多据《通考》，故《通考》之价值至少与《宋史》相等。由此而言，马端临假如径自续《通典》,亦无不可。然《通考》编次确有优胜之处,故有人谓《通典》是“化合物”,而《通考》是“混合物”。

《四库提要》曾评论《通考》曰:“大抵门类既多,卷繁帙重,未免取彼失此。然其条分缕析,使稽古者可以案类而考。又其所载宋志最详,多《宋史》各志所未备。案语亦多能贯穿古今,折衷至当,虽稍逊《通典》之简严,而详赡实为过之,非樵《通志》所能及也。”

附:乾隆时所修“六通”和《续皇朝文献通考》

《续通典》一百四十四卷,乾隆三十二年修。

《续通志》五百二十七卷,乾隆三十二年修。

《续通考》二百五十二卷,乾隆十二年修。

《清通典》一百卷,乾隆三十二年修。

《清通志》二百卷,乾隆三十二年修。

《清通考》二百六十六卷,乾隆十二年修。

此六书皆仿《通典》、《通志》、《文献通考》体例而作。《续通典》、《续通志》、《续通考》材料皆取自宋元明史,非上等材料。《清通考》在清朝“三通”中成书在前,材料皆取自当代档案,故有价值。《清通典》、《清通志》材料即转抄自《清通考》。

清代史料档案俱存,今后整理出版,数量必当惊人,此数书搜集者仅一小部分耳。

乾隆时既修“续三通”,何必又另修“清三通”? 此因书中前朝之事可以平书,清代则必须跳行出格,势难划一,不如另自为书。此事决定于乾隆二十六年。

"三通"、"九通"多有合刻本。商务印书馆本"十通"乃于"九通"之外，加清末民初刘锦藻所著《续皇朝文献通考》三百二十卷，所述自乾隆至光绪，颇有用。单行本不多。

二 会 要

1.《唐会要》《五代会要》

《唐会要》一百卷，宋王溥撰，全书五百十四目，是记述唐代各项制度沿革变迁的史书。

"会要"一体，今存者自《唐会要》始。

《崇文总目》、《郡斋读书志》以《唐会要》入"类书"类，《直斋书录解题》入"典故"类，《文献通考·经籍考》入"故事"类，《宋史·艺文志》入"类事"类，《四库全书》入"政书"类。

类书起源甚早，至唐而盛。此因科举对策，便于检寻。如《艺文类聚》四十八门，《北堂书钞》八百五十二类，《初学记》二十三部三百一十三子目，以及《白孔六帖》等，皆分门别类，罗列典故，为做文章取材方便而流行。但所引之书后世多有缺佚，往往从类书中见之，故类书颇有保存古书的作用。《唐会要》则全载典章制度，不同于类书之并载风花雪月、草木虫鱼，故愈至后世，地位愈高，由类书而典故，而故事，而类事，至《四库全书》竟入"政书"之列。

王溥(922—982)，字齐物，并州祁(今山西祁县)人。后汉乾祐中举进士甲科，为秘书郎，后从周太祖，为从事，至周恭帝时，任宰相，宋初亦为宰相，太平兴国初封祁国公，是一个官僚。《宋史》卷二百四十九有传。

《唐会要》之所以可贵，并非由于王溥所撰，而是由于王溥所据之唐代两种会要之可贵耳。

《宋史》本传云："溥好学，手不释卷。尝集苏冕《会要》及崔铉《续会要》，补其缺漏，为百卷，曰《唐会要》。"又云："太祖平吴、蜀，所获文史副本分赐大臣。溥好聚书，至万余卷。"

关于苏冕，《旧唐书》卷一百八十九下《儒学下》附其弟弁传云："（冕）撰《会要》四十卷，行于时。弁聚书至二万卷，皆手自刊校，至今言苏氏书，次于集贤秘阁焉。贞元二十一年，卒于家。"

至于崔铉，《旧唐书》卷一百六十三本传云，大中七年，"以馆中学士崔瑑、薛逢等撰《续会要》四十卷，献之"。又据陈振孙《直斋书录解题》卷五云："《续会要》四十卷，杨绍复等撰，崔铉监修。"《四库提要》亦云："宣宗大中七年，又诏杨绍复等，次德宗以来事，为《续会要》四十卷，以崔铉监修。"

今按苏冕《会要》四十卷，所载自唐初至德宗九朝之事。崔铉《续会要》亦四十卷，自德宗至宣宗。王溥即以此二书之八十卷续宣宗后至唐末为一百卷。据晁公武《郡斋读书志》，是书建隆二年正月奏御。所以此书实即保存苏、崔二家之书。此唐人所写材料，价值自当在新旧唐书之上。唐实录除顺宗一朝外均已亡佚，此书可取实录地位而代之。

研究唐史，以材料论，天宝以前之材料《通典》可以依据，天宝以后，则《唐会要》为最早史料。尤因此书所引材料，原书已亡，故不仅作工具书用。

《唐会要》全书共立子目五百一十四，检查甚便。可惜原本已经残缺。《四库提要》云:“今仅传抄本,脱误颇多。八卷题曰郊仪,而所载乃南唐事,九卷题曰杂郊仪,而所载乃唐初奏疏,皆与目录不相应。七卷、十卷亦多错入他文。盖原书残缺,而后人妄摭窜入,以盈卷帙。又一别本所缺四卷亦同,而有补亡四卷,采摭诸书所载唐事,依原目编类,虽未必合溥之旧本,而宏纲细目,约略粗具,犹可以见其大凡。”

此书通行有江苏书局本,为清乾隆年间整理重编。

《五代会要》三十卷,宋王溥撰,全书二百八十目,是根据五代实录写成的记述五代五十年间法制典章的史书。

此书系王溥于《唐会要》成书后续作。

五代史料缺乏,诸史所存典章制度之记载更觉简略。《新五代史》只“司天”、“职方”二考,不少重要制度议论均略而不详,甚至删除不载。《旧五代史》今仅存辑本,五代一段典章制度赖王溥是编收集旧闻,得以保存,故《五代会要》为极重要之材料书。

此书详于典章,可补五代史之缺,更可纠五代史之乖谬。例如,《四库提要》云:“租税类中载周世宗读《长庆集》,见元微之所上均田表,因令制素成图,颁赐诸道。而欧史乃云世宗见元微之均田图,是直以图为元微之作,乖舛尤甚。微溥是编,亦无由订欧史之谬也。盖欧史务谈褒贬,为《春秋》之遗法,是编务核典章,为周官之旧例。各明一义,相辅而行,读五代史者又何可无此一书哉!”

《仪顾堂集》十三,有《影宋抄五代会要跋》,作五十卷,言是书凡三刊,文潞公始刊于蜀,施元之复刊于徽,至清乾隆中而始有活字本。元明之际无刊本也。

今通行本为江苏书局本。

2.《宋会要辑稿》

《宋会要辑稿》二百册，清徐松辑自《永乐大典》，共分十七类，以职官、食货、礼等类篇幅最巨，是记述宋代典章制度的资料巨著。

宋代于实录、国史之外，另有会要一体。仿王溥之法，记本朝之事。当时政府于秘书省设立会要所，专司其事，与国史、实录院、日历所互为唇齿。会要之修大抵根据日历、实录、档案成书，现在可以考查出来的宋代会要前后共有十种，凡二千二百余卷。《玉海》、《山堂考索》、《文献通考》等均有记载。然宋时会要除李心传所编《国朝会要总要》(当即《十三朝会要》之节本)曾刊版于蜀中外，官修原本从未刊行，唯政府可许臣民自由传抄。陈振孙《直斋书录解题》曾著录会要达五种之多，心传书即其一种。临安之陷，元兵将会要之北宋纂修传抄本及南渡后纂修之本劫至燕京。《宋史》之志多本会要，不过详略悬殊而已。

明朝修《永乐大典》时，尚见《国朝会要》、《续会要》、《政和会要》、《乾道会要》、《中兴会要》、《光宗会要》、《宁宗会要》等七种，可知当时已散失十之三。文渊阁所藏宋会要残本亦有二百零三册，当即元人所见之本。后此阁藏书于宣德间遭火焚，至万历间重编阁目，已无其书。因此欲求宋会要者，只可于《永乐大典》中求之。

清乾隆间修《四库全书》，于此书熟视无睹，不加搜辑。直至嘉庆十四年(1809)，大兴徐星伯(松)入全唐文馆，任提调兼总纂官，时《永乐大典》已佚去一千余册，然所存尚得十之八九。徐氏签注《永乐大典》时，遇有宋会要内容即另纸标以“全唐文”三字，盖徐氏力不能置写官，不得不借公济私，假托“宋会要”为纂修全唐文之资料，以授写官，为之录副。如是，日积月累，据俞正燮《宋会要辑本跋》引徐氏之言，所得无虑五六百卷，卷帙之巨大可以想见。然徐氏于辑出后，未及排比整理而卒。此后，其稿流落北平琉璃厂书肆，为江阴缪荃孙所得，旋归广雅书局。时张之洞督两广，聘缪氏及武进屠寄任校勘，拟付剞劂，仅成职官一门而止。所有原稿为书局提调王秉恩所藏匿。民国四年，王氏藏书散出。吴兴刘翰怡以重金购归，以原稿部类不明，先后杂厕，乃延仪征刘富曾、吴兴费有容重加厘定。不料刘氏竟将徐氏原稿痛加删并，又以《宋史》之志、《通考》、《玉海》等书，移改旧史实，增加新资料，另成清本，共四百六十卷。如此，今本宋会要即有二本之别。相比之下，徐本原稿纵有误文误字，毕竟为《大典》原文，后人尚可据以推定原来之次序；而刘氏清本总类子目离合无端，杂引他书不注所本，至有窃改之嫌，故只能供读原稿者比勘之用，实在不足据为典要了。再者，刘氏之本分类隶事中，颇多失检。且发现有少数篇幅，确系《永乐大典》原文，见于清本而复检原稿遍觅不得者，是必刘氏剪裁后无意中随手弃去，幸已录入清本，故学者以为实有将二本合印并行之必要。但限于财力，只先行刊印了徐本原稿。民国二十年，徐本及清本统归北京图书馆，二十二年，成立编印宋会要委员会，陈援庵先生为委员长，由大东书局印刷所代印，哈佛燕京社亦资助美金二千五百元，至民国二十五年，用徐氏原本印成二百册。于是宋会要乃公诸世上。

徐松(1781—1848)，字星伯，大兴(今属北京)人。嘉庆十年(1805)二甲第一进士，时年仅二十五岁。十四年入全唐文馆。十五年至湖南任学政，十七年谪戍新疆伊犁，其间曾撰《新疆识略》

等，二十五年，奉特旨赦还。道光十六年，选授礼部主事，后出守榆林，未几，卒，年六十八。《清史稿》卷四八六《文苑》三、《清史列传》卷七三均有传。

严可均《铁桥漫稿》卷三《答徐星伯同年书》云："嘉庆中，足下在全唐文馆，从《永乐大典》写出宋会要，此天壤间绝无仅有者。及今闲暇，依《玉海》所载宋会要体例，理而董之，存宋四百年典章，肆力期年，犄可竣事，而来书言苦无助我为力者，助得附名，非有议叙，废时悬望，难必其人，异日或蒙恩大用，无暇及此矣。"是书作于道光十四年，正星伯闲居之日，此时尚未整理所辑宋会要之稿，故终星伯之身，更无整理机会。

星伯书以《新疆识略》（代伊犁将军松筠作）、《西域水道记》、《汉书西域传补注》、《唐两京城坊考》等为著名。《畿辅通志》传中亦不提及星伯于全唐文馆辑宋会要之事，岂星伯以湖南卖书渔利为人所告致起大狱，又恐全唐文馆假公济私重为身累，故终不欲以此书公诸当世欤？

今本此书名《宋会要辑稿》。其门类及各类册数分别如下：

帝系五	后妃一	乐三	礼三十三
舆服三	仪制六	瑞异一	运历一
崇儒四	职官四十九	选举十四	食货四十三
刑法八	兵十五	方域九	蕃夷四
道释一	共二百册		

此书每卷卷首有"全唐文"三字，书口卷数皆《永乐大典》卷数。错字多，次序经移动，亦乱，但毕竟是原件，材料丰富，十之七八为《宋史》各志所无，实在是研究宋史至关重要的资料，唯未经好好利

用耳。

另刘富曾本尚在北京图书馆，近亦有人主张印行。

3.《西汉会要》《东汉会要》

《西汉会要》七十卷、《东汉会要》四十卷，合称两汉会要，均南宋徐天麟撰。两书各立十五门，分别记述两汉的典章制度等事，为检索两汉资料的极好工具书。

徐天麟，字仲祥，临江（今江西清江西南）人。为《三朝北盟会编》作者徐梦莘之侄。开禧元年（1205）进士，曾任抚州、临安府教授，通判惠、潭二州，广西转运判官等，其生平事迹附见于《宋史》卷四百三十八《徐梦莘传》，称其“所至兴学明教，有惠政”。

徐天麟父名得之，作《左氏国记》、《史记年纪》，其长子孟坚作《汉官考》。天麟除《西汉会要》、《东汉会要》外，还作《汉兵本末》一卷、《西汉地理疏》六卷，今均不存。可见他们父子对《史记》、《汉书》都有研究。

“会要”这一体裁是把史事分类编辑，便于检寻。也就是把类书的方法应用到史书中来。自《唐会要》始，唐人即将当代国史记载和政府档案分类加以编集。宋朝也有国史、会要，徐天麟用这个办法把两汉书中有关史事和政治制度搜集起来，作成两汉会要。他是作古代会要的第一人，后来这种做法就多了，至清代，撰前代会要者颇不乏人，如撰《三国会要》的杨晨，撰《明会要》的龙文彬等皆是。

正因为是后人补作会要，只能根据前代史书去做。今天前史具在，这种会要不能当材料书用，但却是很好的工具书。读者可以循其所分门类,按图索骥,甚为方便。

《西汉会要》分十五门:帝系、礼、乐、舆服、学校、运历、祥异、职官、选举、民政、食货、兵、刑法、方域、蕃夷。每门之中,卷数多寡不等,均有子目。总计子目三百七十六(《四库提要》误作三百六十七)。其中,"职官"共一百一十子目,"食货"三十六子目,很详细。尤其是"兵"一门,共三十八目,徐氏把《汉书》有关兵制一类的材料搜集编排起来,查检很方便。

《西汉会要》史料都是根据《汉书》的纪、表、志、传,每条均注出处。这一点很重要,如果不注明出处,阅者要核对原书就困难了。

此书成于嘉定四年(1211),正是天麟在抚州教授任上,宋本有天麟进书表,末署嘉定四年九月十一。书刊于嘉定乙亥,是为嘉定八年(1215)。

《东汉会要》表进于理宗宝庆二年(1226)六月,时天麟任武学博士,成书在《西汉会要》后十五年。亦分十五门,但门类名称与《西汉会要》不全相同,去学校、运历、祥异,增文学、历数、封建。子目共三百八十四。做法与《西汉会要》不同的有两点:

第一,《西汉会要》取材不出《汉书》,《东汉会要》取材以范晔《后汉书》为依据,但范书以外,如刘珍等《东观汉记》、华峤《后汉书》、司马彪《续汉书》、袁宏《后汉纪》、杜佑《通典》等,以及《汉官仪》、《汉杂事》、《汉旧仪》之类亦多引用。天麟自序言:"(《后汉书》)八志已详者,今特撮其纲要;所未备者,则详著本末。"所谓未详者,指食货、兵、刑、学校、选举这些都是司马彪《续汉书》所没有的,天麟曾以为"八志"为刘昭因范氏遗绪而注补,显然,是他偶失检点,并非大过,而其补辑之功,尤不可没。

第二,《西汉会要》不加论断,《东汉会要》则有论,低一格排列,冠以“臣天麟按”四字。但也有引别人的议论,如“袁梦骐曰”见过四次,“秘书丞余靖言”见过一次。余靖是北宋人,曾校前后汉书。袁梦骐,事迹未详。《文献通考·经籍考》二十八载:“《汉制丛录》三十三卷,袁梦麟应祥撰。”次序列徐氏两汉会要之后,疑即此人。《通考》以为“梦麟”,《会要》以为“梦骐”。《会要》凡四见,当不至有误。《通考》言梦麟“以二《汉》所记典故分门编类,凡二十五门”。今此书不存,观其体例大致和会要相似,分门更多,亦有论述,因此,徐氏取其议论。

《东汉会要》四库本缺三十七、三十八两卷,三十六、三十九卷也各缺半。莫友芝《宋元旧本经眼录》见过宝庆丙戌(1226)刊本,此四卷不缺。光绪己卯(1879)岭南学海堂刊本据常熟瞿氏铁琴铜剑楼影宋本补全,后有廖廷湘跋文为之说明,此书现已不缺。

总之,《西汉会要》和《东汉会要》都是工具书,是研究两汉史很好的工具书。从两书本身来比较,后书略胜于前书。

两汉会要,近年有中华书局校点本。

4.《三国会要》

《三国会要》二十二卷,清杨晨撰。全书分十五门,共九十六子目,记述三国时的典章制度等事,可作工具书使用。

杨晨(1845—?),字定旉,浙江黄岩人。光绪三年(1877)进士,入翰林。约卒于民国十一年至十三年间,撰有《崇雅堂稿》等。

据《三国会要》卷首目录云:“丙戌(光绪十二年)秋,史馆多暇,创立此稿,咨访通人,惟桂林唐春卿前辈(景崇)考证古书,瑞安孙仲容内兄（诒让）商榷义例……己亥（光绪二十五年）秋，携至吴门……庚子（光绪二十六年）七月刊成。”照杨氏所说，这部书作了十三年，时间不算短。其中所称唐春卿景崇，广西桂林人，清帝退位时，为学务部尚书，作过《新唐书注》，没有完成，仅在他死后印过“本纪”一部分。孙仲容诒让，浙江瑞安人，清末经学大师，著有《周礼正义》、《墨子间诂》等书。杨还提及其他学友，此处不详引。

《三国志》无“志”，欲求三国时典章制度，当考《宋书》、《晋书》、《通典》及其他有关书籍，比较费事。清代钱仪吉决心要做一部《三国会要》，没有完成，他的文集《衎石斋记事稿》卷三存有三国会要序例一篇。

杨氏此书材料以《三国志》及注为主，征引有关书籍补充，卷首有“引用书目”，列《三国志》及注以外书籍一百五十五种，若并《三国志注》所引史籍合计达三百种，史料可称完备。

《三国会要》的做法和前代会要一样，引书均注出处，每段史料均有考证，特别是清代学者对三国史事著述颇富，有关典章制度者，杨氏尽量采用，附以自己的意见。这是花功夫的做法，对研究三国历史是有贡献的。但此书材料均引自前史，除了考证部分外，仍根据前史，只是系统、清楚，检寻很方便的一部高级工具书。

此书刻本不多，近年中华书局有校点本。

5.《明会要》

《明会要》八十卷，清龙文彬撰。全书分十五门，共四百九十八子目，记述明代制度，可以用作检索资料的工具书。

龙文彬（1821—1893），字筠圃，江西永新人。同治四年（1865）

进士出身，初任吏部主事，光绪初充校《穆宗实录》，乞归后，主讲诸书院，著有《周易绎说》、《明纪事乐府》、《永怀堂诗文钞》等。《清史列传》卷六十七有传。

《明会要》刻于光绪十三年(1887)。书仿徐氏例，分十五门，引书达二百余种，未刊书目，因时代太近，材料甚多，且有《会典》诸书，故其自序曰："搜罗易，去取难。"

龙氏此书颇经用功，有辨证考证，行文时低两格排列。

书中卷七十三至七十四"方域门"，卷七十八至八十"外藩门"，俱未注出处，或疑所引为当时禁书材料，故不欲明列之。

总之，此书亦只作查检用，非材料书。

此外，汪兆镛撰《晋会要》六十卷，未刻(内有"经籍"、"金石")。孙楷撰《秦会要》，姚彦渠撰《春秋会要》。又有撰《清会要》者，此类其实无大用也。《秦会要》、《春秋会要》俱有校点本。

三　其　他

《元典章》附新集

全书分十门，共三百七十三子目，记述元英宗以前的典章制度，史实多为《元史》所无，为研究元史的重要资料。

《元典章》全名《大元圣政国朝典章》，系元代官修政书，不著撰人名氏。前集六十卷，又附新集，不分卷。前集内容记元世祖至延祐七年(1320)英宗初政时诸项典章制度；新集条目则自元初述至至治二年(1322),意犹未竟之本也。《四库提要》将此书入“政书类存目”。

书中条目分十门:

诏令　圣政　朝纲　台纲　吏部

户部　礼部　兵部　刑部　工部

解放后,古籍出版社印行清光绪戊申校刊本,有“前记”云:是书材料“以类编次,多为《元史》所未备者,五朝典章可谓详悉无遗矣”。

但是,书中各条名目与总目多未相符,“工部”一门仅有“造作”一条,余俱散佚,盖抄本流传历年已久,残阙失次耳。《四库提要》以为:“所载皆案牍之文,兼杂方言俗语,浮词妨要者十之七八,又体例瞀乱,漫无端绪,观省札中有置簿编写之语,知此乃吏胥抄记之条格,不可以资考证。”这里《提要》指出了《元典章》在编次中的问题,殊属事实,然论其价值,因有元一代政书之巨者,如《元经世大典》除序文外,多已散佚,故此书仍不失为研究元代政治、经济、法律以至风俗的重要资料。

是书有清末沈家本校刊本。陈援庵先生据元刻本、抄本与沈本对勘,撰《元典章校补》,并撰有《释例》。

政书类除综合性的“十通”与历朝会要、典章外,尚有一类专门记载各朝某一方面制度的专书。以下试举三种分述之:

《唐律疏义》

三十卷。唐长孙无忌等撰,为现存最早一部系统的封建法典

《唐律》的注释本。

中国历代王朝多重视颁定刑律，以为巩固封建统治服务。贞观年间，唐太宗诏房玄龄等增损《隋律》，定《唐律》五百条，定刑名凡五：笞、杖、徒、流、死。后为统一对律文的解释，高宗永徽间，命长孙无忌等偕律学之士撰《义疏》，逐条注解律文，疏文与律条同具法律效力。全书总目十二篇：

名例五十七条	六卷	卫禁三十三条	二卷
职制五十八条	三卷	户婚四十六条	三卷
厩库二十八条	一卷	擅兴二十四条	一卷
贼盗五十四条	四卷	斗讼五十九条	四卷
诈伪二十七条	一卷	杂律六十二条	二卷
捕亡十八条	一卷	断狱三十四条	二卷

后世封建统治者多以为《唐律疏义》"出入得古今之平"，宋、元、明、清各代制定刑律时，多以其为蓝本，故是书在中国法律制度史上的地位是相当高的。从史料的角度看，此书不仅保存了关于唐代法律制度的可靠记载，而且也从各方面反映出当时社会生活的具体状况，故于研究唐史颇多参考价值。《四库提要》评论说："上稽历代之制，其节目备具，足以沿波而讨源者，要惟唐律为最善，故著之于录，以见监古立法之所自焉。"

元泰定间，江西儒学提举柳赟校刊《唐律疏义》，每卷末附以江西行省检校官王元亮释文及纂例，可资参订。

《大清律例》

四十七卷。清乾隆五年官修，是一部执行《大清律》的案例集。

清朝自入关以后即诏命大臣详考明律，参以清例，勒成刑书。顺治三年(1646)颁行《大清律集解附例》(即《大清律》)，共分三十门，四百五十七条。以后，康熙、雍正朝时有校正，增改，至乾隆年间允尚书傅鼐之请，简命廷臣逐条考正，成《大清律例》一千余条。是书分：

律目	一卷	诸图	一卷	服制	一卷
名例律	二卷	吏律	二卷	户律	七卷
礼律	二卷	兵律	五卷	刑律	十六卷
工律	二卷	总类	七卷	比引律条	一卷

《营造法式》

三十四卷。北宋李诫撰，是一部记述宋代建筑的规格、制度和具体经验的书。

李诫(1035—1110)，字明仲，管城(今河南郑州)人，是宋神宗时龙图阁直学士李南公的儿子。官历通直郎、试将作少监、京西转运判官、中散大夫等职，《四库提要》据陆友仁《砚北杂志》载，诫尚著有《续山海经》十卷、《古篆说文》十卷、《续同名姓录》二卷、《琵琶录》三卷、《马经》三卷、《六博经》三卷。可见，诫实一博学之士。

李诫又是中国历史上有成就的建筑师，他在北宋政府将作监任职多年，程俱《北山小集》卷三十三“墓志铭”云：“公在将作且八年，其考工一事，必究利害坚窳之致，堂之方舆绳墨之运，皆已了然于心，遂被旨著《营造法式》。”此书分：

类例	二卷	制度	十五卷
功限	十卷	料例并工作等	三卷

图样　六卷　　　　　　目录　一卷

共三十六卷

内容包括了当时土木建筑工程所涉及的各个方面,从宫亭楼台到城墙壕寨;从木石瓦砖到雕刻彩画等诸项制度,又附有各种图样,不仅代表了北宋时代建筑业的水平,同时也从建筑学的角度反映了中国古代的各项封建的规格制度。

李诫撰《营造法式》,总结了古代劳动人民的实践经验,还参考了历代典籍中有关建筑工程的记载。《四库提要》称此书:"计三百五十七篇,内四十九篇系于经史等群书中检寻考究。其三百八篇,系自来工作相传,经久可用之法,与诸作谙会工匠详悉讲究。盖其书所言虽止艺事,而能考证经传,参会众说,以合于古者饬材庀事之义,故陈振孙《书录解题》以为远出喻皓《木经》之上。"

今本所传《营造法式》中"制度"一门仅存十三卷,较原目少二卷,故总目仅三十四卷。而核其前后篇目,又别无脱漏,《四库提要》即疑为后人并省所致。

传　记　类

传记类史书是以人物为主的历史记载。根据中国史学的发展来看，这一类记载到司马迁撰《史记》时已经成熟，后世纪传体史籍也以“列传”一门分量为最多，大致不出《史记》范围，唯生卒年及历官次序较详而已。

传记大都隐恶扬善，尤其是唐宋以来文集所载的墓志（始于东汉蔡邕）大多为谀墓之文。但生卒年、历官次序、亲友关系的记载较为可靠。再从保存历史资料的角度看，这一类史籍的重要性也是要充分估计的。

传记类史籍大体可分为四类：

一、分类专书　按历史人物的不同类型分类编纂。如《列女传》、《高僧传》、《唐才子传》、《畴人传》、《高士传》、《文士传》等。

二、以朝代为主的传记　按同一朝代编纂。如《宋名臣言行录》、《元名臣事略》，宋明等朝《琬琰集》、《耆献类徵》、《碑传集》等。

三、地方性传记　按同一地区编纂。如《陈留耆旧传》、《襄阳耆旧记》、《百越先贤志》、《浦阳人物记》及各地方志中的人物传。

四、个人专传　编纂形式有家传、年谱、别传等。如《郑玄别传》、《华佗别传》、《赵云别传》、《王郎家传》、《邺侯家传》、《孔子年谱》等。

一 分类专书

《列女传》

八卷。汉刘向撰。刘向(约前77—前6),本名更生,字子政,沛(今江苏沛县)人。楚元王刘交之后,西汉著名学者,善治《春秋穀梁传》等。曾奉诏校阅群书,撰成《别录》,被视为我国目录学奠基之著。事迹详见《汉书》卷三十六。

刘向撰《列女传》正当西汉成帝间赵飞燕姊娣嬖宠之时,意在讽谏。北宋曾巩序云:"列古女善恶所以致兴亡者以戒天子,此向述作之大意也。"

《列女传》,《四库提要》作《古列女传》七卷,《续列女传》一卷。前七卷刘向撰,所续一卷系后人补益,作者不详。《隋书·经籍志·杂传类》作此书十五卷,注曰:"刘向撰,曹大家注。"此书屡经传写,至宋已非古本。据曾巩校书序录称:"曹大家所注,离其七篇为十四,与颂凡十五篇,而益以陈婴母及东汉以来凡十六事。"嘉祐中,集贤校理苏颂复定其书为八篇,与十五篇本并藏于馆阁。故嘉祐时即有八篇与十五篇二本。

今本凡属刘向撰者,每卷十五人,共一百零五人,俱有颂。书后所续一卷共列二十人,有明德皇后、更始夫人等,无颂。

《列女传》将列女分七类叙述:母仪、贤明、仁智、贞顺、节义、辨通、孽嬖,除第七类外,大都有褒无贬,载述妇女事迹多以封建伦理道德为准则。但一般史籍于妇女事迹或疏于记载或肆意诬蔑,此书能搜辑百余著名妇女之事，加以比较详尽的叙述，在传记史籍中应有一定地位。

今《四部丛刊》本《列女传》系据明刊有图本影印。清代女史学家王照圆、梁端皆注《列女传》。王照圆系清代经学家郝懿行之妻，对经学、训诂、文字等亦素有研究，她撰《列女传补注》，书成于嘉庆十年（1805），有臧庸、马端辰序。梁端之书刻成于道光十六年（1836），有汪远孙序。二注在编排方面有不同，王注在文后，梁注在文中，如《文选》等例。梁注书时未见《四部丛刊》所用本子。二书皆无图。

《高僧传》

十四卷。梁释慧皎撰。慧皎（497—554），会稽上虞（今浙江绍兴）人，是梁武帝时名僧。《续高僧传》卷六有传，甚为简略，只说慧皎"学通内外，博训经律，住（会稽）嘉祥寺，春夏弘法，秋冬著述，撰《涅槃义疏》十卷及《梵网经疏》行世"。日本人大正新修《大藏经》卷五十史传部二收有《高僧传》，其《序录》有与慧皎同往避难的扬都龙光寺僧果《附记》，其中说："（皎）于梁末承圣二年（553）太岁癸酉，避侯景难来至溢城（今江西九江）。少时讲说，甲戌年二月舍化，时年五十有八。"

此书编纂缘由，慧皎在《序录》中云："自汉之梁，纪历弥远，世践六代，年将五百。此土桑门，含章秀发，群英间出，迭有其人，众家记录，叙载各异。"他对此很不满意，《序录》列举了当时诸家僧传、僧史，"各竞举一方，不通今古，务存一善，不及余行……或褒赞之下，过相揄扬；或叙事之中，空引辞费，求之实理，无的可称；或复嫌以繁广，删减其事，而抗迹之畴，多所遗削。”梁武帝又大兴佛教，僧众流品猥杂，亦深为慧皎所不满，他在《序录》中说：“自前代所撰，名曰名僧，然名者本实之宾也，若实行潜光，则高而不名；寡得适时，则名而不高。名而不高，本非所纪；高而不名，则备今录。故省名音，代以高字。”这里虽只改一字，却反映了慧皎对当时佛门僧众的看法。

此书是现存佛教传记书中最早的一部。梁建康（今江苏南京）建初寺沙门僧祐《出三藏记集》中有列传共三卷，较此书更早，因其为目录书，故未计及。

《高僧传》凡分十门（附各门所录僧数）：

译经三十五	义解一百零一	神异二十	习禅二十一
明律十三	亡身十一	诵经二十一	兴福十四
经师十一	唱异十		

十门共记载自后汉明帝永平十年（67）至梁初天监十八年（519），四百五十三年间高僧二百五十七人，又旁出附见者二百余人。因南北朝分裂的社会局势所限，记载详于江南诸僧而略于北方，所谓伪魏僧者仅得数人（僧渊、昙度、昙始、玄高、法羽及附见者四人）。从时代来看，全书所录梁僧亦不多，仅十三传，实则宋僧多卒于梁初。再如僧祐号为齐僧，实卒于梁天监十七年，乃慧皎作书之前一年也。

书中所载僧人，初期多属西域僧人，进入中原后冠以国姓。如支谦，支者，月氏人；康僧会，康者，康居人；安清，乃安息太子；竺法兰，竺者，天竺人。而中土僧人，则以其师姓，如竺法深，本姓王，东晋大臣王敦之弟；支道林，本姓关，亦从其师姓而改。

《高僧传》不仅研究佛教史有用,研究中外交通史材料亦丰富,中印文化交流的史迹更班班可考。此外可资研究处尚多。如卷四《朱士行传》,载朱士行的经历,说他出家以后,专务经典,尝于洛阳讲《道行经》,以汉灵帝时竺佛朔所译《道行经》文章隐质,诸未尽善,遂“以魏甘露五年(260)发迹雍州,西渡流沙,既至于阗,果得梵书正本凡九十章,遣弟子弗如檀,此言法饶,送经梵本还归洛阳”。这就是中土沙门最早西行求法之事了。卷一《安清传》云:安清,字世高,“以汉桓之世,始到中夏……至止未久,即通习华语。于是宣译众经,改胡为汉”。“其先后所出经论凡三十九部,义理明析,文字允正,辩而不华,质而不野。”传中还对世高享年考证甚详。卷九《竺佛调传》载有汉灵帝末,沙门严佛调,共安玄都尉译出《法镜经》及《十慧》等。这些都是佛学史中值得注意的问题。《高僧传》把这些资料保存了下来,其功不可没。

再如卷三载有法显三岁为僧,以晋安帝隆安三年(399)与同学慧景、道整、慧应、慧嵬等发自长安,西度流沙,越葱岭,经三十余国,至天竺。留中天竺三年,学梵语梵书。又附商船到狮子国(即锡兰,今斯里兰卡)停三年,附商人大舶(可载二百许人)循海而还至广州,为风飘至青州(今山东半岛一带),除其游履诸国别有大传(即《佛国记》)外,传文本身便是中西交通史的重要资料。卷四又记康僧渊,本西域人,生于长安,貌虽梵人,语实中国。晋成之世,与康法畅、支愍度等俱过江,与殷浩、王导等交游,导曾以其鼻高眼深而戏之,而渊曰:“鼻者面之山,眼者面之渊,山不高则不灵,渊不深则不清。”时人皆以为名对。这些材料反映了中土与西域交往渊源之深远。

又如卷一《康僧会传》附《支谦传》中说，优婆塞支谦，字恭明，一名越，本月氏人，来游汉境。支谦受业于支亮，“博览经籍，莫不精究，世间伎艺，多所综习，遍学异书，通六国语，其为人细长黑瘦，眼多白而睛黄，时人为之语曰：‘支郎眼中黄，形驱虽细是智囊。’汉献末乱，避地于吴，孙权闻其才慧，召见悦之，拜为博士，使辅导东宫。”这也是对研究佛教与中西交往有用的材料，但因支谦“生自外域，故《吴志》不载”。卷十三《昙迁传》中说：及范晔死后，“门有十二丧，无敢近者，迁抽货衣物，悉营葬送。孝武闻而叹，谓徐爰曰：‘卿著《宋书》，勿遗此士。’”但《宋书》及《南史·范晔传》皆未载此事。

佛教自东汉初年传入中国，至汉末渐盛。西晋以来，佛教与政治、经济的关系极为密切，且产生越来越显著的影响。历代帝王贵族皆与僧徒往还，文人学士影响尤甚。但正史中为僧立传者极少，《世说新语》所载晋僧凡二十人，《晋书》唯佛图澄一人立传，如支道林，《世说》记其事至四十条；竺法深，《世说》亦见五次，而《晋书》皆无传。此等人物之事迹皆可于《高僧传》求之。

《续高僧传·慧皎传》说“（高僧）传成，通国传之，实为龟镜，文义明约，即世崇重”。这说明，《高僧传》在当时颇有影响。总之，就我们研究历史的人来说，本书的功用有如下三个方面：

1. 保存了中西交通史资料；

2. 可以补充史传之不足；

3. 提供了研究佛教史的资料。

《高僧传》原在释藏，学者罕见，《四库全书》亦未著录。至清儒孙星衍时（嘉庆间）已有抄本，严可均撰《全上古三代秦汉三国六朝文》采用尤多。至张之洞撰《书目答问》时,已刊此书。海山仙馆有刻本行世。现通行本有金陵刻经处印本,句有圈。

《续高僧传》

四十卷。唐释道宣撰。道宣(596—667),姓钱氏,丹徒(今江苏镇江)人,一云长城(今浙江长兴)人。先久居终南山,为南山宗之祖师(属律宗),后受命为京兆西明寺上座。宣为唐代名僧,曾与玄奘对译佛经,史传称其“持律声振竺乾”,“编修美流天下”。所撰除《续高僧传》外,尚有《广弘明集》、《四分律删繁补阙行事钞》等。卒于高宗乾封二年,年七十二。事迹详见《宋高僧传》卷十四。

道宣自序云:“昔梁沙门金陵释宝唱撰《名僧传》,会稽释慧皎撰《高僧传》,创发异部,品藻恒流,详核可观,华质有据,而缉裒吴越,叙略魏燕,良以博观未周。”道宣肯定慧皎之书优点,但并不满足。他的《续高僧传》是继慧皎之书而作。杨文会居士刻经,称慧皎书为《高僧传》初集,此书为二集,《宋高僧传》为三集,实不妥。

此书所载僧传据自序称:“始距梁之初运,终唐贞观十有九年(645年),凡一百四十四载”。所载僧传年代起讫及数目均与正文有出入。此序当为初成书时之序。考本书记载,贞观以后年号有永徽、显庆、龙朔,人物凡二十余人,如玄奘,卒于麟德元年(664),《昙光传》称“今麟德二年”(665),则此书实止于麟德二年,即道宣卒前二年,距初成书已二十年。所载僧传数,自序言“正传三百四十一人,附见一百六十人”。今考本书正传实四百八十五人,附见二百十九人,可见二十年中随时有所增益。由此可知,凡论一书,不可一概以作序之时代为断,往往成书之后,作者又继续增加,不可胶固成见，不从发展观点看问题。

此书门类大致依慧皎之书，分十科，改“神异”为“感通”，增“护法”一门，此因北朝毁佛而起。又并“经师”、“唱导”为“杂科”。道宣于每科之后均有长编总论，是为此书一特色。此外，慧皎书多述南方诸僧，略于北方诸僧。而道宣因处统一之际，材料搜集较易，南北方各地高僧均广为搜罗记载。故凡慧皎以后僧人自在录入之列，即慧皎以前僧人亦多补入，这就补充了《高僧传》之不足。例如昙曜，《高僧传》中仅寥寥数语，《续高僧传》则为之补一传，记载其凿云冈石窟之事迹。

此书以年代论，不如慧皎《高僧传》之长，然僧徒计增一倍，卷帙亦如之。此因自汉末至梁，佛教自初兴以至大盛，问题较少。道宣书则当北方两次毁佛之后，禅宗初兴，不立法典，毁佛不受影响。加上有隋至唐，两代帝皇崇奉佛教，各种宗派一时俱兴。佛教徒与反宗教者之论战亦甚剧烈，因为佛教流传不仅仅是因为信仰问题，而且造成严重的经济问题。如唐初傅奕反对佛教，僧徒群起而攻之，比之前代神灭神不灭的斗争又进一步。佛教徒为保护宗教而争取最高统治者支持的心情益切，故前代所争沙门敬王者不敬王者之问题也至此告终。沙门不惜为王者屈，实即沙门在政治上争取地位的一种方式。道宣本人于沙门不拥王者之说争持甚力，但至唐肃宗朝始见沙门称臣，由此沿而不革。这一段时期，佛教之论争、议论均见僧祐《弘明集》、道宣《广弘明集》，而名僧传略则多见于此书。重要传记如玄奘法师传一人占二卷；禅宗自祖师达摩经慧可、僧璨至四世道信诸大师传皆在此书。本书为研究佛教史所不可缺少的资料。

《续高僧传》卷数有三十卷与四十卷二种。扬州刻本为四十卷，本明清藏本；唐宋本均作三十卷。《旧唐书·经籍志·杂传类》连出两部，一作二十卷，一作三十卷。《新唐书·艺文志·释氏类》重出三部，两部作道宗撰，三十二卷；一部作道宣撰，二十卷。晁公武《郡斋读书志》著录此书三十卷，“唐道宣撰，《艺文志》作道宗撰”，可知道宗乃欧公原误，欧殆未见原书也。

《宋高僧传》

三十卷。宋释赞宁撰。赞宁(911—1001)，世姓高，其先渤海(今山东阳信西南)人。隋末徙居吴兴郡之德清(今浙江德清)。后唐天成中出家，清泰初，入天台山受具足戒，习《四分律》，通南山律，与吴越仕宦文人唱和甚密。入宋后，为国师，又改号“通惠”。著有《内典集》一百五十二卷，《外学集》四十九卷。《崇文总目》载赞宁又著《僧史略》三卷。事迹详见王禹偁《小畜集》卷二十《右街僧录通惠大师文集序》，《十国春秋》有《赞宁传》，即本于此。

此书于太平兴国七年(982)奉诏修撰，为续《续高僧传》而作。书成于端拱元年(988)，名曰《大宋高僧传》，是指书修于宋，非皆宋人之传也。正传五百三十二人，附传一百二十五人，以唐人为多，间亦补唐以前人。体例仍分十门。

这时期佛教曾遭会昌五年(845)唐武宗灭佛之祸，教家大受挫折，唯禅宗转盛，而禅宗内部斗争亦极复杂。慧能创南宗以后至唐末五代，五宗并出，传略皆具此书，沩仰、临济、曹洞、云门、法眼之中，所缺唯云门文偃一传耳。

此书所传第一人即唐代译经名僧义净，传中说：“(义净)年十有五，便萌其志，欲游西域，仰法显之雅操，慕玄奘之高风，加以勤无弃时，手不释卷，弱冠登具，愈坚贞志。咸亨二年，年三十有七，方遂发足。初至番禺，得同志数十人。乃将登舶，余皆退罢。净奋励孤行，备历艰险，所至之境，皆洞言音，凡遇酋长，俱加礼重，鹫峰鸡足，咸遂周游，鹿苑祇林，并皆瞻瞩，诸有圣迹，毕得追寻。经二十五年，历三十余国，以天后证圣元年乙未(695)仲夏，还至河洛，得梵本经律论近四百部，合五十万颂。”

由此可见，是书在研究中西交通，佛学发展，尤其是禅宗之学等方面有相当参考价值。赞宁又好作韩愈古文，颇近似，懂史法。其撰述不注出处，然传末言某为碑铭或塔铭，等于注明出处。《四库提要》评此书亦说：“其于诔铭记志摭采不遗，实称详博，文格亦颇雅赡。”不过，赞宁系一显僧，故此书所收多为名僧，已渐失高僧之意。

《四库全书》著录此书，《提要》讹误甚多，所据为内库本，内库只有《宋高僧传》，故仅以入录。

《唐才子传》

十卷。元辛文房撰。辛文房，字良史，西域人。其生平始末不见于史传。元诗人张雨诗集有《元日雪霁早朝大明宫和辛良史省郎二十二韵》一诗，可知辛氏在朝曾任省郎之职。另据陆友仁《研北杂志》称其能诗，与王执谦、杨载、李咸用等齐名，有《披沙诗集》，惜已失传，仅苏天爵《元文类》中载其七律《苏小小歌》一篇及七绝《清明日游太傅亭》一首。

陈援庵《元西域人华化考》卷四曾述及上述情况并录有《石田

集》卷二《题辛良史披沙集》诗一首。

唐代以诗著名。诗人传记见于两唐书者皆极著名者，为数不多。宋时计有功撰《唐诗纪事》，所记虽达一千一百五十家，但录其诗句者多，详其事迹者少。清代康熙四十六年，修《全唐诗》九百卷，所采二千二百余家诗，至四万八千余首，虽人有一传，然极简略。辛氏《唐才子传》出，则为研究唐代诗人提供了可贵的资料。

据辛氏自序，此书作于大德八年甲辰(1304)，序曰："余遐想高情，身服斯道，穷其梗概行藏，散见错出，使览于述作，尚昧音容，洽彼姓名，未辨机轴，尝窃病之。顷以端居多暇，害事都损，游目简编，宅心史集，或求详累帙，因备先传，撰拟成篇……传成凡二百七十八篇，因而附录不泯者又有一百二十家，厘为十卷，名以《唐才子传》。"

此书所载三百九十八人中，大抵初唐、盛唐稍略，中唐、晚唐以后渐详，至载有李建勋、孙鲂、沈彬、江为、孟宾于、陈搏等传，可见所收人物已下包五代。但与两唐书互见者仅百人而已，余皆从传记、说部各书采辑而来。

其体例，因诗系人，故唐名人非卓有诗名者不录。即所载之人，亦多详其逸事及著作之传否，而功业行谊则只撮其梗概，盖以论文为主，不以记事为主。各传之中，除姓名、籍贯外并详记某人某榜进士，兼及生平事迹，有何作品传世，至其诗风格评价，亦颇清意。传后如沈佺期、陈了昂、王昌龄、杜甫、王翰、卢纶、韦应物等均附之以论，亦有见地。

《四库提要》评论此书时引杨士奇跋称："杂以臆说，不尽可据。"又说："文房抄缀繁富，或未暇检详，故谬误牴牾，往往杂见。

然较计有功《唐诗记事》叙述差有条理，文笔亦秀润可观，传后间缀以论，多犄摭诗家利病，亦足以津逮艺林学诗者考订之助，固不为无补焉。”陈援庵《元西域人华化考》卷四又引伍崇曜跋，称此书“评骘精审，似钟嵘《诗品》。标举新颖，似刘义庆《世说》。而叙次古雅，则又与皇甫谧《高士传》等相同”。总之，辛书实为治唐代文学史者必要参考书。

此书明初尚有完帙，故《永乐大典》“传”字韵收之。至后世，“传”字韵适佚，四库馆臣自各韵之内摭拾编次，共得二百四十三人，又附传者四十四人，共二百八十七人，分为八卷，世遂得见。然日本于此书竟有足本，即天瀑山人刻《佚存丛书》内十卷足本。今《粤雅堂丛书》刻本即从日刊本印行。解放后，古典文学出版社印行古典文学资料丛书时，《唐才子传》即从日刊本印行。

二 以朝代为主的传记

《宋名臣言行录》

七十五卷。宋朱熹、李幼武编撰。朱熹(1130—1200)，字元晦，又字仲晦，号晦庵，别号紫阳，徽州婺源(今江西婺源)人，后寓居福建建阳，官历秘阁修撰等。熹为南宋著名学者、理学大家、教育家，与程颢、程颐兄弟共成程朱学派，宣扬客观唯心主义的哲学思想。其哲学思想，其涉猎学术之广博以及缜密的治学作风，对后世都产生深远的影响。《宋名臣言行录》中前集十卷、后集十四卷系其所撰。

李幼武，字子英，庐陵（今江西吉安）人，其生平未详，据本书续集序文，盖理宗时所作。观其外集所录，皆道学宗派，可知幼武亦为程朱理学之士。《宋名臣言行录》中续集八卷、别集二十六卷、外集十七卷系其所撰。

此书编纂缘由，朱熹自序谓："读近代文集及记事之书，观其所载，国朝名臣言行多有补于世教者，然以其散出而无统也，既莫究其始终表里之全，而又汨于虚浮怪诞之说，予常病之。于是掇取其要，聚为此录。"朱子编此书是要倡理学之言以补于"世教"的，但却为后世留下一部重要的传记资料。

本书材料来源，多据碑传行状、笔记杂史等。全书分五部分：前集十卷，共收录五十五人，系太祖至英宗五朝人物，故《四部丛刊》本称为《五朝名臣言行录》；后集十四卷，四十二人，包括神宗至徽宗三朝，又称《三朝名臣言行录》；续集八卷，二十六人，所录人物至北宋末，绩子堂洪氏刊本作《皇朝名臣言行续录》；别集二十六卷，录南宋高、孝、光、宁四朝六十五人，绩子堂本又作《四朝名臣言行录》；外集十七卷，专收南宋道学名臣三十八人。全书共包括了自太祖至宁宗间共二百二十九人之事迹，皆当时名臣。《四库提要》称"顾就其所录观之，宋一代之嘉言懿行，略具于斯"。所以为后来元朝修《宋史》所本。对研究宋史而言，显然是基本史料之一。

此书更可取者乃在于编次方法。所收各人，大致按生平排列，先以两三行地位作概括介绍，如字号、里贯、时代、官职、谥法等，然后录其主要事迹言行。尤其是所录诸条，逐次注明出处。如卷一录赵普，述"杯酒失兵权"一节，下即注"见《涑水纪闻》"，又附注与此项有关的其他资料以资排比。所述诸事各自提行，眉目清楚。

此种作法为朱子首创,不但一人始末事迹可以概括了解,且可据书中提示材料作进一步搜集研究,极为方便。如以此书与《宋史》相对,便知《宋史》来源。

此书既曰名臣言行录,其意以为录中诸人皆有可法,立意在褒。且私家文集碑传系子孙及门下士所记,大都有褒无贬。唯私家笔记则有褒有贬,以发泄私怨,容或有之,故如王安石录中,对其多有不满之词,乃根据史料如此。《四库提要》却以为:“如赵普之阴险,王安石之坚僻,吕惠卿之奸诈,与韩、范诸人并列,莫详其旨。”其实,赵普为一代勋臣,王安石人品正派,且此书以名臣标名,安得不收?至吕惠卿,则事多在安石录中,实未尝列名,阁本本无惠卿一词,纪文达信笔直书,遂以致误。《四库提要》又谓:“刘安世气节凛然,争光日月,《尽言集》、《元城语录》今日尚传,当时不容不见,乃不登一字,则终非后人所能喻。”殊不知宋本刘元城(按:安世字号)至三十七条,即阁本亦二十二条,所记甚详,且此书引用《元城语录》甚多。《提要》以为“今日尚传,当时不容不见”,尤属疏忽。

此书以人系事、注明出处的编纂方法,对后世传记资料的搜集编纂有相当影响。民国初年丁传靖(阍公)所撰《宋人轶事汇编》,即吸取了它的长处。

丁传靖《宋人轶事汇编》二十卷,一百三十六篇,约从五百余种宋元明清笔记中辑出有关宋代名人六百一十二人的材料,其中如欧阳修、苏轼、黄庭坚、岳飞等篇幅甚多。《宋人轶事汇编》主要材料为宋元人笔记,大部分材料为正史所不载,又往往无涂饰渲染,能从各个侧面较真实地反映当时的情况,为研究宋代人物的极好资料。丁书对所搜集的各种传闻轶事,如朱熹《宋名臣言行录》之例，一一注明出处，头绪清楚，且间有阎公考证订正。书中除人名索引外，又按笔画顺序排列所引诸书及作者，极便查考。商务印书馆于民国二十四年刊行此书，然无序、跋，故疑为阎公未成之作。

《名臣碑传琬琰集》

一百零七卷。南宋杜大珪编撰。杜大珪，眉州（今四川眉山）人，与李焘、李心传同乡。其仕履已不可考，自署称进士。书序作于绍熙甲寅（1194），可知为南宋光宗时人。

《名臣碑传琬琰集》材料主要取自墓碑铭志别传。按墓碑盛于东汉，别传则盛于汉魏之间。汉唐以来，诸注史大家均从中搜集大量资料，如张晏注《史记》，据墓碑知伏生名胜；司马贞作《史记索隐》，据班固《泗上亭长碑》知昭灵夫人姓温；裴松之注《三国志》亦多引别传。此类材料所载遗文轶事，内中自不乏阿谀诬说，但于补正史之不及，佐史学之考证，则有其价值。《四库提要》以为“其议论之同异，迁转之次序，拜罢之岁月，则较史家为得真，故李焘作《续资治通鉴长编》，李心传作《系年要录》，往往采用以此也”。大珪搜集了两宋自建隆至绍兴这一阶段的名臣碑传材料编成此书，上集二十七卷，中集五十五卷，下集二十五卷。

《名臣碑传琬琰集》虽与朱熹《宋名臣言行录》同属传记史书，但编纂方法有异。其一，资料分集以文体为主，这与《宋名臣言行录》以人物时代为主不同。三集之中，上集为神道碑，中集为志铭行状，下集则别传为多，间及实录国史。其二，此书均录整篇材料，与《宋名臣言行录》择要录取者亦不同。其三，朱子之书犹录杂史笔记，间有贬词，此书则一律褒奖，盖因碑传志铭之例如此。

《四库提要》曾讥此书，以为“丁谓、王钦若、吕惠卿、章惇、曾布之类皆当时所谓奸邪，而并得预于名臣，其去取殊为未当”。但从保存史料的角度看，由于杜大珪的努力搜集，我们得见有宋一代诸显要人物的大量碑传志铭，与《宋名臣言行录》互为参佐，同样是研究宋代人物有用资料。

此书《四库全书》虽著录，刻本极少见。今通行本有燕京大学印《琬琰集删存》六册。

《元朝名臣事略》

十五卷。元苏天爵编撰。苏天爵(1294—1352)，字伯修，真定(今河北正定)人，学者因其所居称滋溪先生。国子学出身，官至江南行台监察御史、礼部侍郎等。《元史》称其“博而知要，长于记载”，除《元朝名臣事略》外，尚有《元文类》、《春风亭笔记》及《滋溪文稿》等。事迹详见《元史》卷一百八十三、《新元史》二百十一。

此书据王灏跋云，成于元文宗时。所记元代名臣，自国初至于延祐之际，包括从穆呼哩(原作木华黎)到刘因，凡四十七人。所引资料大抵据诸家文集墓志碑传行状家传，其他杂书可征信者亦间有采缀。其编纂方法系仿《宋名臣言行录》之例，所引诸家文集墓碑志状家传杂文等，一一注明出处，以示有征；又兼采杜大珪《名臣碑传琬琰集》之例，但各人事迹始末较详，有所弃取，不尽录全篇。由于苏氏努力搜集，方法上又多取前人之长，故此书所录四十七人之传略，《元史》及其他一些著作多所取材。

《元朝名臣事略》的通行本是乾隆武英殿刻本，每篇都有错字和脱文，但元刻本尚有存者，可与之对校。

自朱熹、杜大珪、苏天爵书出后，明清二代多有此等作品。如徐开仕《明名臣言行录》即祖朱熹，而明代徐纮《明名臣琬琰录》及焦竑《献徵录》等皆祖杜大珪。清代李元度则有《国朝先正事略》。

徐纮书二十四卷，续录二十二卷，所辑录为洪武至弘治间九朝诸臣事迹，前录一百十七人，续录九十五人。《四库提要》评云："明自成、弘以前，风会淳厚，士大夫之秉笔者，类多质直不支，无缘饰夸大之词，尚属可以取信，且其中如郁新、吴寿昌等凡数十人，皆史传所不详，考献征文，亦足以资证据，固非小说家言掇集传闻、构虚无据者可比也。"

焦竑《献徵录》一百二十卷。焦氏曾于万历间应陈于陛之聘，同修国史，既而罢去。此书约为当时所辑。体例以宗室、戚畹、勋爵、内阁、六卿以下各官分类标目。其无官者则以孝子、义人、儒林、艺苑等目分载之。时代自洪武迄于嘉靖。《四库提要》称其"搜采极博，然文颇泛滥，不皆可据。又于引据之书，或注或不注，亦不免疏略"。

至于李元度《国朝先正事略》，虽曰"事略"，但不宗苏氏，以其不注出处也。此书六十卷，二十四册，分名臣、名儒、经学、文苑、隐逸、循良、孝义七门，人为一传，计五百人，附见者六百零七人。起自清初，迄于近代太平天国革命间。

至清代，断代传记集又兴起一新体例。钱仪吉撰《碑传集》一百六十卷，缪荃孙撰《续碑传集》八十六卷，闵尔昌撰《碑传集补》六十卷。此三书前后相续。此外，钱氏之后，缪氏之先，又有李桓《耆献类徵初编》七百二十卷。诸书皆录碑传全文，人或一篇，或数篇。其编排次序据官爵分列，如《碑传集》分有二十五类：

宗室	功臣	宰辅	部院大臣
内阁九卿	翰詹	科道	曹司
督抚	河臣	监司	守令
校官	佐贰杂职	武臣	忠节
逸民	理学	经学	文学
孝友义行	方术	蕃臣	列女

所收人物自天命至嘉庆二百年,共一千六百八十余人,列女三百三十余人,采文五百六十余家,大致包括了清代前期重要人物的碑版状记及地志杂传等资料,在清代史料目录中占有重要地位。

缪氏《续碑传集》紧续钱氏之书,其体例一准《碑传集》,但外藩一类中添出客将一目,收有外国侵略者头目华尔、戈登等小传;列女一类又添辨通一目;经学、理学并为儒学。

闵尔昌《碑传集补》有民国十二年燕京大学国学研究所铅印本。此书承袭钱、缪之例,增入使臣一目,以记晚清之际始设之官;又增党人一目,以志革命所由起;此外还增收了畴人、释道二目。

缪、闵二书因所辑人物多及近代,诸如穆彰阿、林则徐、曾国藩、倭仁、李鸿章、左宗棠、黄爵滋、冯桂芬、冯子材、僧格林沁、翁同龢、荣禄、张之洞、谭嗣同、薛福成、黄遵宪、唐才常、邹容、秋瑾、林觉民、陶成章,甚至李善兰、华蘅芳、詹天佑、严复等人碑传杂记资料皆可从中求之,故其价值不可低估。

以朝代为主的传记还有很多。近年来因工具书发达,搜集传记材料较为方便,例如前燕京大学引得编纂处所编《四十七种宋代传记综合引得》、《辽金元传记三十种综合引得》、《八十九种明代传记综合引得》、《三十三种清代传记综合引得》，即是查索传记资料的工具书。四种引得共收八万余人，从北宋至辛亥革命将近一千年间的重要历史人物大都可以从中查出线索，极为有用，为图书馆必备之书。

三 地区性传记

此类传记多按人物籍贯，将同一郡县州邑的历代名人事迹纂集成书，如《汝南先贤传》、《陈留耆旧传》、《襄阳耆旧记》、《百越先贤志》、《浦阳人物记》、《黔诗纪略》等，此外还有各地方志中的人物传，更是汗牛充栋，不可胜计。

这类书因着重搜集地方人物史料，故多能补正史及大型传记书之遗阙，有一定价值。如明宋濂所撰《浦阳人物记》一书，分忠义、孝友、政事、文学、贞节五目，所记共二十九人，上至后汉，下迄两宋，于正史外，多采郡志行状墓碑等材料。书前有欧阳玄序，称赞此书“不以一毫喜愠之私而为予夺，何其至公而甚当也”。此类书籍之选人立传，虽或一准封建道德，然搜阙拾遗，其功毕竟可以肯定。

四 个人专传

此类传记有家传、年谱、别传等，这里仅就年谱略作介绍。

年谱之学多因读名家文集而不知其平生事迹或每多解释不通

而兴起。其作法,自一人之初生以至死亡,每年举出事实。此种材料来源,或属本人事迹,或举其同时人有关事迹,或举当时政治上有何重要变动,然其最主要的材料为本人文集。

自唐以来,文集日多。本人所作诗文多有年月可考,平生交游经历多在其中,皆为作年谱极好资料,故唐以后人年谱,材料较易搜集;作唐以前人年谱,则本人事迹不易安排,每假其他有关事实以为补充,实无作谱之必要。

年谱始于宋吕大防所撰《杜工部年谱》、《韩吏部文公年谱》(今粤雅堂丛书本《韩柳年谱》中有吕大防《韩吏部文公集年谱》一卷),大抵创于北宋,至南宋始盛。大防之后如鲁訔《杜工部诗年谱》、赵子栎《杜工部年谱》、胡仔《孔子编年》(五卷)、吴仁杰《陶靖节先生年谱》、黄𤊹《山谷先生年谱》(适园丛书本,三十卷)、岳珂《金陀粹编》(中有《鄂王年实编年录》)、洪兴祖《韩子年谱》(五卷)、王宗稷《东坡年谱》、楼钥《范文正公年谱》、文安礼《柳先生年谱》(一卷)等。至清代,则年谱多至不可胜举。

年谱最困难的问题为定谱主之生卒年,如太史公年谱,生年即有二说,颇难断定。吕大防、鲁訔作杜甫年谱,载甫生于玄宗先天元年壬子(712),卒代宗大历五年庚戌(770),年五十九;赵子栎以为卒于大历六年申亥(771),误。然古人生卒年史传常有错误,《旧唐书》言杜甫卒于永泰二年(766)即大历元年,王观国《学林》已辨之。

年谱之学至清代而极盛,大抵皆后人补撰。亦有自撰年谱者,如钱大昕《竹汀居士年谱》、杨守敬《邻苏老人自撰年谱》、缪荃孙《艺风老人自撰年谱》。亦有不用年谱之名实则年谱者,如汪辉祖

《病榻梦痕录》。

在清代学者所撰年谱中，这里仅介绍分量最大和内容较好的几种。

分量最大的年谱，如：

《王荆公年谱考略》二十五卷，清蔡上翔撰，嘉庆刊本，燕京大学排印本。

《苏诗编年总案》四十五卷，王文诰撰，杭州局刻本。

《阿文成公年谱》三十四卷，那彦成撰。

《曾文正公年谱》十二卷，黎应昌撰，光绪间成书。

《左文襄公年谱》十卷，罗正钧撰，光绪间成书。

内容较好的年谱，如：

《昌黎先生年谱》一卷，顾嗣立撰，康熙三十八年刻成。其编例，谱文分四层：一、纪年，二、时事，三、出处，四、诗。

《白香山年谱》一卷，汪立名撰，康熙四十二年成，诗集附刊本。此书仿顾谱之例。

《元遗山年谱》一卷，施国祁撰，道光二年成书。

《朱子年谱》四卷，王懋竑撰，书分考异四卷，附录二卷，粤雅堂本。

《顾亭林年谱》四卷、《阎潜丘年谱》四卷，张穆合刻。此两种考证精详。

此外，还有集合多数人为一总年表者，实亦年谱之一种，如《全唐诗人年表》，还有《历代名人年谱》（十卷，吴荣光撰），《疑年录汇编》（张惟骧撰，初录为钱大昕撰），以及梁廷灿《历代名人生卒年表》等。

中国历史传记愈至近代愈见发达。究竟此类传记有何作用?我的意见可以从四方面说,即姓名籍贯、生卒年月、平生仕履、社会关系。这四点是了解一个人物的基本条件,一般传记虽至谀墓之文,于此四点,大略可信,然亦有原状错误或作者笔误,此是例外。至于其人之思想品质或有隐微难言之事,则传记往往不书,或书之而歪曲事实,淆乱听闻,不可偏信。所书事实及议论,一以封建道德为准,往往无可取。至于文字,有一定次序、套子,索然无生气。

不可不指出,旧式传记往往强调个人作用,任何事件以为决定于个人,对人民群众在历史上的作用根本不能了解,正反映封建时代统治阶级的思想。

胡适经常宣传要提倡传记文学,说得很好听。他是资产阶级唯心主义观点的代表,常常歪曲历史人物,如说王莽是社会革命,说秦桧有功于宋,说曾国藩等是社会重心,说曹雪芹的《红楼梦》是自传。他还作了一篇《说儒》,把孔子说成是投降异族、拥护新朝文化的识时务者(即世界主义)。这些都是要把主观想法强加于古人身上,是十足的歪曲历史,捏造历史。

我们今天对历史人物的重新评价已初步展开,对充斥封建思想的传记要加以分析批判,对胡适派唯心主义观点尤其要彻底批判。用历史唯物主义的观点实事求是对待历史人物,不要夸张,也不要抹煞,还他一个本来面目。以生动的文字来写历史人物,这样的工作在目前是需要的。

地　理　类

中国地理之学以往皆包括于史部,《四库全书》所收地理书有总志、都会郡县、河防、边防、山川、古迹、杂记、游记、外记等类。《书目答问》则分古地志、今地志、水道、边防、外记、杂地志等类。为叙述方便计,兹分五类介绍:

一、地图　　二、地志　　三、水道

四、都会　　五、边疆及外国

一　地　图

我国地图见于古书者很早。《史记·廉颇蔺相如列传》言相如奉和氏璧使秦,见昭王无意偿赵城池,持璧欲击柱,秦昭王遂“召有司案图,指从此以往十五都予赵”。又《史记·刺客列传》叙荆轲刺秦王,进殿时即携樊於期之首及燕督亢地图,可知战国时已有地图。稍后,如《史记·萧相国世家》记,沛公至咸阳,诸将皆争走金帛财物之府分之,何独先入收秦丞相御史律令图书。汉王所以具知天下险要之地,强弱之势,户口多少,“以何具得秦图书也”。图书包括地图在内,由此更可见地图之重要。再如东汉光武与邓禹论天下郡国,亦披舆地图;马伏波(援)聚米为山,指画形势,以破隗嚣,这些都说明地图的历史及其作用。

古人的地图什么样子?多未流传后世。西晋间尚书令、司空裴秀总理中枢机务,重视地图绘制。《晋书》卷三十五《裴秀传》说他"上考《禹贡》山海川流,原隰陂泽,古之九州,及今(指西晋)之十六州,郡国县邑,疆界乡陬,及古国盟会旧名,水陆径路,为地图十八篇",名为《禹贡地域图》。裴曾于此图序文中提出著名的"制图六体",即绘制地图的六项原则:分率(比例)、准望(方位)、道里(路线距离)、高下、方邪、迂直(与地表有关的各种问题),为地图绘制学奠定了科学基础。明以前的中国地图基本上依此六条原则绘制。可惜裴秀所绘之图早已亡佚。至唐朝宪宗间,李吉甫撰《元和郡县图志》,本来有图,到南宋淳熙二年(1175)程大昌作跋时,称图至今已亡,独志存焉。宋以来,地学之书有图者渐多,但如徐兢《宣和奉使高丽图经》,至今亦有经无图,足见地图不易保存。

地图之学,自外国传教士利玛窦等来中国后,得到进一步发展。如意大利人艾儒略所撰《职方外纪》五卷、比利时人南怀仁《坤舆图说》二卷等问世,中国人始知世界地理。《四库全书》收有《职方外纪》,称其"所记皆绝域风土,为自古舆图所不载,故曰《职方外纪》,其说分天下为五大洲。一曰亚细亚洲……二曰欧逻巴洲……三曰利未亚洲……四曰亚墨利加……五曰墨瓦蜡尼加……前冠以万国全图,后附以四海总说,所述多奇异不可究诘,似不免多所夸饰,然天地之大,何所不有,录而存之,亦足以广异闻也。"这说明修《四库提要》的人对世界地理的知识,确实是十分贫乏的。

至清代,地图极精者系康熙时分省分府地图及乾隆十三排地图。前者为我国第一次以西洋新法编绘的中国地图，1708—1718年制，曾聘法国教士杜德美协助，采经纬图法，梯形投影，1921年沈阳故宫博物院石印，名《清内府一统舆地秘图》。乾隆十三排地图，南至海，北至极俄罗斯北海，东至东海，西至地中海，西南至五印度。合为一图，经横数丈，而剖分为十三排，合若干叶，注明经纬度数。盖本康熙图，而制极其精。此二图皆内府铜板精刻，胡林翼在湖北巡抚任上，曾请得内府地图翻印，请邹世治、晏顾镇编制，并参考李兆洛、董祐诚所编地图，流传很广，清代新的绘图成果至此方为一般人所利用。

清代另有李兆洛及其弟子六严皆善地图之学，严有《历代地理沿革图》，是书对后来杨守敬颇有启发。

杨守敬（1839—1915）是清末民初著名历史地理学家，字惺吾，号怜苏，湖北宜都人。同治举人，曾任出使日本国大臣黎庶昌随员。一生长于历史地理考证，著有《历代舆地沿革险要图》，次据各史地志，详示春秋至明各朝政区及山川形势，作法以清所测《一统舆图》为底，古今对照，朱墨套印，比之以往的历史地图更为精确详细。

清代考据学家中，讲沿革地理者不乏其人，用功亦深。钱大昕、王鸣盛、洪亮吉等皆有成就，例如洪氏《东晋疆域志》四卷、《十六国疆域志》十六卷等皆是。他们都为以后地图学的发展提供了依据，打下了基础。

二 地 志

地理志前史多有，正史以外流传至今的地志当推《元和郡县志》为最早。前此，晋代阚骃撰《十三州志》，现仅存清人张澍之辑本。唐人贾耽曾著《十道志》、韦澳撰《诸道山河地名要略》均仅存残卷，罗振玉影印在《鸣沙石室佚书》中。

《元和郡县志》

四十卷。唐李吉甫撰。李吉甫（758—814），字宏宪，赵州（今河北赵县）人。唐臣李栖筠之子，李德裕之父。以荫补左司御率府仓曹参军。贞元初为太常博士，官至中书侍郎、同中书门下平章事。事迹详见《新唐书》卷一百四十六、《旧唐书》卷一百四十八。

此书原名《元和郡县图志》。元和是唐宪宗的年号，因每篇之首均冠以图，故称图志，今图已亡，仅称《元和郡县志》。书前有吉甫原序，称起京兆府，尽陇右道，共分十道记载，道下分府或州县三级，大致叙述以下几方面内容：

甲、以府或州为单位，记其沿革。

乙、记户数。如京兆府，开元时户数为三十六万二千九百九；元和时户数为二十四万一千二百二。再如同州，开元时户数为五万六千五百九，乡数为一百二十一；元和时户数为四千八百六十一，乡数为一百四十。可见元和户数少于开元，有不及十分之一者。元和户数多有缺载，如剑州，开元时户数为一万三千九百七十六，元和时户数为二千九百三，这就更少了。而柳州一地，元和时户数止一千二百八十七，可见户口至唐后期逃亡日多。剑州八个县，如果真的只有二千九百户，则未免太少了，由此可知户口记载不实。当然，也有另一种情况，广州开元时户数为六万四千二百五十，至元和则达七万四千九十九，反有增加。这是因为海外通商之地，户口繁盛，与内地不同。

丙、记府州县之境界。如东西××里，南北××里。

丁、记四至八到。其中有一项是至长安的里数。

戊、记贡物，即当地物产。

己、记府州的属县。各县置于何年，去州多少里，又记其山川河流、古迹名胜。

此种作法比正史地理志所记要详尽得多。从书中不仅可知天下州县沿革，还可考户口盛衰，物产多寡，道里远近。吉甫久任宰相，熟悉当时图籍，记载详赡，为后世研究唐代历史留下宝贵的地理资料，其价值与《通典》同。而且以后地志多按是书之例编次，例如乐史撰《太平寰宇记》即颇受吉甫书之影响。吉甫书也一向为后人所推重。

此书流传日久，不仅图早佚，即志亦残缺。今本四十卷，实只三十四卷，缺六卷（十九卷、二十卷、二十三卷、二十四卷、三十五卷、三十六卷），而十八卷又缺其半，二十五卷亦缺二页。《四库提要》误记二十六卷缺，实乃三十五卷之误。四库本仍分作四十卷。所佚部分，后人曾做过一些补辑工作，缪荃孙有《元和郡县志缺卷佚文》。

本书版本有聚珍本及畿辅丛书本，以畿辅本为佳。

《太平寰宇记》

二百卷。宋乐史撰。乐史（930—1007），字子正，抚州宜黄（今江西宜黄）人。初为平原主簿，太平兴国五年（980）举进士，历著作佐郎、著作郎，知陵州、黄州、商州等地，分司西京，改判留司御史台。平生喜著述,除《寰宇记》外,有《总记传》一百三十卷、《坐知天下记》四十卷、《商颜杂录》、《广卓异记》各二十卷、《诸仙传》二十五卷、《李白别集》十卷等。其子黄目与其同在文馆,多著述,有《圣朝郡国志》等。父子事迹均见《宋史》卷三百零六。传中对乐史多所讥讽,言其"博而寡要,以五帝三王,皆云仙去,论者嗤其诡诞"。甚至指其"前后临民,颇有贿闻"等等。

尽管《宋史》对乐史的评价不很好,但《太平寰宇记》总是一部好书。此书称"太平",因为成于太平兴国时。太平兴国为北宋太宗年号,当时闽越始平,北汉得灭,统一事业有所进展,乐史乃合舆图所隶,考寻始末,条分件系,以成此书。

乐书仍袭唐以来旧制,分道、州郡、县三级,以州郡为单位。此时幽云十六州仍为辽所据,但书中仍记入,以明恢复之志。其作法:

一、州郡沿革　　二、领县多少

三、州境　　四、四至八到

五、户　　六、风俗

七、人物　　八、土产

九、分析所领诸县

其中户口一栏,以太平较开元,山川古迹要塞等与《元和郡县志》同。新加两项,一为风俗,二为人物,皆《元和郡县志》所无。总之,材料丰富,做得比《元和郡县志》好。

此书《四库全书》著录时仅存一百九十三卷,缺卷一百一十三至一百一十九,共七卷。江西万氏本及乐家祠堂本皆缺第四卷,实共缺八卷。七卷之数为《提要》误记。杨守敬于光绪十八年

(1892),随黎庶昌出使日本期间,曾购书于枫山官库,发现《太平寰宇记》残本,内有一百一十三至一百一十八卷,遂致书日本国大政大臣兼修史馆总裁三条实美,借得抄之,内一百一十四卷缺后半,一百一十九卷亦缺,第四卷全缺。后杨氏有影印宋本《太平寰宇记补阙》补录五卷半。至此,实缺两卷半。

当时,有湖南人陈运溶者,谓杨氏《补阙》为伪造,撰《太平寰宇记拾遗辨伪》七卷(麓山精舍丛书本),叶德辉亦在《书林清话》诋之,此皆文人相轻之故也。

杨氏有《留真谱》,印首尾两页。

《元丰九域志》

十卷四册。宋王存等撰。王存(1023—1101),字正仲,丹阳人,登进士第,历官嘉兴主簿,龙图阁直学士,知开封府,尚书右丞,后召为吏部尚书。事迹具见《宋史》卷三百四十一。

祥符中,李宗谔、王曾先后修《九域图》,至神宗熙宁八年(1075),都官员外郎刘师旦以州县名号多有改易,上书议重修,宋廷乃命馆阁校勘曾肇、光禄丞李德刍删定,而以存总其事,至元丰三年(1080)成。

此书极简便,详今略古,将二十三路、京府四、次府十、州二百四十二、军三十七、监四、县一千二百三十五等情况分系于十卷之文内。又逐项分述地理、户口、土贡,每县下详具乡镇名山大川,尤其是四至八到、远近道里之数缕析最详。土贡一门中,贡物之额数亦足资考核,往往为诸史所未详。户口一项则兼载主客户数。此等材料与作法可补《宋史·地理志》讹谬之处不少,故宋元时已受重视。

《舆地纪胜》

二百卷。南宋王象之撰。《四库全书》未著录。王象之将南宋时期所辖十六路范围内一百六十六个府、州、军、监情况分十二子目进行介绍：

一、府州沿革　　二、县沿革
三、风俗形势　　四、景物(上)(自然)
五、景物(下)(人工建筑)　　六、古迹
七、宦游　　八、人物
九、释道(著人名)　　十、碑记
十一、诗　　十二、骈文四六

总的来看，引文丰富，所引书又多佚本，可补史志之阙甚多。书原有缺佚，道光末年，扬州岑氏(建功)辑有《舆地纪胜补缺》。

三　水　　道

水道即河流。专讲河流的书籍始于《水经注》，清代介绍河流的主要著作则有《水道提纲》和《西域水道记》。

《水经注》

四十卷。北魏郦道元撰。郦道元(466 或 472—527)，字善长，范阳逐鹿(今河北涿州)人。孝文帝时，为尚书主客郎，引为治书侍御史，累迁辅国将军、东荆州刺史、御史中尉等。居官以威猛峻刻著称，为权贵所不容。后为萧宝夤所害。他一生好学，博览群书，撰有《本志》、《七聘》等，《水经注》是他撰写的著名历史地理学专著。其事迹《魏书》列《酷吏传》，《北史》卷二十七附其父《郦范传》后。

此书系为《水经》作注。但《水经》为何人所作，历来说法不一，《新唐书·艺文志》、《通志·艺文略》均题东汉桑钦撰；《旧唐书·经籍志》又以为晋郭璞所作。《四库提要》讨论此事，对《水经》的作者问题提出了疑问，指出《汉书·地理志》中班固尝引桑钦之言，与《水经》原文不同，此其一；郦氏《水经注》引桑钦语，称《地理志》，而不曰《水经》，此其二；郦氏原序今列《水经注》首，序中并无桑氏作《水经》之说，此其三。今观郦氏书中"涪水"条，称"广汉"已为"广魏"，则决非汉时撰；"钟水"条中称"晋宁"仍曰"魏宁"，则未及晋代。推寻文句，大抵作者为三国时人。故《四库全书》著录时削去桑钦之名。

《水经》原文极简，只述一百三十七条水流，各条往往不过简短的一两句话。重要在于郦氏注文。道元以《水经》为纲，详细介绍了各地河流计一千二百五十二条，注文三十万字左右，约二十倍于原书，可见名为注释，实已为一全面系统的水文地理著作。

全书所记水道自黄河至于浙江，内中篇幅较多者如黄河五卷，长江三卷，渭水三卷，沔水二卷多，济水二卷，漯水、汝水、淮水亦各占一卷，总的来看，详北而略南。因作者为北人，注者亦北人，故于南方水道，但凭耳闻，未曾目睹，势不能详。

道元作注，依水流经过记山川、都市、冢墓、祠庙、第室、石刻、名胜、故事、歌谣、怪异，并及动植物，内容极为丰富。有此书可考河道变易。城市易变为废墟，山岳则终古如此。讲沿革地理固有赖于此书，凡正史中所不详者，此书亦往往可解。北朝人的著作留至今日不多，唯《魏书》、《洛阳伽蓝记》、《齐民要术》、《颜氏家训》等几部而已，故此书也是研究南北朝历史的重要资料。

但是，《水经注》至唐朝尚未为世人所重视，颜（师古）注《汉书》，章怀太子注《后汉书》都甚少引用，至杜佑《通典》亦然，唯李善注《文选》引用之。徐坚《初学记》、欧阳询等《艺文类聚》亦略引之，唯张守节《史记正义》引用较多，至北宋乐史《太平寰宇记》乃大引特引矣。胡三省注《通鉴》亦大引之。

此书版本，因世代流传抄录，已有残佚，且经、注混淆，字句讹误甚多。乐史作《太平寰宇记》时，此书四十卷尚全，至《崇文总目》时，只三十五卷，乐史书引滹沱水、洛水、泾水皆不见于今书。今本仍四十卷，盖宋人重刊，分析以足原数，自明以来，唯万历朱谋㙔笺校注本流传较广。

至清代，研究《水经注》的学者颇多，成果亦大。其中全祖望以朱本为据，作《校水经注》；赵一清作《水经注释》四十卷，并刊误十二卷；戴震有《戴校水经注》。此三家最为著名。三家皆曾据《永乐大典》本校之。清末王先谦曾合校诸家抄刻本，成《合校水经注》，使用最为方便，清代学者研究《水经注》的成就多汇于此书。此外杨守敬与弟子熊会贞作《水经注疏》，绘成《水经注图》八卷，也对考史有贡献。

《水道提纲》

二十八卷。清齐召南撰。齐召南（1703—1768），字次风，号琼台、息园，台州（今浙江临海）人。乾隆间，应试博学鸿词，授翰林院编修,官至礼部侍郎。

中国史书中专述水道者,除《水经》外别无专书,郦氏所注《水经》又详北略南,且历代久远,山川也略有改移。即所述北方诸水亦多非其旧。清初黄宗羲曾作《今水经》一卷,但篇幅太少,于塞外诸山多有舛讹。召南官翰林时,得预修《大清一统志》,并分校外藩蒙古诸部,故对西北地形水文情状比较熟悉,且得见当时内府珍藏《皇舆全图》,遂编成《水道提纲》一书。

此书首列海水,次各省诸水,再次西藏、漠北诸水,东北诸水,塞北漠南诸水及西域诸水。叙述不以郡邑,皆以巨川为纲,所会众流为目,故曰《提纲》。

《西域水道记》

五卷。清徐松撰。徐松为乾嘉之际著名学者,曾自《永乐大典》中辑出《宋会要》。嘉庆十九年(1812)谴戍新疆时,为伊犁将军松筠所识,并代其著述。

《西域水道记》专述西北地区水文地理,它以甘肃以西至新疆周围的罗布淖尔(罗布泊)、哈喇淖尔(在今甘肃敦煌西北)等内陆湖泊为纲,分述此地水文地理形势,并附之以图,对研究新疆及其附近地区历史地理情况极富参考价值。

四　都　邑

《洛阳伽蓝记》

五卷。北魏杨衒之撰。杨衒之,《史通》、《郡斋读书志》作羊衒之,《新唐书》又作阳衒之。其家世爵里生卒均不详,《广弘明集》卷六《叙列代王臣滞惑解》以其为北平(今河北遵化东)人。《魏书》不曾为之立传。《伽蓝记》书首所署官衔为“魏抚军府司马”,书中自述“永安中(528—529),衒之时为奉朝请”;《历代三宝记》、《法苑珠林》等或说衒之曾任“期城郡太守”;《广弘明集》卷六言其任“秘书监”,皆未知确否。

此书作于武定五年(547),即东魏亡国之前二年,南朝梁武帝大同十三年。此时,魏已迁邺都。书序云:“余因行役,重览洛阳,城郭崩毁,宫室倾覆,寺观灰烬,庙塔丘墟,墙被蒿艾,巷罗荆棘……京城表里凡有一千余寺,今日寮廓,钟声罕闻。恐后世无传,故撰斯记。”盖洛阳自永熙之末(534),孝武西迁,孝静北徙,城郭已成丘墟。杨衒之重览洛阳,故感念兴废,因而捃拾旧闻,追叙古迹以成书。

此书内容是讲伽蓝寺庙。城内一卷,城外东、西、南、北各一卷。当时洛阳城东西二十里,南北十五里,户十万九千余,庙一千三百六十七所,迁都后余四百二十一所,今《伽蓝记》所言庙仅五十五所,而所述已奢丽壮观,可见北朝佛教之盛。

此书虽为寺庙而作,但内容所涉很广,凡政治、人物、风俗、地理、传闻,以至苑囿建筑、外夷风俗等无不详载,许多材料为《魏书》所未详,可补正史之不足。从文学角度讲,行文简练,虽近于骈体,但词文清丽隽秀,并非浮靡雕琢,向来与《水经注》文字相并称。

本书流传日久,据《史通》所述,正文之外原有自注,至后世,文注已混,难以辨析。诸家注本很多,以清吴若准集证校刻本为好。

《长安志》

二十卷。宋宋敏求撰。宋敏求(1019—1079),字次道,赵州平棘(今河北赵县)人。宋参知政事宋绶之子。进士及第,官至史馆修撰,龙图阁直学士。事具《宋史》卷二百九十一。

敏求曾编《唐大诏令集》,为研究唐代历史的重要资料。《长安志》是他另一著作。长安是我国著名古都,自西汉起,长期以来是中国封建社会的政治、经济、文化中心。唐朝韦述撰有《西京新记》,专记长安、洛阳事,书颇简易,今已亡佚。敏求则在韦书基础上,博采群籍,著成《长安志》二十卷。

此书着重于考订长安古迹,凡城郭、官府、山川、道里、津梁、邮驿以至风俗物产、宫室寺院皆有详细记载,甚至坊市曲折,唐盛时士大夫第宅所在,皆一一举其处。司马光曾评此书其详较之韦书"不啻十倍"。

《东京梦华录》

十卷。宋孟元老撰。孟元老,其始末未详。《四库全书》著录此书。盖北宋旧人于南渡之后追忆汴京(今河南开封)繁盛而作。内容包括都城坊市、节序风俗及当时典礼仪卫,靡不赅载。书于南宋刊行以来,颇为世人所重,因其不仅多有反映北宋社会经济生活及仪礼典章方面的可靠资料,而且记载与宋志颇有异同,可以互相考订纠正。

《梦粱录》

二十卷。宋吴自牧撰。吴自牧，钱塘（今浙江杭州）人，仕履未详。其书记南宋临安事，全仿孟元老《东京梦华录》之体。首郊庙宫殿，下至百工杂戏之事，委曲琐屑，无不备载。其特点在多采俚词俗字，故多民间曲艺资料。

此书与周密《武林旧事》互相参证，可得知南宋都城临安的有关情况。

《武林旧事》

十卷。宋周密撰。周密，字公谨，号草窗先生。先世居济南，其曾祖随高宗南渡。淳祐中，官义乌令，宋亡不仕，终于家。著有《癸辛杂识》等。

《武林旧事》记南宋都城临安杂事，十分详备。内中记湖山歌舞靡丽纷华，寓其隐亡之感痛。《四库提要》称其"体例虽仿孟（元老）书，而词华典赡"。

《帝京景物略》

八卷。明刘侗、于奕正撰。刘侗，字同人，号格庵，湖北麻城人。崇祯甲戌（1634）进士，授吴县知县，死于赴任途中，年四十四。于奕正，初名继鲁，字司直，宛平人，明末诸生。

此书刻于崇祯八年（1635），记明代北京城郊景物、园林寺观、陵墓祠宇、名胜古迹、山川桥堤，旁及人物故事。体例以京师东西南北，各分城内城外，而西山及畿辅附焉。每篇末并附载诗。有崇祯刻本，乾隆时有纪昀删减本。

《日下旧闻考》

一百二十卷。清窦光鼐、朱筠等奉敕撰。清初著名学者朱彝尊曾撰《日下旧闻》四十二卷。《日下旧闻考》即据朱书增补而成，是为清代地理学著作。此书叙事以北京为中心，兼及畿辅各地。朱书原有十三门，后沿而稍改，新增官署、苑囿等门，为研究京畿地方史的资料。

《小方壶斋舆地丛钞》

一千二百种，续编五十八种，补编一百八十种。清王锡祺编。此书为清代地理书籍汇抄。所录包括总论、各省形势、旅程、山水游记、风土物产等。又包括少数族风俗、外国见闻等。

五　边疆　外国

《佛国记》

一卷。姚秦释法显撰。法显（约337—约422），俗姓龚，平阳（今山西临汾西）人。后秦弘始元年（399），自长安西行，终达印度，学梵书梵语，得《摩诃僧祇众律》、《萨婆多众律》，又至佛陀出生地迦毗罗卫城巡礼，东晋义熙八年（412）至牢山（今山东青岛崂山）登陆。其事迹详见《高僧传》卷三。

法显此行历时十三载，经三十余国，《佛国记》一书即记其旅行经历。此书又名《法显传》,郦道元《水经注》曾引用之。又或作法明撰,《通典》引之,盖避唐中宗显字之讳也。

全书只一卷,不过万余字。但其价值很高,是研究当时中国与印度等国交通及笈多王朝时代印度历史的重要史料,故外文译本甚多。

此书以天竺为中国,以中国为边地,此因释氏自尊其教的缘故。《四库提要》讥其"于阗即今和阗,自古以来,崇回回教法……而此书载其有十四僧伽蓝,众僧数万人,则所记亦不必尽实"。殊不知,回教至唐初始成立,法显时代安得有之?

《大唐西域记》

十二卷。玄奘述,辩机撰。玄奘(602—664),俗姓陈,名祎,洛州缑氏(今河南偃师缑氏镇附近)人。隋末出家,于佛学素有研究,事迹具见《旧唐书》卷一百九十一。

唐初,李渊父子崇道抑佛。玄奘矢志西行求法,以有助于佛学的发展。贞观元年(627)秋,他从长安出发,历经艰险,终至印度。在摩揭陀国,入那烂陀寺,从戒贤法师学。贞观十六年(642)在戒日王召集的曲女城大会上讲经论,后即回国。十九年,抵长安,唐太宗下敕迎归。当时太宗正准备攻打西突厥,急需了解有关西行情况。于是,玄奘就与受命前来协助译经的辩机合作,由自己口述,辩机撰文,次年,即完成这部十二卷、十万多字的著作。

此书共追述了玄奘西行亲历的一百一十个以及传闻的二十八个以上的城邦、地区和国家的情况。其中有关山川、地形、城邑、关防、交通、道路、风土、习俗、物产、气候、文化、政治等无所不包,所涉地区从新疆西抵伊朗、地中海东岸，南达印度及印度尼西亚、斯里兰卡，北包中亚南亚、阿富汗，使七世纪中亚、南亚各国概况跃然于纸上，而这一带历史的文字资料又留传极少，故此书更为可贵。

此书对研究我国西北地区的民族历史地理来说，亦十分重要。卷十二“波谜罗川”条中说：“中有大龙池，东西三百余里，南北五十余里，据大葱岭内，当赡部洲中，其地最高也。”此处所说“波谜罗”即中国史籍里首次提及的帕米尔。

因此书重要，十九世纪初即有德译本，以后又有其他译本。

卷十一“僧伽罗国”（锡兰）条中有明永乐三年（1405），太监郑和见国王阿烈苦奈儿事，共三百七十字。显系后人附记之语，至明人刊本中连入正文。

《诸蕃志》

二卷。南宋赵汝适撰。赵汝适，其始末无考，唯据《宋史》宗室世系知其为岐王仲忽之玄孙，上距太宗赵匡义已八世。

此书乃汝适于提举福建市舶司时所作。书前有理宗宝庆元年（1225）自序，此时，宋已南渡，与诸外国通商交往惟市舶司仍盛。是书所言多海外之事，东至日本，西至北非。《四库提要》认为，大致《宋史》外国传详事实而略于风土物产，此书则详风土物产而略于事实。一为史传，一为杂志，庶可相互参见补充。其外，《诸蕃志》卷上还有“泉（泉州）有海岛曰澎湖，隶晋江县”，卷下有“海南以外有州曰乌里，曰苏吉浪，南对占城，西望真腊，东则千里长沙，万里石床”等记载，又足可补《宋史》之阙。冯承钧校注所谓“海南自汉以来隶版图，不应在诸蕃之列”，是也。

《岛夷志略》

一卷。元汪大渊撰。汪大渊，字焕章，南昌人，为元代著名旅行家。至正中尝附商舶浮海，据说曾两渡游东洋、西洋，越数十国，此书即记其闻见。此前，诸史记外国事的作者多未尝身临其境，即赵汝适撰《诸蕃志》亦多得之于市舶之口传。故《四库提要》以为："大渊此书则皆亲历而手记之，究非空谈无征者比。"

从时间上看此书上接赵汝适《诸蕃志》，下接马欢《瀛涯胜览》，在中国地志学中占有显著的地位。尤其是该书记载与今台湾同被称为琉球的澎湖，有"地隶泉州晋江县，至元间立巡检司，以周岁额办盐课中统钱钞一十锭二十五两，别无科差"等语，足证台湾和澎湖早在元朝时已经成为中国版图的一部分。

《岛夷志略》久无刊本，传播日稀，清人沈曾植有《岛夷志略广证》二卷，古学汇刊排印本。

《瀛涯胜览》

一卷。明马观或马欢撰。马欢，字宗道，浙江会稽（今绍兴）人，回教徒。曾随郑和去西洋，任通译（翻译），参加了郑和第四、第六、第七次共三次航行，归后即撰此书。所记有占城、爪哇、旧港、暹逻、满剌加、苏门答腊、锡兰、古里等二十国情况，各载其疆域、道里、风俗、物产并略及其沿革。全书叙事详备，在随郑和出使后写书的三人中（包括费信作《星槎胜览》、巩珍作《西洋番国志》），以马欢此书最富学术价值，是为研究十五世纪南洋印度洋地理及中西交通之重要参考书。

此书流传的有纪录汇编本、中山大学刊本和冯承钧《瀛涯胜览校注》本等。

《海国闻见录》

二卷。清陈伦炯撰。陈伦炯，字资斋，福建同安人。父陈昂，康熙间随施烺平台湾。伦炯少时，从父熟闻海上形势。后袭父荫，由侍卫历任台湾总兵官，移镇东南沿海各地，后为浙江宁波水师提督。

此书上卷八篇：天下沿海形势录、东洋记、东南洋记、南洋记、小西洋记、大西洋记、昆屯记、南澳气记。下卷图六幅：四海总图、沿海全图、台湾图、台湾后山图、澎湖图、琼州图。凡山川扼塞、道里远近、礁岛夷险、风云气候及外蕃民风物产一一备述。虽卷帙不大，终积陈氏父子二世之阅历，仍有相当价值。其记沿海岛屿颇详。“南澳气记”记有“万里长沙”、“七洋洲”，即分别记我国西沙群岛、中沙群岛一带和南海、西沙附近海域，所记多与《诸蕃志》及《岛夷志略》相同。

光绪三十四年，日本商人西泽占沙岛，岛在粤东惠来、海丰之间，有人于此书找出岛属我国的确证，日人无言以对，遂将此岛归还我国，于此亦见此书之重要。

后　记

1980年1月23日，是柴德赓先生逝世十周年的日子。他作为一个历史学教授，从事教学工作四十余年，积累了不少经验。加之他一生精心钻研，对我国前朝各历史名著，有他自己的独特见解与体会。为了纪念他，我想，将他生前所讲授的“历史要藉介绍”这份讲义整理出来，作为他献给史学界的遗产，是再好没有的了。这期间德赓在史学界的许多老朋友和学生的建议，也是促成我设法完成这项整理工作的原因。

谈到整理他的遗著，却非易事。我俩虽有四个儿女，但都不是学文史的，我自己也没有这个力量，这就全得仰仗朋友和他的学生帮助了。1979年5月，江苏师院为柴德赓开平反昭雪追悼会时，许春在同志曾给师院历史系及我写过信，热忱表示愿意为整理柴师遗著尽力。于是我就写了一封信给他，恳切希望他能负责这项整理工作。他立即回信给我，欣然接受这一任务，并由他约请在南京工作的江苏师院历史系毕业生胡天法、邱敏两位同志协助，就此开始了整理工作。

他们三个人是在不同学校任课的教师，工作很忙，只能挤业余时间，一点一点地，来看看写写。他们之间，也难得有碰头的机会，只好把整理出来的初稿寄来北京，请北大许大龄教授审校。这样来往邮寄，进度缓慢。今年暑假，我特意邀请他们三位同志来京，在许先生指导下共同进行工作。他们牺牲假期休息，忍受酷暑，在北京大学图书馆埋头苦干，终于完成了整理任务。

在整理过程中，北京出版社刘宁勋同志大力支持，时加催促。许大龄教授精心审校，并为作序。北大周祖谟教授为书名题字。胡天法、邱敏、许春在三位同志，一年多来，牺牲休息时间，从事整理工作。他们在北京工作时，得到北京大学历史系、北大图书馆很大帮助，使工作能顺利进行，这部书得以问世。在此，我和儿女们对以上同志们的热忱工作，各方面的大力支持，表示深切的衷心的感谢！

陈璧子

1981 年 9 月 22 日

图书在版编目(CIP)数据

史籍举要/柴德赓著. —上海：复旦大学出版社，2024.9
(文献学基本丛书/吴格主编. 第一辑)
ISBN 978-7-309-17142-6

Ⅰ.①史… Ⅱ.①柴… Ⅲ.①中国历史-古代史-史籍-介绍 Ⅳ.①K204

中国国家版本馆 CIP 数据核字(2023)第 247805 号

史籍举要
柴德赓 著
责任编辑/杜怡顺

复旦大学出版社有限公司出版发行
上海市国权路 579 号 邮编：200433
网址：fupnet@fudanpress.com http://www.fudanpress.com
门市零售：86-21-65102580 团体订购：86-21-65104505
出版部电话：86-21-65642845
上海盛通时代印刷有限公司

开本 890 毫米×1240 毫米 1/32 印张 10 字数 215 千字
2024 年 9 月第 1 版
2024 年 9 月第 1 版第 1 次印刷

ISBN 978-7-309-17142-6/K·824
定价：48.00 元
